O IMPERATIVO ÉTICO
DA MISERICÓRDIA

MARIA INÊS DE CASTRO MILLEN
RONALDO ZACHARIAS
(Organizadores)

O IMPERATIVO ÉTICO DA MISERICÓRDIA

DIREÇÃO EDITORIAL:
Pe. Fábio Evaristo Resende Silva, C.Ss.R.

REVISÃO:
P. José Antenor Velho, sdb

COORDENAÇÃO EDITORIAL:
Ana Lúcia de Castro Leite

DIAGRAMAÇÃO E CAPA:
Bruno Olivoto

ISBN 978-85-369-0463-4

1ª impressão

Todos os direitos reservados à **EDITORA SANTUÁRIO** — 2016

Composição, impressão e acabamento:
EDITORA SANTUÁRIO - Rua Padre Claro Monteiro, 342
12570-000 — Aparecida-SP — Fone: (12) 3104-2000

SUMÁRIO

APRESENTAÇÃO – 7
Ronaldo Zacharias

I – O PRINCÍPIO TEOLOGAL DA MISERICÓRDIA –15

1. Ética da misericórdia – 17
Dom Leonardo Ulrich Steiner

2. O princípio teologal da misericórdia – 49
Erico João Hammes

3. Crítica a sentidos éticos da misericórdia – 77
Márcio Fabri dos Anjos

4. Sujeitos da misericórdia – 97
Fernando Altemeyer Junior

5. Misericórdia e justiça – 117
Cesar Augusto Kuzma

II – IMPERATIVOS CONCRETOS DA MISERICÓRDIA – 137

6. Exigências éticas da misericórdia – 139
Maria Clara Luchetti Bingemer

7. Pauta ético-teológica à luz do princípio misericórdia – 161
Maria Inês de Castro Millen

8. Exigências para uma ética do cuidado – 177
José Antonio Trasferetti – Cássia Quelho Tavares

9. Exigências para uma bioética inclusiva – 199
Leo Pessini

10. Exigências para uma moral sexual inclusiva – 221
Ronaldo Zacharias

III – IGREJA E MISERICÓRDIA – 245

**11. Ética e evangelização: em busca da
fidelidade evangélica** – 247
Oton da Silva Araújo Júnior

**12. O compromisso missionário como imperativo
moral na eclesiologia de Francisco** – 275
Antonio Edson Bantim Oliveira

**13. Alguns desafios para a ética teológica de
uma Igreja em saída** – 303
Sérgio Grigoleto

**14. Cristianismo e homoafetividade:
da confissão à profissão na *Communitas*** – 323
Nilo Ribeiro Junior

IV – GRATIDÃO: UMA QUESTÃO DE JUSTIÇA – 351

**15. SBTM 40 anos: memória agradecida
e olhar esperançoso** – 353
Dom Ricardo Hoepers

16. FREI ANTÔNIO MOSER: eterna gratidão – 373
Mário Marcelo Coelho

Apresentação

Ronaldo Zacharias[1]

Para o Papa Francisco, a nossa humanidade precisa de misericórdia "porque é uma humanidade ferida, uma humanidade que possui profundas feridas" e "não sabe como curá-las ou acredita que não é possível curá-las.[2] Isso o motivou a propor ao mundo um Jubileu Extraordinário da Misericórdia para que, ajudando os fiéis a contemplarem o mistério da misericórdia, redescubram a Trindade como presença misericordiosa no seio da humanidade, revigorem a esperança e recobrem as forças para cuidar das feridas que fazem a humanidade elevar a Deus o seu grito de dor e esperar que Ele a acolha num abraço que cura, transforma, recria, santifica, salva e, por isso, os capacita a serem, eles mesmos, sinais eficazes da misericórdia no mundo.

Na esteira da proposta feita por Francisco é que se colocam os autores desta obra. Desejosos de aprofundar o mistério da misericórdia e compreender os imperativos éticos que dela

---

[1] Ronaldo Zacharias é Doutor em Teologia Moral (Weston Jesuit School of Theology – Cambridge/USA), Reitor do Centro Universitário Salesiano de São Paulo (UNISAL) e Secretário da Sociedade Brasileira de Teologia Moral (SBTM).

[2] FRANCISCO. O nome de Deus é misericórdia. Uma conversa com Andrea Tornielli. São Paulo: Planeta, 2016, p. 45.

derivam, cada um oferece, a partir da sua área de especialização, a própria contribuição. Resulta, dessa forma, uma obra interdisciplinar, por meio da qual a aproximação do mistério da misericórdia é feita a partir de diferentes perspectivas, mas todas elas unificadas pela convicção de que somente um agir misericordioso salvará o mundo.

Dom Leonardo Ulrich Steiner propõe o resgate do sentido da ética como cuidado do todo, que exige nos debruçarmos sobre a realidade para captarmos os apelos que provêm do *ethos* e descobrirmos, assim, que muitas das feridas que provocam tanta dor na humanidade são resultado de opções concretas por aquilo que divide, corrompe e desumaniza. Convicto de que a misericórdia não somente incide sobre o *ethos,* mas coincide com ele, Dom Leonardo propõe a misericórdia como um modo de ser com o outro, que se expressa como cuidado daquele que sofre, socorro daquele que padece, ajuda àquele que precisa, amor que afirma o outro na sua singularidade e, por isso, o promove, dignifica, humaniza.

Para Erico João Hammes a misericórdia não pode se reduzir a atos, mas deve qualificar o ser e capacitá-lo, portanto, a decidir abaixar-se na direção daquele que, caído, espera alguém que o reerga num abraço reconstrutivo. É a misericórdia que nos impele a aliviar o sofrimento do outro. No seguimento de Jesus, Deus se dá a conhecer como Aquele que participa do sofrimento dos que, no dia a dia, são crucificados e acabam sendo jogados à margem de todas as oportunidades de vida digna. Por isso, o fato de Ele se revelar também como um Deus misericordioso O leva a ser compassivo, justo e fiel para com aqueles que ama com amor maternal.

Márcio Fabri dos Anjos assume a tarefa de analisar criticamente o significado do termo misericórdia. O sentido altruísta

Apresentação 9

atribuído a ela nem sempre condiz com a capacidade que ela tem de superar as iniquidades que a desafiam. Isso se deve ao fato de que, para Márcio, mudou o contexto e mudaram os paradigmas por meio dos quais lidamos com a experiência de sofrimento, fragilidade, vulnerabilidade, mas não mudaram as concepções teóricas e doutrinárias formuladas ao longo do tempo. A compreensão e a vivência da misericórdia supõem sujeitos concretos que vivem em situações concretas e é isso que justifica o fato de as práticas de misericórdia terem graus variados de qualidade moral, porque dependem das fases de aprendizado dos seus sujeitos.

Fernando Altemeyer Junior, por sua vez, se debruça sobre os sujeitos da misericórdia. Para ele, Deus e o povo de Deus são os dois sujeitos da misericórdia. O primeiro, com seu olhar oblativo e complacente, chega a se comover a partir de suas entranhas e se dá gratuitamente, abraça incondicionalmente, acolhe apaixonadamente. O povo, chamado a ser misericordioso como Deus o é, deve empenhar-se em tornar-se amoroso, pela ação do Espírito, isto é, a deixar-se tocar pelo sofrimento, pela dor e pela miséria do outro e, diante dele, comover-se a partir das próprias entranhas para amar como Deus ama, gratuita, incondicional e apaixonadamente.

Cesar Augusto Kuzma aborda os temas da misericórdia e da justiça não como forças/ações contrárias, mas complementares. Ao se fazer humano, Deus se aproximou-se da nossa miséria e da nossa injustiça, assumiu em seu ser o todo da nossa condição, veio ao encontro dos miseráveis e injustiçados. Ao se fazer misericórdia, Deus nos revela o seu amor e a sua justiça. Resgatados pela misericórdia e pela justiça divinas, somos chamados a ser sinais da presença misericordiosa e justa de Deus no mundo, por meio das opções que fazemos, opções que, construídas no amor que se compadece, promovem o direito para todos, favorecem a participação e a solidariedade entre todos.

Para Maria Clara Luchetti Bingemer, as exigências éticas da misericórdia só podem ser compreendidas se fixarmos o olhar na prática misericordiosa de Jesus em relação aos deserdados da sociedade do seu tempo. Jesus demonstrou amar com predileção aqueles que eram mais vulneráveis ao sofrimento. Seu olhar sempre se dirigiu, primeiramente, ao sofrimento e não ao pecado de quem O procurava ou d'Ele precisava. Jesus priorizou sempre a misericórdia e a compaixão no confronto com os preceitos da Lei. E, sendo o rosto da misericórdia do Pai, a sua prática misericordiosa sempre dirigiu o olhar de todos que O seguiam ao Pai, Misericórdia por excelência e fonte de toda misericórdia.

Maria Inês de Castro Millen assume a difícil tarefa de apresentar uma pauta ético-teológica à luz do princípio misericórdia. E o faz voltando-se para a prática e o ensinamento de Jesus, de quem deriva o indicativo de como devemos ser e agir. Na atenção e escuta de Jesus é possível perceber que Ele nos chama a sermos dons na vida dos outros; a nos comprometer--nos com a vida dos mais pobres, daqueles que facilmente a sociedade descarta; a priorizarmos as necessidades que afetam a dignidade das pessoas quando a observância da lei quiser se impor sobre elas. Isso supõe, antes de tudo, repensar a antropologia que sustenta nosso discurso e a teologia que fundamenta nossas opções pastorais.

José Antonio Trasferetti e Cássia Quelho Tavares, partindo do pressuposto de que a degradação ambiental e a degradação ética se entrecruzam no mesmo caminho da dignidade humana, voltam o próprio olhar para a casa comum, onde todos habitamos e da qual todos precisamos e, preocupados com o fato de ela ter-se tornado um lugar de destruição e morte, reconhecem que o fato de vivermos num contexto que se caracteriza por uma profunda revolução axiológica favorece, e muito, a desorientação moral e a perda de sentido e até mesmo do sujeito humano. Por isso, para eles urge a afirmação axiológica do sujeito e a afirmação do mundo como totalidade e como razão de sentido para a vida de todos. Por isso, propõem uma ética do cuidado compreendida a partir do mistério da encarnação e que, portanto, se caracteriza pela abertura à alteridade e pela responsabilidade em relação à casa comum.

Segundo Leo Pessini é possível pensar numa bioética inclusiva em tempos de globalização econômica excludente e de globalização da indiferença. Mas, para isso, é preciso resgatar o horizonte utópico da globalização da solidariedade. Somente ela é capaz de mobilizar forças e recursos para aqueles que são os menos privilegiados da sociedade e garantir o respeito aos seus direitos fundamentais. Outros dois referenciais éticos para a elaboração de uma bioética inclusiva são a vulnerabilidade e a precaução. Tais referenciais se caracterizam pelo aumento da proteção à medida da vulnerabilidade dos sujeitos e pelo esforço para se evitar danos à biosfera e proteger os seres vivos, em especial o ser humano, de potenciais danos. Torna-se evidente a necessidade de integrar controle social e sabedoria ética.

Ronaldo Zacharias, para justificar a urgência de se pensar numa ética sexual inclusiva, propõe uma reflexão sobre a sexualidade a partir das categorias do desejo de Deus pelo ser humano e do desejo do ser humano por Deus. Num primeiro momento, volta-se para os mistérios da encarnação do Verbo e da ressurreição de Jesus para demonstrar o quanto os nossos corpos contam para Deus. Em seguida, volta-se para o mistério da Trindade para entender quais as implicações de os amores humanos trazerem em si a marca trinitária e deverem, portanto, espelhar a imagem trinitária pelo menos no que concerne ao respeito fundamental da unidade na diversidade, à promoção da reciprocidade e da mutualidade, à qualidade das relações, à vivência de relações que sejam prazerosas e, portanto, sinais da antecipação da vida definitiva com Deus.

Oton da Silva Araujo Junior procura articular dois temais quase nunca considerados em relação: ética e evangelização. Do fato de o Evangelho ser uma boa notícia, que alegra, motiva, inspira, anima deriva o empenho de fazer com que a ação evangelizadora promova o bem integral das pessoas, cuide do florescimento da sua humanidade, responda aos seus anseios mais profundos de vida plena, respeite a sua história, fomente relações de reciprocidade e responsabilidade e favoreça a proximidade que gera confiança, abre ao diálogo e promove a acolhida. Tudo isso, no entanto, precisa ser sustentado por um amor capaz de informar a verdadeira conversão dos sujeitos e das comunidades.

Antonio Edson Bantim Oliveira, por sua vez, aborda o compromisso missionário como imperativo ético para o cristão. Para ele, a exigência do compromisso missionário deriva da experiência que, como discípulos, fazemos de Deus e da consciência que a Igreja tem de ser discípula. Ambas nos chamam a colocar-nos em atitude de saída, tanto no sentido de dirigir-nos às periferias existenciais quanto no sentido de submeter-nos ao necessário processo de *kénosis* para que, ao encontrarmos o outro, o respeitemos como é e nos coloquemos ao seu serviço.

Tudo isso, no entanto, exige revisão da eclesiologia que sustenta e anima a nossa missão.

Para Sérgio Grigoleto, há desafios éticos importantes que derivam do fato de a Igreja pôr-se em saída, isto é, ter a coragem de abandonar a autorreferencialidade e reconhecer-se como peregrina ao percorrer o caminho do humano. O respeito à própria identidade deve andar de mãos dadas com o respeito à identidade do outro; a coerência entre o que se anuncia e o que se vive dever ser o selo que confirma a integridade no ministério; o respeito à Tradição e a abertura às mudanças culturais e aos avanços aportados pelas ciências devem animar o processo de inculturação; o recurso à Escritura e a disponibilidade em deixar-se conduzir pelo Espírito que sopra onde quer devem garantir a perene novidade do anúncio e do serviço.

Nilo Ribeiro Junior, assumindo a homoafetividade como uma questão concernente à encarnação do Verbo e ao evento da revelação trinitária de Deus, mostra o quanto é difícil, mas importante, para a fé cristã abrir-se às interpelações que provêm da cultura na qual estamos inseridos, configurar-se como experiência vivida que diz de Deus de maneira criativa e plural, articular-se mesmo na provisoriedade dos dados dos quais dispõe e testemunhar, sem excluir ninguém, que o caminho de vida plena é plural e que o amor se expressa numa multiplicidade e variedade de formas que não cabe a ninguém limitar.

Por fim, Dom Ricardo Hoepers e Mário Marcelo Coelho rendem justas homenagens. O primeiro, aos 40 anos de existência da Sociedade Brasileira de Teologia Moral. Trazendo à memória um evento histórico – o primeiro encontro de teólogos da Moral – Ricardo deixa claro que a simples iniciativa de desejar encontrar-se para trocar experiências em relação aos próprios estudos e trabalhos e alimentar-se de um entusiasmo e de uma força que apenas a fraternidade sustenta, foi suficiente para se prolongar na história por 40 anos. O desejo, quando nasce de Deus e permanece enraizado n'Ele, produz frutos tão abundantes que nem o tempo nem o espaço conseguem diminuir o seu sabor. É por isso que a memória do passado se torna gratidão e que o olhar para o futuro sustenta a esperança. Que venham, assim, outros tantos 40 anos! Mário, por sua vez, chama a atenção para uma grande perda, a perda de um irmão, Fr. Antonio Moser, que, desde o início fez parte do sonho que completa 40 anos de existência. Moser eternizou sua contribuição à Teologia Moral por meio, sobretudo, dos seus escritos. Por mais que a morte repentina o tenha tirado do nosso meio, a sua "presença" continua fazendo-se sentir por meio das palavras que ecoam e ecoarão na vasta produção motivada por um amor sem igual a uma ciência que pode, sim, ser expressão do amor misericordioso de Deus! Ao Fr. Moser, nossa eterna gratidão!

I

O PRINCÍPIO TEOLOGAL DA MISERICÓRDIA

1

O PRINCÍPIO TEOLOGAL DA MISERICÓRDIA

Ética da misericórdia

Dom Leonardo Ulrich Steiner[1]

Introdução

Congresso é desinstalar, congregar para colocar-se numa busca. Colocamo-nos na busca de nos deixarmos tocar pelo IMPERATIVO ÉTICO DA MISERICÓRDIA! Os participantes do 40º Congresso Brasileiro de Teologia Moral colocam-se à disposição do principiar, do eclodir, do nascer da Ética da Misericórdia. O que nos congrega, reúne, portanto, é o desejo de sermos tomados pela grandeza do pertencimento ao modo do Deus encarnado: a misericórdia. Homens e mulheres congregados, reunidos, atraídos por um pertencimento. Despertar para o princípio, para o nascer, para a fonte-raiz! Fomos despertados pelo modo de ser que denominamos cristão. Cristo é a fonte, o horizonte do cristão visibilizado na consumação existencial da gratuidade da Cruz.

O que nos congrega é a atração, o toque sagrado de termos sido tomados um dia pelo inaudito e estupendo da fraqueza de Deus em Jesus Cristo. Fraqueza de Deus na fraqueza humana

---

[1] Dom Leonardo Ulrich Steiner é Secretário Geral da Conferência Nacional dos Bispos do Brasil e Doutor em Filosofia (Pontificia Università Antonianum – Roma).

como caminho, itinerário humano de ser, vir-a-ser. O Congresso certamente deixará entrever nossa fonte abissal, nossa raiz ancestral e convívio familiar do que somos, não somos, mas nos é dado ser. Talvez nos desperte para a fonte de nossa origem, deixando-nos atrair pela ética da misericórdia. Ética da misericórdia que deixa entrever essa fonte-raiz onde o *ethos* seria misericórdia e a misericórdia seria *ethos*: morada, guarida, proteção do homem no mistério do ser.

A exposição seguirá o tema proposto. Ele soa: "Ética da misericórdia"! A formulação do tema nos propõe alguns desafios: o que é ética? O que é misericórdia? Como entender o sentido do genitivo "da"? Vamos, portanto, tatear a ética da misericórdia, ou, talvez, melhor, abrir-nos, ao pensar, à significação da existência humana como ética, como misericórdia, percebendo o lugar do nosso nascimento.

1. O que é ética?

O que é ética? O nome "ética" indica um caminho. A palavra "ética" vem da língua grega. O grego nos põe na esteira de uma tradição: a ocidental. O ocidente é a "terra do ocaso". Historicamente, é a destinação de uma humanidade, que surge desde a grecidade. Os gregos são o oriente do ocidente. A grecidade continua vigente em nosso pensar quando perguntamos – "o que é isto, a ética"? Ela está na base da história ocidental. Sobre esta base se edificou o mundo romano, o mundo cristão medieval e o mundo moderno. É neste mundo moderno que se dá a ciência e a técnica, dupla potência, que se tornou decisiva na configuração do que se pode chamar de civilização planetária. Perguntar "o que é isto, a ética " é, de certa maneira,

Ética da misericórdia 19

retornar ao ponto de salto desta história. No retomar, intuir que a ausência de ética é a fala de sua presença.

O nome "ética", que para nós é um substantivo, nos reconduz ao nome grego "*ethiké*", que, na verdade, era um adjetivo e não um substantivo. A pergunta que imediatamente nos vem é: adjetivo de quê? Resposta: de "*epistéme*". Isso, portanto, nos remete à expressão "*epistéme ethiké*". Este era um dos três títulos do pensamento chamado pelos gregos de "philosophía". Este pensamento denominado de filosofia foi entendido pelos gregos de tríplice modo como "*epistéme*", a saber, como "*epistéme logiké*", "*epistéme physiké*" e "*epistéme ethiké*". Se traduzirmos "*epistéme*" por saber, então temos que a filosofia seria o saber do "*lógos*" – lógica; o saber da "*phýsis*" – física; e o saber do "éthos" – ética. Assim, o filósofo cético Sexto Empírico (séc. II-III d.C.: *Adversus Mathematicos* VII, § 16) comparava a filosofia a um ovo: a lógica seria a casca, que tudo segura; a física seria a clara, que alimenta a gema; e a gema, o essencial, seria a ética.[2] Para as escolas de filosofia do helenismo, a filosofia era sempre e cada vez, em cada uma, um modo de viver.

O mesmo Sexto Empírico, por sua vez, remete a tripartição da filosofia: a questão da *phýsis*, isto é, da realidade do real; a questão do *lógos*, isto é, da linguagem conjuntamente com o pensamento; e, por fim, a questão do éthos, ou seja, do modo de ser e de viver do homem.[3]

Agostinho, na *Cidade de Deus* (livro VIII, c. IV), retomará esta tripartição da filosofia – que, em latim, soa como "*philoso-*

---

[2] SEXTUS EMPIRICUS. *Gegen die Dogmatiker (Adversus mathematicos libri 7 – 11)*. Übersetzt von Hansueli Flückiger. Sankt Augustin: Academia Verlag, 1998, p. 19.

[3] SEXTUS EMPIRICUS. *Gegen die Dogmatiker...*, p. 19.

20 O imperativo ético da misericórdia

phia naturalis", "*philosophia rationalis*", e "*philosophia moralis*" – e verá nela um tríplice modo de o homem ser encaminhado na direção de Deus: como causa do ser ("*causa essendi*"), razão do compreender ("*ratio intelligendi*") e como ordenação do viver ("*ordo vivendi*").[4] A filosofia seria, assim, um modo de o homem cumprir sua destinação criatural, de através da excelência do ser, isto é, do viver, chegar ao ser por excelência, Deus. Na esteira de Agostinho, Boaventura de Bagnoregio, na sua obra *Itinerário da Mente para Deus* (cap. III), verá nesta tripartição da filosofia um vestígio da Trindade no pensamento humano.[5] Para ele, a filosofia natural, que considerava a verdade das coisas, remeteria ao Pai; a filosofia racional, que considerava a verdade dos discursos, remeteria ao Verbo, o Filho; e, por fim, a filosofia moral, que considerava a verdade dos costumes, remeteria ao Espírito Santo. A ética seria, assim, nesta linha interpretativa da tradição, o saber que se referiria à verdade dos costumes, na perspectiva da questão que diz respeito ao bem viver do homem, isto é, da vida boa, da vida bem-aventurada (*beatitudo*).

A ética, na tradição do ocidente, se firmou como o saber concernente ao bem-viver e ao bem-agir do homem, nos seus relacionamentos com o ser de tudo o que está sendo, tanto com o ser que ele mesmo não é, quanto com o ser que ele mesmo é; e, neste sentido, tanto no relacionamento com o si-mesmo como outro, quanto no relacionamento com o outro enquanto tal. Para

---

[4] SANTO AGOSTINHO. *A Cidade de Deus (contra os pagãos)* – parte I. Tradução: Oscar Paes Leme. Vozes: Petrópolis, 1990, p. 305.

[5] BOAVENTURA DE BAGNOREGIO. *Escritos filosófico-Teológicos*. Introdução, notas e tradução de Luis A. De Boni e Jerônimo Jerkovic. Porto Alegre: EDIPUCRS. Bragança Paulista: EDUSF, 1999, p. 323.

Ética da misericórdia   21

o homem, ser é viver, a partir da dinâmica da liberdade, isto é, da autorresponsabilização. E este viver é, antes de tudo, ação (*práxis*). A ética é um saber da ação, por ser um saber da vida, no sentido específico do viver humano, o que os gregos chamavam de "*bíos*", modo de viver, modo de se conduzir na vida, de caminhar na história. Ela é um saber da vida, por ser um saber das possibilidades de ser do homem. É o que nos recorda o adágio escolástico "agir segue ser" (*operari sequitur esse*), isto é, o homem só consegue viver e praticar as possibilidades que, sendo, ele já tem. O modo de viver do homem consiste em escrever, em seu comportamento, o mistério de ser. O homem é o escritor ontológico da vida. O que está em jogo, neste viver, é o bem. Paulo, ao final de sua vida, disse: "combati o bom combate" (*tòn kalòn agóna egónismai*) (2Tm 4,7). O combate da vida é chamado por Paulo de "*kalòn*". Traduz-se normalmente este adjetivo, *kalón*, por "bom". O sentido originário, porém, remete ao que é "sadio", "salutar", o que favorece o todo, a integridade do ser, do viver. Integridade do ser, do viver, salutar, salvífico, porque transformador.

1.1 Da ética ao ethos: o cuidado com o Todo – morando no limiar do divino

A ética seria um saber! Trata-se, porém, de um saber prático, operativo, e não de um saber teorético, especulativo. Mais do que um saber, o que está em jogo é um compreender, que se desdobra como um poder-ser, isto é, como uma capacidade de ser, de agir, de relacionar-se com. Saber quer dizer um entender-de, no sentido de ser-familiarizado-com, enfim, de en-

O imperativo ético da misericórdia

tender-se com, de pertencimento.[6] O saber ético, portanto, seria o entender-se com o éthos; seria um poder-ser no pertencimento ao éthos. Entretanto, o que significa, propriamente, éthos?

Em grego temos duas palavras semelhantes: éthos (iniciando com a letra épsilon), que significa *hábito, uso, costume*; e éthos (iniciando com a letra éta), quer dizer *lugar habitual, estadia, morada,* mas também *atitude, caráter.* Na língua grega temos, por exemplo, *eíotha,* que é o perfeito indicativo aoristo de étho, significando *ser habituado, ser acostumado a.* Este modo de dizer indica uma disposição ou uma maneira de ser e de agir, que fora adquirida por meio do empenho humano, continuamente retomado, que, antes, se apresentava como uma tendência e propensão, e, depois, como gosto e satisfação, configurando naquele que a adquiriu algo assim como uma segunda natureza. Da mesma raiz destas palavras gregas é a palavra sânscrita *svadhá*: caráter; a gótica *sidus*: costume; a latina *sodalis*: companheiro, camarada, amigo. Trata-se, portanto, do modo permanente de alguém se ater a, se comportar e se relacionar com alguma coisa: o modo como alguém usualmente se tem a si mesmo; como ele usualmente se porta, se comporta, se conduz. Pensamentos, palavras e atos se tornam hábitos, que, por sua vez, formam o caráter, que, enfim, inscreve o modo de ser-no-mundo e incide no destino do ser humano. Éthos, portanto, quer dizer o modo como o homem se constitui o seu ser--si-mesmo nos seus relacionamentos habituais com tudo e com todos. O apelo ético veio à luz, no dito de um poeta grego, Pín-

---

[6] Com diz Heidegger em "*O que é isto – a filosofia?*":"A palavra *epistéme* deriva do particípio *epistámenos*. Assim se chama o homem enquanto competente e hábil (competência no sentido de *appartenance*)". HEIDEGGER, Martin. *Conferências e Escritos Filosóficos.* Tradução e notas: Ernildo Stein. São Paulo: Nova Cultural, 1999, p. 33.

Ética da misericórdia

daro, que, em uma de suas *Odes Píticas (II, 131)*, dizia: *"torna--te o que tu és, aprendendo"*.

O saber ético indica, pois, o entender-se com aquilo que pertence ao éthos, no sentido da morada, do modo permanente de ater-se ao todo: ao real, às realizações e à realidade. É neste sentido que soa uma sentença de Periandro, um dos sete sábios dos gregos: "cuida do todo".[7] Dessa forma, *o saber ético* consiste em entender-se com este cuidado do todo. Isto quer dizer: cuidar do ente como tal e no seu todo. Mais ainda: cuidar do ser que, em sua imanência transcendente, por um lado, sempre se dá em tudo o que está sendo, deixando ser cada ente no seu próprio, mas que, por outro lado, sempre se retira e se retrai, se subtrai como mistério. Ser homem é, neste sentido, responder e corresponder ao apelo de cuidar do todo, quer dizer, de se responsabilizar pelo sentido, pelo desvelamento e velamento do mistério de ser. Mistério, pois sua vigência acontece como presença e ausência, como advento e retirada. A vocação onto-lógica do homem, segundo esta concepção, consiste, pois, em ser o "pastor do ser" e não o "amo do ente".[8] Escutar o apelo do cuidado com o mistério do ser e corresponder, na responsabi-lidade de ser, a este apelo, em todos os relacionamentos com o que quer que seja, eis em que consiste a ética.[9]

---

[7] DIELS, Hermann - KRANZ, Walther. *Die Fragmente der Vorsokratiker*. Erster Band. Bonn: Weidmannsche, 1951, p. 65.

[8] HEIDEGGER, Martin. *Sobre o Humanismo*. Rio de Janeiro: Tempo Brasileiro, 1967, p. 68.

[9] Conforme afirmação de Heidegger na mesma carta: "Se, pois, de acordo com o sentido fundamental da palavra, ethos, o nome ética, quiser exprimir que a ética pensa a morada do homem, então o pensamento que pensa a Verdade do Ser, como o elemento fundamen-tal, onde o homem ec-siste, já é a ética originária". HEIDEGGER. *Conferências e Escritos Filosóficos...*, p. 88.

1.2 A crise hodierna da ética

"Vivemos hoje não uma crise ética, nem uma crise da ética, mas a crise da ética".[10] Princípios, fins, valores, dignidades e virtudes, tudo aquilo que a humanidade ocidental, há vinte e cinco séculos, erigiu como fios condutores para tecer a vida humana em sua historicidade, sofreu uma imensa perda de valência histórica. A ética, que foi o sustentáculo de tudo isso por milênios, vai sendo engolida pelo acontecer histórico dos últimos séculos. Com esse desmoronar, vão juntas outras dimensões da vida prática do ser humano, outrora abrigadas sob a proteção da ética, tais como a política e o direito, a educação e a religião. A única dimensão prática da vida humana que parece se impor com todo o vigor é a economia. Assim, no campo da ação cotidiana o ser humano sofre uma imensa pressão que o compele a reduzir todos os parâmetros de seu agir aos critérios do interesse e da utilidade pragmática. Os valores que valem efetivamente acabam sendo os econômicos e somente a partir deles é que se medem os valores éticos, estéticos e religiosos. Já não há mais infra e superestrutura. Arte, Moral, Política, Direito, Educação, Religião, tudo se fragmenta. O ente metafísico que tudo sustenta já não é o Estado ou a Sociedade, mas o Mercado, na dinâmica de um novo capitalismo, o globalizado. A ciência moderna revelou sua essência no domínio planetário da técnica e no triunfo da razão instrumental. Universidades e instituições de pesquisa funcionam nesta lógica da razão instrumental a serviço do mercado global. A educação universitária

---

[10] LEÃO, Emmanuel Carneiro. "A crise da ética hoje". In: *Revista Filosófica São Boaventura.* FAE/Instituto de Filosofia São Boaventura, 3/2 (2010): 11.

Ética da misericórdia 25

se nivela à qualificação profissional para o mercado. Renuncia-se à universalidade do saber e à pretensão de formação do ser humano em sua integralidade. Em meio ao domínio da política única, da economia única e do "pensamento" único, haverá ainda possibilidade de criação? Pode-se encontrar, nesta crise, o caminho para o homem humano acontecer? Neste momento, tudo se torna uma questão de produção e de consumo. Tudo se torna insumo para a sociedade da produção que, ultimamente, se apresenta como sociedade do conhecimento. Mas o conhecimento já não é outra coisa do que *know-how*.[11] Tudo se funcionaliza e se torna componente de algum sistema. Entretanto, podem-se reprimir as perguntas mais radicais que tocam de cheio o ser humano no mais íntimo e na radicalidade de sua existência e historicidade? Em meio a toda essa conjuntura, surgem problemas de ordem ética, relacionados com a ciência e a técnica, com o meio-ambiente, com questões econômicas, sociais e políticas, com o pluralismo cultural e com a diversidade religiosa. Os sistemas dão sinal de dissolução!

A própria ideia de "sistema", que é como configurou o todo, na experiência histórica do homem moderno, parece perder força.[12] Vai ficando patente que o habitar humano sobre a terra não pode se dar com base em parâmetros puramente científicos e técnicos. Muito conhecimento ainda não é saber. Muita ciência e muito poder sobre o real está longe de dar ao homem a compreensão apropriada, ou melhor, o pertencimento, no re-

---

[11] LEÃO, Emmanuel Carneiro. "Sociedade do conhecimento: passes e impasses". In: *Revista Tempo Brasileiro* 253 (2003): 11-20.

[12] ROMBACH, Heinrich. *Strukturanthropologie: "Der menschliche Mensch"*. Freiburg/München: Karl Alber, 1993, p. 71-76.

26   O imperativo ético da misericórdia

lacionamento com o seu *ethos*, isto é, com sua morada. O homem contemporâneo, que se arroga a capacidade de dominar e explorar a terra e o céu, acaba se encontrando a si mesmo como um errante, um prófugo, um sem morada. O desenraizamento é o seu modo de viver habitual. A noite do ser expande suas sombras sobre os povos do planeta. Ela é também a noite do divino. E, no entanto, é cheio de mistério este momento em que se recolhem e se findam as potências históricas que sustentaram a destinação ocidental, há dois milênios e meio. É o momento da passagem.[13] É a hora da preparação para um outro principiar que convida à constituição do homem humano, a partir da morada no mistério do ser. O mistério do ser é, para o homem vindouro, que somos chamados a ser hoje, como uma fonte que brota no deserto da desolação planetária. Ele é o chão e a raiz do homem humano. Mas, onde encontrar esta fonte, este chão, esta raiz para a existência histórica do homem, para que ele se essencialize, ou seja, se torne o que ele é?

> A fonte-raiz não se localiza, não tem lugar próprio. Está em toda parte. Vive na e da libertação de e para qualquer lugar, libertação operada pela epifania da verdade do ser. A ação e o comportamento se fazem éticos, quando a fonte originária emerge, como a realidade e na realidade viva do relacionamento. Pois, então, em toda e qualquer ação, a fonte-raiz desabrocha para todos e para cada um. A essência ética de uma ação não está, portanto, na remissão para um valor, mas se deixa concentrar toda no próprio movimento do agir. Enquanto lidar-

---

[13] BERNHARD, Welte. "Die kulturelle Welt als Grund und die Religion". In: *Theologie der Gegenwart* 21 (1978): 10.

Ética da misericórdia 27

mos com esforços ou procurarmos meios de entrar ou buscarmos caminhos para chegar à fonte originária, ainda não nos damos conta nem percebemos que já estamos nela. Pois, somente na fonte-raiz, o movimento ético pula por si mesmo para fora e brota, emergindo na e da ação.[14]

Toda ação do homem emerge numa situação que é cada vez única, singular. Desde esta situação, o homem é atingido pelo apelo de se responsabilizar, a cada vez, pelo todo. Respondendo e correspondendo à voz silenciosa deste apelo, que lhe advém do mistério do ser, o homem é instado, então, a mantê-la ou a transformá-la. As ações circunstanciais do homem, que se desenvolvem na superfície da cotidianidade, no entanto, se acham em referência com *ações fundamentais*, que atuam decisões também fundamentais sobre o sentido de ser, bem como sobre a sua orientação no todo da existência.[15] Estas subjazem como o chão escondido em que se enraíza a existência cotidiana. São decisões sobre o ser-no-mundo do homem como um todo, e, a partir disso, sobre o seu habitar entre o céu e a terra, os mortais e os imortais.

As ações fundamentais, por sua vez, remetem à *ação originária*.[16] Trata-se do modo como o homem se relaciona e se comporta com a realidade, as realizações e o real como um todo; como ele é si mesmo e se sabe si mesmo com um saber de experiência feito em meio à totalidade do que está sendo; como ele se abre à verdade do ser; como ele recebe e dá a medida dessa verdade. Em resumo,

---

[14] LEÃO, Emmanuel Carneiro. *Filosofia Contemporânea*. Teresópolis: Daimon, 2013, p. 120-121.
[15] ROMBACH. *Strukturanthropologie...*, p. 349-354.
[16] ROMBACH. *Strukturanthropologie...*, p. 354-357.

o que está em jogo é o como da sua responsabilização pelo sentido de ser do ente como tal e no seu todo. Esta ação não é outra coisa senão o seu próprio ser em seu *como*, quer dizer, em seu modo de realização. Ela *não* incide *sobre* o seu ser. Ela *coincide com* o seu ser: é o seu ser. Essa ação pode ser denominada de *pensar*. No início da Carta sobre o Humanismo, Heidegger o recorda:

> De há muito que ainda não se pensa, com bastante decisão, a Essência do agir. Só se conhece o agir como a produção de um efeito, cuja efetividade se avalia pela utilidade. A Essência do agir, no entanto, está em con-sumar. Con-sumar quer dizer: conduzir uma coisa ao sumo, à plenitude de sua Essência. Levá-la a essa plenitude, *producere*. Por isso, em sentido próprio, só pode ser con-sumado o que já é. Ora, o que é, antes de tudo, é o Ser. O pensamento con-suma a referência do Ser à essência do homem. Não a produz nem a efetua. O pensamento apenas a restitui ao Ser. Essa restituição consiste em que, no pensamento, o Ser se torna linguagem. A linguagem é a casa do Ser. Em sua habitação mora o homem. Os pensadores e poetas lhe servem de vigias. Sua vigília é consumar a manifestação do Ser, porquanto, por seu dizer, a tornam linguagem e a conservam na linguagem. O pensamento não se transforma em ação por dele emanar um efeito ou por vir a ser aplicado. O pensamento age enquanto pensa. Seu agir é de certo modo o que há de mais simples e elevado, por afetar a re-ferência do Ser ao homem. Toda produção se funda no Ser e se dirige ao ente. O pensamento ao contrário se deixa requisitar pelo Ser a fim de proferir-lhe a Verdade. O pensamento con-suma esse deixar-ser.[17]

---

[17] HEIDEGGER, Martin. *Sobre o Humanismo*. Rio de Janeiro: Tempo Brasileiro, 1967, p. 23-25.

Ética da misericórdia

O caminho da libertação, desde a liberdade da verdade, só acontece à medida que o agir do homem parte da fonte, do chão e da raiz de sua existência histórica, e, inserido em cada situação, mantém a tensão criativa entre universal e singular, entre presença, isto é, o presente, o atual, e ausência, quer dizer, a vigência do futuro e do passado. A compreensão pragmática e utilitarista do agir – que entende o agir apenas como a efetuação de um efeito, cuja efetividade se avalia pela utilidade – não alcança o sentido ontológico do agir fundamental e dos seus atos criativos. Nesta profundidade, o agir é o pôr em obra, que consuma o relacionamento do homem com a verdade do ser do ente como tal e no seu todo. O evangelho de João chama isso de "pôr em obra a verdade" (Jo 3,21) e "vir para a luz" (Jo 12,35-37). No mesmo evangelho, o agir de Cristo mostra esta consumação na paixão da Cruz, quando ele diz: "tudo está consumado" (Jo 19,30).

Do ponto de vista de uma concepção pragmática e utilitária, quer dizer, desde a perspectiva do fazer, de sua efetuação e de sua efetividade (eficácia, eficiência), o agir originário se parece, antes, com uma não-ação. Esta não-ação não é, porém, uma nulidade, um nada produzir, um nada criar. Muito pelo contrário: ela é a criação e a produção originária. Buber, em "Eu e Tu", tentou descrever esta não-ação como um agir em que o humano se põe e se dispõe como um todo, sem unilateralidades, sem parcialidades, aberto para a totalidade do que está sendo, para o que está, a cada vez, advindo, vindo ao encontro. Por isso, ele diz: "Nesta disposição, ter conquistado constância, significa poder partir para o encontro mais elevado".[18]

---

[18] BUBER, Martin. Werke. Erster Band. *Schriften zur Philosophie.* München/Heidelberg: Kösel--Verlag/Verlag Lambert Schneider, 1962, p. 129.

A não-ação é puro acontecer! Ela é criação: concriatividade com a realidade em gênese. A superação da dicotomia entre mundo e terra, entre cultura e natureza, que tanto faz sofrer o homem contemporâneo, só pode acontecer se o homem encontrar-se no modo de ser desta ação originária que, desde a compreensão funcional, pragmática e utilitária da ação, se chama "não-ação". Nesta superação, a técnica deixaria de ser o espetáculo violento da dominação do homem sobre o real e passaria a ser integrada no modo de ser do *habitar poético* do homem.[19] Mas, o que seria um "habitar poético"? Nele, a natureza poderia ser criativa, e a cultura poderia ser natural. O homem não mais teria, na dominação exploratória, o modo de se relacionar fundamental com o real. Trata-se, pois, de um habitar co-criativo com a natureza; que conjuga identidade e diferenças sem entender a igualdade como nivelamento e padronização de tudo e de todos; que acolhe a pluralidade dos caminhos de humanização nas trajetórias culturais dos povos da terra; que promove uma economia ecológica, solidária e ecumênica, isto é, acolhedora das diferenças de todos os povos. Trata-se, pois, de um habitar que seja pobre o bastante para receber do outro, para ver o real como originalidade, para acolher, na dinâmica da vida, a surpresa, a ousadia, a aventura, na leveza do coração; um habitar que assuma a linguagem não só como meio de informação, mas também como essência criadora, tal como, por milênios, a experimentaram os poetas, os pensadores, os místicos, os profetas; um habitar que cuide das condições ambientais e da qualidade da vida; que privilegie os bens coletivos sobre os privados. Enfim, o que está em jogo é um habitar que se funda sobre a fluência da gratuidade, do não-útil; que considera o homem como fim em si mesmo,

---

[19] HEIDEGGER, Martin. *Vorträge und Aufsätze*. Stuttgart: Neske, 1997, p. 181-198.

Ética da misericórdia   31

na sua dignidade de pessoa, e não como mero meio; que guarda o velamento do mistério; que escuta o indizível; que atenta para a inocência da vida e cuida de sua fragilidade. Trata-se, pois, de uma outra cultura do espírito, na qual, pela participação na criação, o homem recria o mistério da realidade, criando-se a si mesmo. Uma cultura em que o homem não somente saiba fazer, mas saiba ser no saber fazer, isto é, saiba perfazer-se, criar-se a si mesmo, suas formas de vida e de convivência, em consonância com a criatividade do mistério do Ser.

O reencontro do *ethos* para o homem contemporâneo, portanto, é o grande desafio de seu *kairós*. Essa é a crise, que é, ao mesmo tempo, urgência de decisão, de transformação, de passagem para outro princípio, oportunidade e graça de uma outra fundação do habitar humano sobre a terra. Tendo isso como pressuposto, tentemos, agora, escutar o que pode dizer a expressão "da misericórdia", no título "ética da misericórdia".

2. "Da misericórdia"

O que significa: "da misericórdia"? Precisamos estranhar este genitivo: "da misericórdia". Partindo de nosso modo de considerar usual, poderíamos entender este genitivo em sentido objetivo. A misericórdia seria, neste caso, objeto de consideração da ética. Mas, talvez, isso, embora necessário, não seja suficiente para responder e corresponder ao nosso kairós, isto é, não seja radical o bastante, não vá à raiz de nosso existir histórico, de suas necessidades destinais no relacionamento com a realidade, as realizações e o real como um todo. Outra possibilidade, seria entender o genitivo como subjetivo. Neste caso, a misericórdia seria o sujeito, isto é, o fundamento gerador e de sustentação da ética, quer dizer, de um outro e renovado pertencimento ao *ethos*: à morada do homem no mistério do ser. Isso já seria um passo mais radical, mas talvez ainda insuficiente face à nossa tarefa. Um terceiro, mais radical e mais originário passo seria o seguinte: que o genitivo fosse essencial. Isso quer dizer: que a misericórdia não somente incidisse sobre o nosso *ethos*, mas coincidisse com ele, e coincidisse na sua própria identidade. Neste caso, o *ethos* seria misericórdia e a misericórdia seria *ethos*: morada, guarida, proteção do homem no mistério do ser. Isso, porém, impõe pensar a misericórdia de modo igualmente essencial, ontológico.

Entretanto, o que é misericórdia? A palavra "misericórdia" tem sua origem na língua latina, em que "*misericordia*" quer dizer "ter o coração (*cor*) com os pobres (*miseri*), sentir afeto pelos pobres".[20] Tomás de Aquino assim interpreta o sentido de misericórdia: "ter o coração aflito por causa da aflição de outra pessoa" ("*miserum cor habens super miséria alterius*").[21] O mesmo sentido se expressa também na língua alemã, na palavra "*Barmherzigkeit*", que significa a cordialidade do que se compadece com a miséria do outro. Estas línguas, de certo modo, portanto, identificam misericórdia com compaixão. Walter Kasper comenta assim este sentido:

> Neste sentido humano geral, a misericórdia denota a atitude de quem transcende o egoísmo e o egocentrismo e não tem o coração centrado em si mesmo, mas centrado nos outros, em especial nos

---

[20] KASPER, Walter. *A misericórdia: condição fundamental do Evangelho e chave da vida cristã*. São Paulo: Edições Loyola, 2015, p. 36.

[21] TOMÁS DE AQUINO. *Summa Theologiae*, II/II, q. 30, a. 1, c. a., apud KASPER. *A misericórdia...*, p. 38.

Ética da misericórdia

> pobres e nos afligidos por todo o tipo de misérias. Transcender-se a si mesmo até aos outros, esquecendo-se assim de sua pessoa, não é debilidade, mas fortaleza. Nisso consiste a verdadeira liberdade. Essa autotranscendência é, por isso, muito mais do que enamoramento de si mesmo na entrega ao próprio eu: pelo contrário, trata-se da livre autodeterminação e, por conseguinte, de autorrealização. É tão livre que pode ser livre inclusive em relação a si mesmo, pode superar-se, esquecer-se de si e ultrapassar, por assim dizer, os seus próprios limites.[22]

Na tradição ocidental, a misericórdia foi quase sempre identificada com a compaixão, e foi, ao mesmo tempo, objeto de considerações controvertidas.[23]

Basta apenas recordar que Heidegger tematizou o cuidado (*Sorge*) como a essência mesma da existência humana, que acontece ser-no-mundo, a saber, tanto como ser-junto aos entes que o homem não é, pela ocupação (*Besorgen*), quanto como ser-com os outros, pela solicitude ou preocupação (*Fürsorge*).[24] Ora, o amor é o que funda, essencialmente, o ser do cuidado. Amar, porém, segundo Agostinho, quer dizer: "quero que sejas" (*"volo ut sis"*). Portanto, o amor, o querer como bem-querer, benevolência, é possibilidade da possibilidade da relação do ser-com, da convivência com os outros, pois o amor é o que deixa-ser, isto é, o amor é o que presenteia essência, reconduzindo tudo e todos ao seu próprio ser. O amor, como possibilidade da possibilidade do relacionamento é o fundamento, pois,

---

[22] KASPER. *A misericórdia...*, p. 36.

[23] KASPER. *A misericórdia...*, p. 43-45.

[24] FERNANDES, Marcos Aurélio. "Cuidado como amor em Heidegger". In: *Revista da Abordagem Gestáltica* – XVII/2 (2011): 158-171.

do cuidado. A in-sistência no ser-com se dá, no seu sentido mais próprio, como diligência e dileção (diligo = dilectio = o lógos do relacionamento).

Comentando a sentença poética de Hölderlin, "poeticamente o homem habita...", Heidegger recordou que todo o habitar humano parte de um medir-se com o céu e a terra, com o divino e com o mortal. E recorda também, que, enquanto a *"cháris"* – a gratuidade e a graciosidade do amor, como benevolência – reger os relacionamentos do homem com o mistério do ser e com o todo do ente, o homem poderá ser bem-aventurado no seu medir-se com o divino, com o Deus, com a Deidade.[25] Não seria a *"cháris"*, pois, a fonte do mistério do ser, a partir do qual o homem pode tornar-se o que ele é no cuidado do Todo?

> Dileção e benevolência, por sua vez, se dão ao modo de ser da gratuidade (*cháris*). A gratuidade é o modo de ser originário, fontal, do cuidado. É a origem, a fonte mesma de todo o sendo, que, brotando espontaneamente do fundo abissal do ser, deixa e faz ser o manancial, o fluxo das possibilitações e realizações de todo o sendo. Intuímos isso, se tivermos presente o modo de ser, isto é, de vigorar da fonte. A fonte é origem de um manancial. Em seu efluir e fluir, as águas de um manancial brotam das entranhas da Terra, serpenteiam por entre as chapadas, traçam veredas, abrem paisagem, saltam de montanhas, rasgam regiões, tornando-se cada vez mais longínquas, acolhendo e recolhendo afluentes, alargando-se, aprofundando-se, até que, por fim, mergulham no grande mar. Por isso, o mar não é o outro da fonte. É antes, o aparecer da profundidade

---

[25] HEIDEGGER, Martin. *Vorträge und Aufsätze*. Stuttgart: Neske, 1997, p. 181-198.

Ética da misericórdia

abissal da fonte, a vigência da generosidade originária da fonte. A fonte, porém, deixando e fazendo aparecer o manancial como tal, nunca a si mesma se mostra. Ela se retrai no vigor de sua renúncia. A fonte deixa e faz tudo aparecer, mas ela mesma se oculta, se esconde. Ela é como a protagonista do filme "A festa de Babette": celebração da pura gratuidade e graciosidade da vida. O brotar sem por quê nem para quê do ser. Ou então como a Rosa do poeta Ângelus Silesius (poeta do século XVII), cujo poema diz: "A rosa é sem por quê / floresce por florescer / não olha pra seu buquê / nem pergunta / se alguém a vê".[26]

O cuidado direcionado, fontado na gratuidade! O cuidado como relação, como ser com, na gratuidade. A gratuidade de ser! A misericórdia, nesse sentido, é sem por quê, floresce por florescer.

2.1 Um olhar desde a tradição bíblica e a cristidade do cristianismo

A compreensão bíblica entende misericórdia no sentido de um ser e estar orientado, direcionado, no relacionamento com o outro. Misericórdia, antes de ser uma paixão, uma emoção, é um comportamento, um relacionamento, um modo de ser com o outro, que se realiza, se consuma, como ação, como ato, de socorrer, de ajudar. É um amor prático, cheio de ternura, que põe em obra a ajuda, o socorro ao outro. O sentido bíblico da misericórdia tem, pois, a ver muito mais com fidelidade no re-

---

[26] FERNANDES."Cuidado como amor em Heidegger"..., p. 169.

lacionamento com outro, com quem se tem um vínculo, uma comunhão, uma aliança, e, por conseguinte, com a ternura, a benevolência e a graça, que se concretiza e se consuma no ato, na ação de ajudar, de socorrer. Em hebraico temos a palavra *"hessed"* para dizer a fidelidade neste relacionamento e a palavra *"rahamin"* para dizer a afeição entranhada, visceral, como a de uma mãe para com sua cria, sua criança, a ternura deste amor visceral.[27]

O Antigo Testamento mostra-nos Iahweh como um Deus que se relaciona com o homem em termos de fidelidade e ternura. Ambos – fidelidade e ternura – numa só realidade é o que chamamos de misericórdia. Deus é fiel ao homem por e para poder ser fiel a si mesmo. Pois Ele é amor. Não pode não nos amar. Não ser misericordioso é, para Deus, ser infiel a si mesmo, trair à sua própria deidade, o que é impossível. Esta necessidade de Deus – a de ser misericordioso – coincide, numa conjunção de opostos, com sua mais própria liberdade e espontaneidade, com sua liberdade e gratuidade, no relacionamento conosco, os homens, suas crias, suas crianças, a pupila de seus olhos. A misericórdia é, pois, fidelidade de Deus ao seu *coração*, isto é, ao âmago do seu próprio ser, onde o que domina é a sua *misericórdia*, ou seja, seu *amor terno, matricial, visceral*. Talvez, melhor do que fidelidade ao coração, nós poderíamos dizer, fidelidade ao *ventre*, pois a sua misericórdia é um amor que brota das *entranhas* mesmas de Deus, sim, de seu ventre – por que não? – de seu útero (hebraico: *rahamin* = amor visceral; *rehem* = ventre materno, útero materno). É por isso que o Senhor, pela profecia de Isaías, diz: "Pode porventura a mulher

---

[27] RAVASI, Gianfranco. "A casa da Misericórdia". Brasília: Edições CNBB, 2016, p. 37-39.

Ética da misericórdia

esquecer-se do seu filho e não ter carinho para com o fruto das suas entranhas? Pois ainda que a mulher se esquecesse do próprio filho, eu jamais me esqueceria de ti" (Is 49,15). Aliás, os profetas deixaram vir à tona este modo essencial de ser de Deus e de se relacionar com o homem: *"Amo-te com amor eterno, por isso ainda te conservo os meus favores"* (Jr 31,3). *"Ainda que os montes sejam abalados... o meu amor jamais se apartará de ti, e a minha aliança de paz não mudará..."* (Is 54,10). *"Misericórdia"* quer dizer, pois, a*mor cordial, amor matricial.* Matricial é aquilo que se refere à *matriz.* Matriz é o lugar em que se gera e cria e de onde se nasce; é o útero. Em hebraico a palavra útero, matriz, se diz *réhem.* A cordialidade, a ternura da misericórdia, por sua vez, se diz: *rahamim.* Assim, o poeta judeu André Chouraqui, ao traduzir o Sermão da Montanha, em vez de dizer "Bem-aventurados os *misericordiosos"* diz: "Em marcha os matriciais!" Quem são esses, os *matriciais?* Ele responde:

> Aqueles que assumem entre seus irmãos a função principal de IHVH/Adonai, que é a de ser a matriz do Universo. A palavra *rahamîms* deriva de *réhem,* "a matriz", o útero da mulher. A matriz recebe, mantém e dá a vida, oferecendo ao feto, a cada segundo, tudo de que ele precisa para viver. Assim Elohîms, matricial, tem função de matriz para o Universo e cada uma de suas criaturas. O mesmo acontece com o que ama IHVH/Adonai, que só vive para matriciar o mundo.[28]

---

[28] CHOURAQUI, André. *A Bíblia. Matyah. O Evangelho segundo Mateus.* Rio de Janeiro: Imago, 1996, p. 87

O coração de Deus é a matriz, o útero do Universo. Ali está o ponto de salto da geração do Filho Unigênito. Ali está a fonte da criação do Universo e de cada indivíduo na sua unicidade. Jesus revela este amor matricial de Deus para com cada e todo ser humano – um amor universal, isto é, que, com sua lonjura, com sua largueza e com sua profundidade, originariamente abraça toda a criatura. Ele, no seu relacionamento com os homens, revela o Pai dos céus, no seu cuidado, que veste as ervas do campo, alimenta as aves do céu, faz cair a chuva e nascer o sol sobre bons e maus, cujo amor paterno e matricial gera, nutre e rege todas as coisas. Misericórdia, portanto, tem a ver com senso de unidade entre Deus e o homem. É demonstração de amor, ação graciosa, que ajuda, socorre, se doa e perdoa.

A cristidade do cristianismo, a identidade do ser cristão, propõe um modo de ser-no-mundo e de habitar a terra, que se dá desde o vigor do *agápe*, do amor, que é, fundamentalmente, gratuidade e graciosidade, "*cháris*" (daí: *caritas*). O amor universal e, ao mesmo tempo, concreto, cada vez singular, é a fonte donde emerge o viver cristão, é a boa nova que renova todas as coisas, que torna novo o homem em sua unidade com o universo, pois o põe em contato com o que há de mais originário, com o ponto de salto de todas as coisas, o amor matricial de Deus. Ele é o princípio da transfiguração de todas as coisas. Com ele surge "a nova humanidade na "Ternura e Vigor" da Boa Nova de um Deus cujo amor o fez humano e habitou entre nós (Jo 1,14).

Esse amor funda a fraternidade universal. O mandamento novo desperta o sentido desta fraternidade, isto é, do caráter de ser irmão, que envolve todos os homens, e, como viu São Francisco, todas as criaturas.[29]

---

[29] FRANCISCO DE ASSIS. "Cântico das Criaturas". In: *Fontes franciscanas*. Santo André: Mensageiro de Santo Antônio, 2005, p. 123.

Ética da misericórdia 39

No mundo ocidental moderno, durante a revolução francesa, três palavras foram invocadas como fundamentais: liberdade, igualdade e fraternidade. É sintomático, porém, que tenha havido tanto empenho do homem moderno pela liberdade e pela igualdade, mas não tanto pela fraternidade. É sintomático que não se tenha encontrado na fraternidade o modo originário, fontal, de se relacionar com tudo e com todos, realizando uma igualdade que não seja puro nivelamento e uniformização, de modo a integrar, na dinâmica da liberdade da verdade, os relacionamentos com toda a identidade e toda a diferença.

"Da misericórdia", como sentido de ser fontal, como amor matricial que gera todas as coisas, não brotaria o verdadeiro sentido de fraternidade universal? Em grego, "irmão" se diz "*adelphós*", que significa, o que provém do mesmo útero. Jesus Cristo, e, no seu seguimento, também São Francisco, se relacionaram com todos os homens e com todas as criaturas como irmãs, considerando todos e tudo como provindo de uma mesma origem, o Pai, de um mesmo útero: as estranhas da sua misericórdia.

O amor, em sua universalidade, se dirige a todo o homem concreto, singular, que me vem ao encontro ou de encontro. Por isso, na parábola do Samaritano, Jesus opera a reversão da pergunta "quem é meu próximo?", para a pergunta "quem foi o próximo daquele homem? " (Lc 10,29ss). Este amor é, ao mesmo tempo, universal e concreto-singular, diz respeito ao relacionamento de todo e cada homem com todo e com cada outro homem que, de caso a caso, lhe venha ao encontro no caminho da vida, especialmente, aqueles que ele encontra como os desamparados, os pobres, os míseros. De fato, este amor se cumpre especialmente como misericórdia, em que o homem se deixa atingir nas

40   O imperativo ético da misericórdia

suas vísceras ("se compadeceu") pela miséria do outro homem, seja de que tipo for esta miséria. É um amor que consiste em fazer, pôr em obra a misericórdia. Misericórdia que não é sem motivo, sem justificação, sem porquê, sem para quê. É apenas, simplesmente, gratuitamente ser tomado em suas entranhas pela misericórdia.[30] Expressão de uma atração: "sede misericordiosos como vosso Pai é misericordioso" (Lc 6,36).

A força histórica do cristianismo não vem do poder, mas sim da autoridade do não-poder do amor. A verdade do ser--cristão, isto é, a cristidade do cristianismo, depende sempre do modo e da intensidade com que se assume esta autoridade do não-poder, a autoridade kenótica, da cruz. No entanto, os cristãos podem sempre de novo trair a sua própria cristidade, elegendo o poder e a força, em lugar da autoridade e do serviço de quem cuida. Mas nunca é demais recordar:

> Na verdade, o cristianismo ganhou sua imensa expansão sobre a terra pelo fato de que seu senhorio deu partida justamente com os fracos e enfermos, com os pobres e humilhados. Pois somente aquele que começa junto da coisa desprovida de poder, se obriga a começar junto da *coisa mesma*. Ele não cabe em nenhum esquema, em nenhuma ordem, em nenhum plano, em nenhum mundo já interpretado. Caso, porém, a coisa deva ser "salva", então deve ser encontrado para ela um mundo *próprio*, um "novo mundo".[31]

---

[30] STEINER, Leonardo U. *O rosto da Misericórdia*. Brasília: Edições CNBB, 2016, p. 48.

[31] ROMBACH, Heinrich. *Welt und Gegenwelt: Umdenken über die Wirklichkeit – die philosophische Hermetik*. Basel: Verlag Herder, 1983, p. 61.

Ética da misericórdia

A força e o brilho do cristianismo dependem, pois, do modo e da intensidade com que ele se deixa conduzir pela autoridade do não-poder do amor, consumado gratuita e graciosamente, até a morte de cruz.

> Cristianismo não diz em seu vigor originário poder histórico de dominação, de exclusão e recusa das diferenças. Ao contrário, diz a autoridade da vida e pregação de Jesus, o homem de Nazareth. O elã de sua mensagem não se restringe a instituições religiosas, com doutrinas, normas e culto, "a minha igreja vive na identidade, isto é, na igualdade e nas diferenças da religiosidade humana". Esta união de convivência não diz sobretudo religião, diz sobretudo "amor" segundo as palavras de São João: "nisso reconhecerão todos que sois meus seguidores se amardes uns aos outros" (Jo 13,33-34). E São Paulo, ao mencionar as três virtudes primordiais da vida cristã diz que a maior, no sentido da mais originária, é o amor (1Cor13,13). Religiosidade não se reduz a religião, diz, sobretudo, ágape, enquanto desprendimento de todo e qualquer poder na liberdade de todos os filhos de Deus. É o reconhecimento e aceitação do mistério presente em todos os homens e todos os seres. Tal é também o vigor histórico que sai do lema da cruz: "Jesus Cristo, Filho de Deus Salvador".[32]

O sacrifício de Cristo na Cruz inaugura uma nova disposição das relações entre Deus e o homem, traz consigo uma nova disposição, novo ordenamento, nova constituição da aliança. "É

---

[32] LEÃO, Emmanuel Carneiro. "Teísmos e Poder". In: *Revista Brasileira de Filosofia da Religião* 2/2 (2015): 9-10.

respondendo ao apelo quenótico do mistério que a mensagem cristã se transforma na convivência inaugural de uma nova vida. É a metamorfose do homem histórico de Nazaré no Cristo da Fé, levando todos os seres para a *parusia* da salvação".[33] Esta nova disposição das relações entre Deus e o homem, fundada por Cristo, no evento do seu mistério pascal, traz consigo uma nova demanda, uma nova tarefa, um novo mandamento: "um mandamento novo eu vos dou: amai-vos uns aos outros. Como eu vos amei, vós também amai-vos uns aos outros" (Jo 13,34). A comunhão, isto é, a união de convivência no amor é a realização essencial e, ao mesmo tempo, o sinal distintivo de que os discípulos de Cristo participam da novidade da vida, do novo céu e da nova terra (Ap 21,1) que Cristo inaugurou com sua Páscoa.

"Como eu vos amei, vós também amai-vos uns aos outros" (Jo 13,34). Com estas palavras, Jesus Cristo anuncia, de modo novo, o princípio da estruturação constitucional da Humanidade: o amor (*agápe*). O mandamento novo é, assim, o impulso que vem de Cristo, e que mobiliza os homens no sentido de uma transformação e de uma transfiguração de todo o projeto humano a partir do amor com que Cristo amou os homens. O mandamento novo é, pois, o princípio da nova disposição, da nova constituição, do novo ordenamento dos relacionamentos entre Deus e homem e também dos relacionamentos dos homens entre si. O fundamento, o horizonte, o sentido e a medida do amor é: "como eu vos amei". Amar com o mesmo amor com que Cristo amou os homens é a nova orientação, a nova regra de vida, que se põe como princípio da nova humanidade. Amar como Cristo amou é o encargo, a incumbência, a tarefa por ser realizada, por ser

---

[33] LEÃO. "Teísmos e Poder"..., p. 10.

Ética da misericórdia 43

"per-feita" pelos discípulos de Jesus Cristo, que são associados a Ele na comunhão de amor com o Pai. E como Cristo amou os homens? "Ele, que amara os seus que estavam no mundo, amou-os até o fim" (Jo 13,1). Trata-se de um amor que vai ao extremo de dar a vida. Perfazer a via excelente deste amor (1Cor 13) é o sentido de ser do viver cristão. Este mandamento novo tem o poder de criar a nova humanidade. Novo é este mandamento, pois este amor tem o poder de renovar os homens. Este mandamento novo tem o poder de criar a nova humanidade. Novo é este mandamento, pois este amor tem o poder de renovar os homens, a humanidade, a relação com todos os seres, com o Universo. Ele é o princípio da transfiguração de todas as coisas.

A transfiguração de todas as coisas, as relações novas receberam o potenciamento da suavidade do amor entranhado: misericórdia. Essa agora é a nova morada e guarida! Ela é fonte-matriz de uma nova humanidade! Fonte que continuamente desperta alegria, serenidade, paz, salvação. Ela, agora, é o caminho que une Deus e o homem, o homem consigo mesmo e toda obra criada. "Misericórdia: é o ato último e supremo pelo qual Deus vem ao nosso encontro".[34]

Conclusão

Ética da Misercórdia! A tarefa desse Congresso é imensa, quase impossível. Como perceber o IMPERATIVO ÉTICO DA MISERICÓRDIA? Imersos no horizonte da ciência e da técnica, como percebermos as nossas origens? Como darmo-nos

---

[34] FRANCISCO. *Misericordiae Vultus. O rosto da misericórdia. Bula de proclamação do Jubileu Extraordinário da Misericórdia* (11.04.2015). São Paulo: Paulinas, 2015, n. 2. (daqui em diante = MV)

conta do nosso nascer para co-nascer? O tempo do tudo saber, dominar, calcular está indicando o caminho das origens, insinuando a misericórdia como morada, fonte-matriz, onde tudo é amor gerativo, livre, humilde, samaritano, gratuito.

O que é ética? O que é misericórdia? Vivemos a crise da ética! Estamos envolvidos pela crise da ética. Os princípios, os valores, as virtudes, a espera, o silêncio, as palavras perderam a sua força de história.

Ética: o "cuidado do todo"![35] O tempo que nos é dado para viver o cuidado do todo, exige a abertura da escuta, o ouvir o sussurrar da fonte abissal do éthos. As relações com tudo e com todos nascem e renascem protegidas e fontadas no éthos. Ethos como morada, fonte-matriz de um todo. Morada e guarida onde estamos com tudo e todos em uma casa comum. Éthos, o modo como o homem se constitui em seu ser-si-mesmo, no relacionamento cotidiano com tudo e com todos.

Deixar-se inspirar e guiar pela fonte, pela morada, leva ao saber, o saber ético. O *saber ético* indica o compreender-se com aquilo que pertence ao éthos. Ao abrir-nos, atentos e humildes, à graça do éthos, perceberemos que o padecer e o sofrer na cotidianidade advém de nos deixar pautar por critérios de interesse e de utilidade utilitarista, nas vestes da corrupção, da cultura do descartável, da intolerância religiosa.

O reencontro do *ethos* é o grande desafio de nosso tempo. Essa é a crise, que é, ao mesmo tempo, urgência de decisão, de transformação, de passagem para outro princípio, oportunidade e graça de uma outra fundação do habitar humano sobre a terra.

---

[35] DIELS – KRANZ. *Die Fragmente der Vorsokratiker...*, p. 65.

Misericórdia: amor cordial, amor matricial! Deus matricial! Ele é o útero do Universo. Jesus veio revelar o amor matricial de Deus para com cada filho e filha, cada uma das criaturas. É esse amor que abraça e cuida toda a criatura: veste as ervas do campo (Mt 6, 28-30), alimenta as aves do céu (Mt 6,26), faz cair a chuva e nascer o sol sobre bons e maus (Mt 5,45). Ele não calcula, não soma e divide, não coloca limites; é generosidade fontal! Para Ele não existe "se", mas, no entanto, quem sabe, prove, retribua, espere!... Por ser misericórida, tudo faz em superabundância: ama, esbanja a bondade e a jovialidade de ser, como o enamorado ao seu primeiro amor. Gratuidade![36]

Misericórdia fonte, morada da relação entre Deus e o homem e todas as criaturas. Misericórdia é mais do que ajuda, justiça, assistência social, solidariedade. É a possibilidade de participação de amor, ação graciosa que ajuda, socorre, se doa e perdoa na pura gratuidade.

Ética da Misercórdia! Poderíamos agora dizer que misericórdia não somente incide sobre o nosso *ethos*, mas coincide com ele. Assim, o *ethos* seria misericórdia e a misericórdia seria *ethos*: morada, guarida, proteção do homem no mistério do ser: "Misericordiosos como o Pai"!

A morada, a guarida, a fonte inesgotável do cristão é a misericórdia. O *ethos* do cristão é a misericórdia. A medida da misericórdia **não é a justiça, o** ideal de perfeição, mas sim o amor que é bom, carinhoso e aberto, não porque o outro é bom, justo e simpático, mas porque ele, Deus, é bom. Por isso diz Jesus: "Não julgueis, para não serdes julgados" (Mt 7,1); e ainda: "se a vossa justiça não superar a dos escribas e fariseus, não entrareis no reino

---

[36] STEINER. *O Rosto da Misericórdia...*, p. 12.

dos céus (Mt 5,20). As relações, os costumes, o todo existencial direcionado, iluminado, consumado na força suave da misericórdia. A misericórdia é o princípio da transformação, da consumação e transfiguração de todas as coisas! Ela, como Boa Nova, deixa surgir e mantém a nova humanidade e a fraternidade universal. Deus, cujo amor O fez humano, cuja misericórdia renova os homens, a humanidade, a relação com todas as criaturas, com o Universo, gera e regenera a Fraternidade Universal! Deixemo-nos surpreender por Deus!

> "Do coração da Trindade, do íntimo mais profundo do mistério de Deus, brota e flui incessantemente a grande torrente da misericórdia. Esta fonte nunca poderá esgotar-se, por maior que seja o número daqueles que dela se abeirem. Sempre que alguém tiver necessidade poderá aceder a ela, porque a misericórdia de Deus não tem fim. Quanto insondável é a profundidade do mistério que encerra, tanto é inesgotável a riqueza que dela provém".[37]

Referências bibliográficas

AGOSTINHO. *Confissões*. Petrópolis: Vozes, 1988.
AGOSTINHO. *A cidade de Deus - contra os pagãos* - Parte I. Petrópolis: Vozes, 1990.
BERNHARD, Welte. "Die kulturelle Welt als Grund und die Religion". In: *Theologie der Gegenwart* 21 (1978): 1-10.
BOAVENTURA DE BAGNOREGIO. *Escritos Filosófico-Teológicos*. Porto Alegre: USF/EDIPUCRS, 1999.

---

37   MV 25.

Ética da misericórdia 47

BUBER, Martin. Werke. Erster Band. *Schriften zur Philosophie.* München/Heidelberg: Kösel-Verlag/Verlag Lambert Schneider, 1962.

CHOURAQUI, A. *A Bíblia. Matyah. O Evangelho segundo Mateus.* Rio de Janeiro: Imago, 1996.

DIELS, H. – KRANZ, W. (eds.). *Die Fragmente der Vorsokratiker.* Berlin: Weidmannsche Verlagsbuchhandlung, 1951.

FERNANDES, M. A. "Cuidado como amor em Heidegger". In: *Revista de Abordagem Gestáltica* 2 (2011): 158-171.

FRANCISCO. *Misericordiae Vultus. O rosto da misericórdia. Bula de proclamação do Jubileu Extraordinário da Misericórdia* (11.04.2015). São Paulo: Paulinas, 2015.

FRANCISCO DE ASSIS. "Cântico das Criaturas". In: *Fontes franciscanas.* Santo André: Mensageiro de Santo Antônio, 2005, p. 123.

HEIDEGGER, M. *Vorträge und Aufsätze.* Stuttgart: Neske, 1997.

HEIDEGGER, M. *Conferências e Escritos Filosóficos.* São Paulo: Nova Cultural, 1999.

HEIDEGGER, M. *Reden und andere Zeugnisse eines Lebensweges* - Gesammtausgabe Band 16. Frankfurt am Main: Vittorio Klostermann, 2000.

KASPER, W. *A misericórdia: condição fundamental do Evangelho e chave da vida cristã.* São Paulo: Loyola, 2015.

LEÃO, E. C. "Sociedade do conhecimento: passes e impasses". In: *Revista Tempo Brasileiro* 253 (2003): 11-20.

LEÃO, E. C. *Aprendendo a pensar I: o pensamento na modernidade e na religião.* Teresópolis: Daimon, 2008.

LEÃO, E. C. "A crise da ética hoje". In: *Revista Filosófica São Boaventura.* FAE / Instituto de Filosofia São Boaventura 3/2 (2010): 11-21.

LEÃO, E. C. *Filosofia Grega: uma introdução*. Teresópolis: Daimon, 2010.

LEÃO, E. C. *Filosofia Contemporânea*. Teresópolis: Daimon, 2013.

LEÃO, E. C. "Teísmos e Poder". In: *Revista Brasileira de Filosofia da Religião* 2/2 (2015): 8-13.

MERTON, T. *A via de Chuang Tzu*. Petrópolis: Vozes, 2002.

RAVASI, Gianfranco. "A casa da Misericórdia". Brasília: Edições CNBB, 2016.

ROMBACH, H. *Welt und Gegenwelt – Umdenken über die Wirklichkeit: die philosophische Hermetik*. Basel: Herder, 1983.

ROMBACH, H. *Strukturanthropologie: der menschliche Mensch*. München: Alber, 1993.

SEXTUS EMPIRICUS. *Gegen die Dogmatiker (Adversus mathematicos libri 7-11)*. Sankt Augustin: Academia Verlag, 1998.

STEINER, Leonardo U. *O Rosto da Misericórdia*. Brasília: Edições CNBB, 2016.

2

O princípio teologal da misericórdia

Erico João Hammes[1]

Introdução

A presente reflexão pretende abordar a relação entre misericórdia e o Mistério Divino. Trata-se de saber se é possível dizer, segundo a tradição judaico-cristã, como aparece em alguns textos mais recentes do cristianismo, que o "o nome de Deus é misericórdia", tendo presente que Santo Agostinho já se dirigia a Deus como: "Deus meu, misericórdia minha".[2] O que acontece com outras fórmulas tradicionais como "Eu sou aquele que sou"? Ou: "Deus onipotente, onisciente, onipresente"? Ou: "O totalmente outro"? Há apenas poucos anos se tentava recuperar o conceito bíblico do "Deus Amor"[3] e agora se propõe o tema da misericórdia como sendo "teologal". Qual é seu significado? Qual é sua possibilidade? Qual é sua relevância?

---

[1] Erico João Hammes é Doutor em Teologia (Pontifícia Universidade Gregoriana – Roma); obteve o Pós-Doutorado em Teologia (Eberhard Karls Universität Tübingen – Alemanha) e é Professor da Pontifícia Universidade Católica do Rio Grande do Sul (Porto Alegre – RS); http://lattes.cnpq.br/3466436438614121

[2] AGOSTINHO DE HIPONA. *Confissões*. Liv. 9, cap. 9, n. 21; Liv. 12, cap. 16, n. 23; Liv. 13, cap. 1, n. 1. São Paulo: Paulus, 2002.

[3] BENTO XVI. *Carta Encíclica Deus Caritas Est. Sobre o amor cristão* (25.12.2005). São Paulo: Paulinas, 2006.

A fim de poder pensar adequadamente sobre o princípio teologal da misericórdia é necessário refletir a respeito dos conceitos, do acesso aos mesmos e dos critérios para compreendê--los. Em nossos dias é sempre imperativo recordar que a Teologia é uma ciência, historicamente nascida do diálogo entre a fé e seus interlocutores. É fé em estado de pensamento, *intellectus fidei*, ou *fides quaerens intellectum*. Rigorosamente falando, sequer a fé existe sem um mínimo de pensamento, uma vez que sempre aparece concreta e articulada em palavras e razão *(logos)*. Mesmo a recusa em pensar sobre a fé exige um ato de inteligência. Além disso, é preciso dizer que, apesar de vários autores pensarem diversamente, o objeto próprio e imediato da Teologia não é Deus, mas a fé. Deus entra, mediado pela fé, porque não se tem acesso direto ao seu Mistério em si. Tem--se, portanto, uma primeira consideração de ordem de Teologia Fundamental.

Uma segunda tarefa está relacionada ao modo coerente de aceitar a proposição da fé. Uma tradição comum de fé precisa ser compreendida no seu tempo e no seu lugar para fazer sentido no contexto em que se afirma. Para o caso do Cristianismo, que aqui se considera, não basta o corpo doutrinário, como se fosse atemporal e abstrato; como a historicidade interpretativa é uma das condições da razão e inteligência humanas, qualquer afirmação ou juízo precisam incluir a temporalidade, a espacialidade e as condições culturais. No caso da tradição judaico--cristã, a relação ao tempo e à história são, ademais, intrínsecas, pois se movem da memória ao futuro. Aparece, assim, a segunda condição do fazer teológico: a circularidade interpretativa entre as condições existenciais dos sujeitos da fé e o próprio conteúdo da fé. Trata-se da condição hermenêutica da Teologia.

O princípio teologal da misericórdia 51

Para o desenvolvimento do tema seguem-se os seguintes passos. Inicialmente uma breve recordação do tema na história recente do cristianismo; seguem algumas indicações do ponto de vista conceitual; e, por fim, as reflexões de ordem mais sistemática, inspiradas, sobretudo na cristologia e na teologia trinitária. Para o roteiro da exposição é incontornável o recurso à obra de Walter Kasper[4] e aos textos do Bispo de Roma, Francisco.

1. O nome de Deus é misericórdia
Teologia Fundamental

O termo brasileiro misericórdia pode aparecer ao lado de compaixão e condolência. Refere-se especialmente aos termos hebraicos *hesed* e *rah^amim* e os gregos *éleos* e *splangna* com seus derivados. Aqui apenas é possível indicar as principais linhas de significado.[5] A expressão *hesed* indica uma ação ou atitude em favor de alguém necessitado na expectativa de uma correspondência. Na versão grega adotou-se o termo *éleos*. O termo *rah^amim* e seus derivados têm como sujeito principal ao próprio Senhor (YHWH). Etimologicamente, remete ao útero e por isso traz consigo o sentido de bondade maternal e paternal. Seu correspondente na tradução grega é *splangna*. Quanto ao termo

---

[4] KASPER, Walter. *A Misericórdia*: condição fundamental do Evangelho e chave da vida cristã. 2 ed. São Paulo: Loyola, 2015; FRANCISCO. *Misericordiae Vultus. O rosto da misericórdia. Bula de proclamação do Jubileu Extraordinário da Misericórdia* (11.04.2015). São Paulo: Paulinas, 2015 (daqui em diante = MV); FRANCISCO. *O nome de Deus é misericórdia. Uma conversa com Andrea Tornielli.* São Paulo: Planeta, 2016.

[5] Além dos léxicos bíblicos do Antigo e do Novo Testamento, ver: KASPER. *A misericórdia...,* p. 59-62; BRAVO, Arturo. "La misericórdia: términos, significados y equívocos". In: *Medellín* 42 (2016): 49-82.

52 O imperativo ético da misericórdia

latino *misericordia*, Congar, partindo da definição agostiniana (*miserum cor faciat condolentis alieno malo*) interpreta a misericórdia "como um sentimento, e mesmo uma paixão, no sentido rigoroso da palavra, quer dizer um movimento suscitado pelo abalo que provoca em nós o contato de um fato exterior".[6] Com essas correspondências evidencia-se a profunda coerência entre o Mistério Divino revelado como aquele que está aí no Antigo Testamento e o conteúdo do Novo Testamento. Mostra-se, além disso, uma primeira afinidade entre misericórdia e a realidade divina, uma espécie de princípio teologal da misericórdia. A misericórdia se constitui numa capacidade, numa qualidade de ser, mais do que propriamente num ato na realidade divina e expressa sua capacidade de reação ante um evento externo.

Deve-se ressaltar que falar de um Deus misericordioso e, mais ainda, de um princípio teologal da misericórdia, pode ser interpretado depreciativamente.[7] No entanto, só um Deus misericordioso pode ser misericordioso. Um Deus sem misericórdia não pode ser misericordioso. Trata-se de uma escolha, teologicamente, aceitar como verdadeira uma determinada revelação que diga respeito a um Deus misericordioso. Na medida em que as concepções de fé não caem prontas do céu e nem se impõem por si mesmas ao ser humano, mas implicam uma correspondência, exprimem também algo do próprio ser humano. Há uma espécie de escolha da maneira de crer e definir os deuses. A partir de

---

[6] CONGAR, Yves. "La miséricorde, attribut souverain de Dieu". In: *La vie spirituelle* 106 (1962): 383.

[7] Além da polêmica levantada por uma recensão do livro de Walter Kasper (*A misericórdia*) no site de *First Things* (What Mercy Is: A Review of *Mercy: The Essence of the Gospel and the Key to Christian Life* by Daniel P. Moloney. March 2015 (disponível em: http://www.firstthings.com/article/2015/03/what-mercy-is), consultar: TÜCK, Jan-Heiner. "Barmherzigkeit: vom Unbehagen an einer viel beschworenen Vokabel". In: *Communio* [AI] 3 (2016): 185-190.

O princípio teologal da misericórdia   53

uma afinidade entre uma percepção de Deus e a maneira de o ser humano se entender, consolida-se uma forma de leitura de Deus, que se reconhece na revelação. Não se trata, portanto, de uma construção arbitrária, pois a revelação se apresenta como vinda de fora, ao encontro do ser humano. Sua recepção, no entanto, está sempre limitada ou configurada pelas condições do "ouvinte da palavra", na expressão de Rahner, o que na Teologia clássica se dizia da relação entre continente e conteúdo.

Para identificar a relação entre Deus e misericórdia é necessário buscar o horizonte no qual seja possível realizar essa aproximação. Os séculos de leitura sistemática não misericordiosa do Deus cristão explicam-se, ao menos em parte, pela discrepância de horizontes, ou melhor, pelos horizontes diferentes em que se faziam as leituras no passado. Seja no contexto cultural e social de uma compreensão do ser humano como conquistador e autoafirmativo pela força, seja por uma interpretação filosófica andro-antropocêntrica e etnocêntrica, a mensagem da misericórdia não poderia ser recebida como qualidade intrínseca e essencial do mistério divino.

Para falar de um princípio teologal da misericórdia é preciso escolher o Deus correspondente. Mais radicalmente ainda, em conformidade com a quinta bem-aventurança de Mateus só os misericordiosos alcançarão misericórdia (Mt 5,7). Ou seja, apenas os seres humanos que têm um coração misericordioso podem reconhecer a um Deus de misericórdia. Talvez por isso mesmo, após a bem-aventurança da misericórdia se mencionem os corações puros como os que verão a Deus (Mt 5,8). Propor um Deus misericordioso implica uma hermenêutica da misericórdia e da virtude da misericórdia. Os olhos puros das pessoas que são sensíveis têm a capacidade de perceber a associação

54 O imperativo ético da misericórdia

entre o seu Deus e a misericórdia. A misericórdia só pode aparecer quando alguém se abaixa na direção do outro (parábola do samaritano ou do pai misericordioso) e procura reerguê-lo no abraço reconstrutivo.

2. A emergência da misericórdia no cenário da vida

A misericórdia poderia parecer contrária a Deus. Grande parte da tradição cristã e boa parte das demais religiões, sobretudo do pensamento religioso, tem resistência à ideia de um Deus misericordioso. A história das guerras e da violência, da inquisição e das cruzadas, da conquista e da escravidão falam de um deus sem misericórdia. A obra de Kasper chama atenção para a pouca presença do tema na teologia recente e na história. Em sua entrevista a Andrea Tornielli, o atual Bispo de Roma, Francisco, menciona vários exemplos, alguns constrangedores, que testemunham uma noção contrária a um Deus misericordioso.[8]

Outra objeção feita à aproximação entre Deus e misericórdia é o apelo à justiça divina. Kasper[9] traduz assim a pergunta de Derrida: "como pode um Deus que deve ser visto como justo mostrar-se misericordioso para os perpetradores sem estar a violentar, no ato do perdão, no caso de estas não estarem de acordo com o perdão?"[10] Em termos contemporâneos, Dirk Ansorge propõe as perguntas da seguinte forma: "Como pode diante de Auschwitz e de outros lugares de sofrimento humano continuar a dizer-se de

---

[8] FRANCISCO. *O nome de Deus é misericórdia.*

[9] KASPER. *A misericórdia...*, p. 46.

[10] Ver: GERL-FALKOVITZ, Hanna-Barbara. "Verzeihung des Unverzeihlichen. Anmerkungen zu Schuld und Vergebung". In: *Communio* [AI] 3 (2016): 250-259.

O princípio teologal da misericórdia

Deus que ele se mostra justo e misericordioso? Que justiça futura poderia compensar o infinito sofrimento das vítimas?"[11] Defende--se a ideia de que Deus não poderia sacrificar sua justiça pela misericórdia. Essa é a pergunta de Bernard Bro: "É Deus cúmplice do pecado?"[12] Mesmo nos dias atuais, é frequente a objeção de que se é verdade que Deus é amor, que é misericordioso, a sua justiça é implacável. Para Sto. Anselmo de Cantuária, a questão se resolve com sua famosa afirmação: "Quanto à misericórdia de Deus, no entanto, (...) nós a encontramos tão grande tão conforme à justiça que não pode ser pensada nem maior e nem mais justa" (*Cur Deus Homo,* II,20).[13] Como sublinha Raymund Schwager,[14] o que Anselmo quer evitar é uma concepção demasiadamente humana da misericórdia para mostrar a verdadeira misericórdia divina. Desse modo, é possível dizer, então, que a partir de Sto. Anselmo, existe uma tal intimidade entre o mistério divino e a misericórdia que é possível reconhecer uma identificação entre o *"maius quam cogitare possit"* (o maior que se pode pensar, *Proslogion* 15) do próprio Deus e sua misericórdia. Tão excelente é essa misericórdia que é o qualificativo distintivo da justiça.

Talvez justamente por suas grandes tragédias provocadas pela humanidade, o século XX e o início do século XXI fizeram

---

[11] ANSORGE, Dirk. *Gerechtigkeit und Barmherzigkeit Gottes: die Dramatik von Vergebung und Versöhnung in bibeltheologischer, theologiegeschichtlicher und philosophiegeschichtlicher Perspektive.* Freiburg im Breisgau: Herder, 2009, p. 13.

[12] BRO, Bernard. "Miséricorde et justice: Dieu est-il complice du péché?" In: *La vie spirituelle* 106 (1962): 396–410.

[13] A discussão a respeito da relação entre justiça e misericórdia em Santo Anselmo faz parte do reestudo de toda sua obra e seu conceito de redenção. Ver: PLASGER, Georg. Die Mittler-Christologie des Heidelberger Katechismus oder: Die soteriologische Relevanz der ZweiNaturen-Lehre (August 2007). Disponível em: www.reformiert-info.de, URL: http://www.reformiert-info.de/239-0-3-56-3.html

[14] SCHWAGER, Raymund. *Der wunderbare Tausch: Zur Geschichte und Deutung der Erlösungslehre.* München: Kösel, 1986, p. 164.

emergir a exigência da misericórdia como condição necessária de vida para a humanidade e o planeta. Kasper lembra as duas guerras mundiais com seus milhões de mortos, dois sistemas totalitários, os campos de concentração e os *gulags*, o terrorismo do início do século XXI, bem como as catástrofes naturais. Devem-se acrescentar a esta lista, as guerras locais nos vários continentes, os efeitos da guerra fria na forma dos golpes de Estado na América Latina e nos outros continentes, a pobreza estrutural causada pelo capitalismo – igualmente um sistema destrutivo, que produziu bilhões de mortos por fome –, a violência do crime organizado com as centenas de milhares de assassinatos, a dependência química e suas inumeráveis vítimas e as ondas de migrações e tráfico humano. Diante de um quadro assim, a única chance para se falar de Deus é a misericórdia. Ou Deus é misericórdia, ou não vale a pena que se defenda sua existência. A expressão tornada clássica diante do impensável do holocausto é formulado em termos de "Deus depois de Auschwitz". A grande pergunta, sempre lembrada de Elie Wiesel,[15] e em certo sentido feita por Bento XVI em sua visita a Auschwitz: "Onde está Deus?" ou "Onde estava Deus naqueles dias?" põe a questão de Deus ante um dilema inevitável: ou Deus estava em Auschwitz como prisioneira(o), condenada(o), torturada(o) e executada(o), ou então já não pode ser pensado.[16] A mesma pergunta se estende como um grande silêncio de sangue pelas favelas, estepes, prisões e lixões das vidas esqueletificadas pela concentração da riqueza e seus sacerdócios

---

[15] WIESEL, Elie. *Die Nacht zu begraben, Elischa:* 3 ed. Frankfurt a.M. - Berlin: Ullstein, 1990, p. 93-94.

[16] Ver: BENTO XVI. "Discurso durante a visita ao campo de concentração de Auschwitz-Birkenau" (28.05.2006). Disponível em: https://w2.vatican.va/content/benedict-xvi/pt/speeches/2006/may/documents/hf_ben-xvi_spe_20060528_auschwitz-birkenau.html

O princípio teologal da misericórdia

de cumplicidade política. De um modo geral, a pergunta pelo sofrimento, seja do ser humano, seja dos demais seres vivos é um dos maiores desafios para a Teologia e a Fé.

De forma semelhante, a pergunta se coloca no âmbito científico. Seja a partir da consistência da Teoria da Evolução, seja a partir das Neurociências ou da Cosmologia, o Mistério de Deus parece supérfluo. A razão principal, no entanto, não é a hipótese como tal, mas sua relevância. De fato, um dos argumentos mais tradicionais em favor da plausibilidade da existência de Deus era a causalidade e, mais recentemente, a fundamentação da moralidade (Kant). Como a Teoria da Evolução representa a explicação suficiente, ainda que não total, da origem das espécies e, por extensão, da própria vida, a hipótese Deus (Laplace) se torna supérflua. Está suficientemente demonstrado que a natureza pode dar conta de toda a complexidade do real, sem apelar a uma causalidade extrínseca. Deus fica literalmente perdido nesse emaranhado, se não for repensado em sua relação. O universo inteiro, em toda sua extensão espaciotemporal, cientificamente falando, não precisa de uma causalidade externa. Nem mesmo para originar o *Big Bang* é forçoso apelar a uma espécie de causa primeira. Para vários representantes das Neurociências, Deus, assim como a liberdade e outras faculdades humanas, não passam de um produto físico-químico. Numa palavra: Deus e a religião constituem formas residuais, talvez úteis para determinados estágios da evolução da espécie humana; não, contudo, para compreender a realidade.[17]

---

[17] Especialmente no assim chamado novo ateísmo essas questões entram como subsídio para dispensar Deus e a religião. Ver: HOFF, Gregor Maria. *Die neuen Atheismen:* Eine notwendige Provokation. Kevelaer: Topos, 2009; KLAUSNITZER, Wolfgang. "Die 'neuen Atheismen'". In: *International Journal of Orthodox Theology* 3/3 (2012): 9–60; STRIET, Magnus (Hg.). *Wiederkehr des Atheismus: Fluch oder Segen für die Theologie.* Freiburg: Herder, 2008.

Quanto à Moral, as guerras religiosas de ontem e de hoje, as injustiças praticadas por cristãos confessos e ritualisticamente praticantes, ou mesmo por autoridades religiosas, mostram que nem mesmo o Deus cristão garante um comportamento ético ou moral correto. Por outro lado, é inegável que pessoas confessadamente agnósticas ou ateias tenham um elevado senso de justiça, responsabilidade e solidariedade. Portanto, a moral e a ética podem encontrar suas razões fora de Deus.

Mas aqui cabe a pergunta: o Deus assim descartável é o único pensável, é o único encontrável nas grandes tradições religiosas?

Ao lado das críticas e interrogações, existem vários movimentos e clamores, ou uma espécie de nostalgia de um Deus misericordioso ou da necessidade da sua recuperação. Kasper menciona especialmente a Fenomenologia (Husserl) com destaque para as obras de Max Scheler sobre a simpatia (*Wesen und Formen der Sympathie*, 1912) e de Edit Stein o problema da empatia (*Zum Problem der Einfühlung*, 1917).[18] Menciona, em seguida, a Filosofia Dialógica (Martin Buber, Franz Rosenzweig e Ferdinand Ebner) em que o ser humano é visto especialmente como um ser relacional. Refere-se também à Escola de Frankfurt para a qual "a compaixão torna-se importante sob o ponto de vista da solidariedade com as pessoas que sofrem e com as que são oprimidas"[19] e Walter Schulz, para quem "a compaixão é a suma e última possibilidade de salvar o ser humano da sua 'existência nua' à luz da negação direta dessa

---

[18] KASPER. *A misericórdia...*, p. 43-49.
[19] KASPER. *A misericórdia...*, p. 44.

O princípio teologal da misericórdia

mesma existência".[20] Por fim, como não poderia deixar de ser, lembra Emmanuel Levinas, que, por seu pensamento orientado a partir do rosto do outro, especialmente do pobre, leva à centralidade do amor, da compaixão e do perdão.[21] Do rápido percurso apresentado, Kasper chega à conclusão de que "o clamor pelo perdão e a reconciliação e, por conseguinte, também pela misericórdia está onipresente no mundo secular e milenar das religiões e constitui um fenômeno humano universal".[22] Do ponto de vista latino-americano deve-se lembrar a influência decisiva da Escola de Frankfurt, especialmente em Jon Sobrino; e a influência de Levinas em vários autores, assim como na elaboração da opção pelos pobres.

Ainda na mesma linha de Kasper pode-se apontar para Karen Armstrong e sua *Carta pela compaixão*, em que afirma ser o princípio da compaixão "o cerne de todas as tradições religiosas, éticas e espirituais, nos conclamando sempre a tratar todos os outros da mesma maneira como gostaríamos de ser tratados" que "nos impele a trabalhar incessantemente com o intuito de aliviarmos o sofrimento do nosso próximo, o que inclui todas as criaturas, de nos destronarmos do centro do nosso mundo e, no lugar, colocar os outros, e de honrarmos a santidade inviolável de todo ser humano, tratando todas as pessoas, sem exceção, com absoluta justiça, equidade e respeito". Conclama "todos os homens e mulheres a restaurar a compaixão ao centro da moralidade e da religião (...) garantir que os jovens recebam informações exatas e respeitosas a respeito de outras

---

[20] SCHULZ, Walter. *Philosophie in einer veränderten Welt*, p. 751, *apud* KASPER. A *misericórdia...*, p. 45.

[21] KASPER. A *misericórdia...*, p. 45.

[22] KASPER. A *misericórdia...*, p. 49.

tradições, religiões e culturas (...) cultivar uma empatia bem--informada pelo sofrimento de todos os seres humanos - mesmo daqueles considerados inimigos".[23]

E na Igreja? Kasper lembra o papel decisivo de João XXIII e João Paulo II. Em seu discurso de abertura do Concílio Vaticano II, João XXIII afirma que se no passado a Igreja frequentemente condenou os erros, às vezes com severidade, "agora, porém, a esposa de Cristo prefere recorrer ao remédio da misericórdia a usar as armas do castigo". Além dessa frase, lembrada por Kasper, João XXIII desenha a Igreja como mãe amantíssima de todas as pessoas "boa, paciente, cheia de misericórdia e de bondade, inclusive para com os filhos que dela se afastaram". João Paulo II dedicou sua segunda encíclica à explicitação da misericórdia a partir de Deus (*Dives in misericordia*). Vários outros escritos seus estão elencados em coletâneas e foram estudadas por diferentes autores. A instituição do domingo da misericórdia e a canonização da Ir. Faustina Kowalska deram um caráter litúrgico-espiritual a esse tema em seu pontificado. O cardeal Ratzinger, na homilia de abertura do Conclave, do qual sairia eleito Bispo de Roma e Papa Bento XVI, identifica Jesus Cristo com a misericórdia: "Jesus Cristo é a misericórdia divina em pessoa: encontrar Cristo significa encontrar a misericórdia de Deus".[24] A sua primeira encíclica é dedicada à reflexão sobre Deus amor: *Deus caritas est*, embora se refira apenas ao compromisso episcopal de misericórdia com os pobres, segundo o rito de ordenação episcopal (n. 32). A essa

---

[23] Disponível em http://www.charterforcompassion.org/index.php/portuguese acesso em junho 2016. Ver também: KASPER. *A Misericórdia...*, p. 31; 50-58 (lembrando "a regra de ouro como ponto de referência comum", p. 54-58).

[24] KASPER. *Misericórdia...*, p. 17-21.

O princípio teologal da misericórdia   61

lista de Kasper, deve-se acrescentar agora, é claro, o atual Papa, Francisco, que, aliás, citou Kasper em sua primeira alocução, no *Angelus* de 17 de março de 2013. Recolhendo o magistério de seus antecessores, bem como a grande tradição da Escritura e da Igreja, Francisco colocou desde o início o seu ministério sob o signo da misericórdia, envolvendo-se pessoalmente nas questões mais cruciais da miséria humana e proclamando o Jubileu da Misericórdia. Ao lembrar Jesus como o "rosto da misericórdia do Pai" (*misericordiae vultus*), Francisco propõe como lema para a Igreja nesse ano: "Misericordiosos como o Pai" (Lc 6,36). Ratifica, dessa maneira, a identificação entre Deus e a misericórdia.[25]

Criticamente, é necessário lembrar que o discurso de João XXIII orientou, sim, o Concílio Vaticano II e seus documentos, mas o tema da misericórdia foi muito mais praticado do que explicitamente formulado nos textos conciliares. Nos anos posteriores ao Concílio, várias teologias e Igrejas locais desenvolveram as consequências de um compromisso misericordioso com os povos de suas regiões. A Igreja da América Latina, em suas várias conferências episcopais, acompanhada pelo vigor de uma Teologia emergente, foi mártir da misericórdia e conseguiu comprometer o cristianismo universal com a opção pelos pobres como o lugar do encontro com o Mistério Divino. Paradoxalmente, muitas pessoas pagaram essa fidelidade ao rosto compassivo de Deus com a vida e a perseguição.

Nesse sentido, merece destaque especial o pensamento de Jon Sobrino. Com sua obra de 1992, *El principio misericordia*, recolhendo vários estudos anteriormente publicados, defende

---

[25] MV 1 e 13.

62   O imperativo ético da misericórdia

uma regionalização da Teologia como *intellectus misericordiae*. Sem entrar em maiores detalhes agora, basta dizer que suas formulações recolhem o essencial do pensamento cristão sobre o tema, a partir da situação de El Salvador como um dos lugares do mundo onde o sofrimento e a miséria exigem um coração novo.[26] Em síntese, é possível ratificar o que autores, pensadores, a própria realidade e autoridades religiosas têm proposto: o tema da misericórdia emerge da situação atual e das consciências como uma exigência e urgência inadiável. De que modo esse clamor pode ser pensado em relação ao Mistério de Deus?

3. Jesus Cristo, a misericórdia em pessoa

Em sua homilia, já mencionada, na abertura do Conclave para eleição do novo Papa, depois da morte de João Paulo II, o Cardeal Ratzinger, interpretando Is 61,2 e Lc 4,18 traduziu o texto como "proclamar o ano de misericórdia do Senhor" para acrescentar então que "Jesus Cristo é a misericórdia divina em pessoa: encontrar Cristo significa encontrar a misericórdia de Deus".[27] O que se deve sublinhar é o fato de Ratzinger ler a identificação para dentro do texto, o que representa uma clara interpretação. Em segundo lugar, afirma, destacando, *ser* Jesus Cristo

---

[26] SOBRINO, Jon. *El princípio misericórdia: bajar de la cruz a los pueblos crucificados*. Santander: Sal Terrae, 1992. Para uma avaliação recente do tema em Jon Sobrino, ver: WALATKA, Todd. "The Principle of Mercy: Jon Sobrino and the Catholic Theological Tradition". In: *Theological Studies* 77/1 (2016): 96–117; MARTINS, Rogério Jolins - ANJOS, Márcio Fabri dos. "O princípio misericórdia: uma contribuição à questão dos princípios em Bioética". In: *Revista Eclesiástica Brasileira* 68 (2008): 350-370.

[27] RATZINGER, Joseph. "Santa Missa *Pro Eligendo Romano Pontifice*. Homilia do Cardeal Joseph Ratzinger, decano do Colégio Cardinalício" (18.04.2005). Disponível em: http://www.vatican.va/gpll/documents/homily-pro-eligendo-pontifice_20050418_po.html, referido por KASPER, W. *A misericórdia*, p. 21.

O princípio teologal da misericórdia 63

a misericórdia. Trata-se de uma identificação que, sem a ênfase posta por Ratzinger, pode ser encontrada na liturgia e na piedade. A Cristologia dos últimos 60 anos foi sendo progressivamente elaborada em consonância com os estudos bíblicos, as pesquisas históricas e as interrogações da realidade. Dessa maneira, a fé em Jesus como Cristo foi traduzida para dar conta das realidades humanas, com destaque especial para os destinatários da mensagem do Reino de Deus, os pobres. Apesar das dificuldades, também o magistério petrino se aproximou dessa concretização. Um dos eventos mais importantes foi a III Conferência Geral do Episcopado Latino-Americano em Puebla (1979) em que os pobres em suas diversas feições - crianças, jovens, anciãos, indígenas, afro-americanos, camponeses, operários, subempregados e desempregados, marginalizados e amontoados urbanos - foram identificados com o rosto de Jesus e se explicitou a opção pelos pobres.[28] Ou seja, Puebla segue o que a Cristologia em seus vários desenvolvimentos nos diversos continentes havia consolidado: a proximidade com negra(o)s, índia(o)s, marginalizada(o)s e mulheres com Jesus de Nazaré.

O testemunho do Novo Testamento, sublinhando o traço misericordioso de Jesus, foi corroborado com os estudos históricos e socioculturais do tempo de Jesus e da Palestina da época.[29] Jesus aparece em sua relacionalidade com o Pai, o Espírito

---

[28] CONFERÊNCIA GERAL DO EPISCOPADO LATINO-AMERICANO. *Evangelização no presente e no futuro da América Latina. Conclusões da III Conferência Geral do Episcopado Latino-Americano (Puebla de los Angeles, México, 27-1 a 13-2 de 1979)*. 10 ed. São Paulo: Paulinas, 1996, n. 31-39.

[29] Ver: HORSLEY, Richard A. *Jesus and the Powers: Conflict, Covenant, and the Hope of the Poor.* Minneapolis: Fortress Press, 2011; HORSLEY, Richard A. *Jesus e a espiral da violência*: Resistência judaica popular na Palestina. São Paulo: Paulus, 2010; MALINA, Bruce J. *O Evangelho social de Jesus:* O Reino de Deus em perspectiva mediterrânea. São Paulo: Paulus, 2004; THEISSEN, Gerd - MERZ, Annette. *Der historische Jesus: ein lehrbuch.* Göttingen: Vandenhoeck & Ruprecht, 1996.

Santo e o Reinado de Deus em favor dos pobres. Todas as pessoas afastadas do Pai são chamadas a estarem com ele à mesa, símbolo especial da práxis de Jesus e seu testamento final, na ceia de despedida. Além de frequentar a casa de pecadora(e) s e perdoar os pecados porque "misericórdia quero e não o sacrifício" (Mt 9,13), ele mesmo reparte o pão com quem tem fome: "Tenho compaixão deste povo" (Mc 6,34; Mt 9,36). Dentre as parábolas, a do bom samaritano (Lc 10,30-37) e a do pai misericordioso ou do filho pródigo (Lc 15,11-32) exprimem a alcance do sentido da misericórdia para a compreensão de Jesus. A parábola do samaritano mostra a misericórdia como aproximação: o próximo foi quem "moveu-se de compaixão" (*esplangníste*) e usou de misericórdia (*éleos*). A misericórdia faz descer até onde o(a) outro(a) está para carregá-lo(a), cuidar (*epimeleomai*) e restaurar a fim de lhe dar outra vez a condição de ser com as outras pessoas. A misericórdia encurta as distâncias e transforma as fronteiras em linhas de contato. Assim, em Cristo, o estrangeiro e o estranho se tornam vizinhos e concidadãos, num só povo, num só grande lar: "Em Cristo Jesus, vós que outrora estáveis longe, fostes trazidos para perto, pelo sangue de Cristo" (Ef 2,13). O escravo torna-se livre, a mulher e o homem tornam-se iguais em dignidade e humanidade (Gl 3, 28). De modo semelhante se manifesta o pai na parábola do filho pródigo. A distância que o filho havia tomado é interrompida pela misericórdia do pai que se transforma em abraço e em festa. Para contrastar com a misericórdia, o irmão que aparentemente não se havia distanciado do pai, mas que tampouco se havia "movido de compaixão", foi incapaz de se aproximar e restaurar seu irmão mais novo. Pode-se constatar um contraste semelhante na parábola do servo impiedoso (Mt 18, 21-35).

O princípio teologal da misericórdia 65

Enquanto o rei, compadecendo-se (*splangnisteis*), perdoa a um dos servos, este não tem compaixão (*eleêsai*) de seu companheiro. A aproximação desencadeada pelo rei deveria produzir um efeito de misericórdia com e reconhecimento ao outro. O fato de não produzir esse efeito, revela a imobilidade do coração, ou seja, a falta de misericórdia.

A prática de Jesus apresentada pelos evangelhos traduz a compaixão na resposta a clamores de pessoas doentes, mesmo as estrangeiras, na atenção às pessoas enlutadas, na expulsão de maus espíritos, na sensibilidade com a fome e com as pessoas pobres, no perdão dos pecados e na acolhida aos publicanos e aos chamados pecadores públicos. Em sua prática religiosa, Jesus comunica sua intimidade pessoal com o Pai a quem o segue e entra em seu discipulado. Pratica, dessa forma o Reinado de Deus, aberto a quem for como uma criança, ou como um servidor (diácono) de seus semelhantes.

Ao lado da relação com o Pai, um dos mais importantes desenvolvimentos da Cristologia recente é a dimensão pneumatológica.[30] Desde a concepção até a cruz e glorificação, Jesus aparece ungido pelo Espírito (Lc 4,16-19), cheio do Espírito, movido pelo Espírito e entregando o Espírito (Jo 19,30) como dom da paz e do perdão (Jo 20,21-23). Como portador do Espírito liberta as pessoas de seus maus espíritos como seu dom misericordioso.

A síntese da sua prática misericordiosa é a entrega de si mesmo ao juízo do Império Romano que, na pessoa de Pôncio Pilatos, o condena à cruz. A cruz, com toda a densidade his-

---

[30] Para uma panorâmica histórica, ver: BRYANT, Herschel Odell. *Spirit Christology in the Christian Tradition: from the Patristic Period to the Rise of Pentecostalism in the Twentieth Century.* Cleveland, Tennessee: CPT Press, 2014.

tórica do pecado ou da criminalidade humana, é interpretada como sendo a refeição definitiva de pecadoras e pecadores. O que historicamente seria a tragédia e o fracasso da misericórdia, torna-se na realidade o testamento, a aliança definitiva na qual toda a criação pode encontrar sua elevação ao mistério divino. Recolhendo o mais profundo da história de seu povo - a tradição da ceia memorial da saída do Egito, pela ação compassiva do Senhor -, Jesus arroga para si o início de uma nova história, onde Ele mesmo, e não sangue ou carne de cordeiros ou animais, será a refeição. Por essa entrega e experiência radical do abandono, a ressurreição aparece como o início e a antecipação da cura das feridas e dos anseios humanos, através da glorificação da vítima (Fl 2,6-11). A interpretação dogmática, pela qual Jesus é afirmado como pertencente à esfera divina e humana, traduz a integral aproximação entre, por um lado, a condição humana e a natureza com a transcendência inatingível do divino e, por outro, acentua a descida mais radical da transcendência para a condição opaca da história e do pecado. Aquele que se fez em tudo igual a nós, menos no pecado, assumiu a liberdade humana para aproximá-la da misericórdia divina pelo "faça-se, porém a tua e não minha vontade" (Mc 14,36). Assim, entregando-se até o fim e sendo ressuscitado, Jesus institui uma comunhão definitiva de filhas e filhos do mesmo Pai, no Espírito pelo qual clamam *Abba*, ó Pai (Rm 8,15; Gl 4,6).

4. A triunidade misericordiosa divina

A Teologia em chave histórico-salvífica proposta nos grandes movimentos de renovação do século XX e consagrada no Concílio Vaticano II, depois da Cristologia, transformou a Teo-

O princípio teologal da misericórdia

logia trinitária. Em primeiro lugar, talvez por mérito de Rahner, a unidade divina foi proposta não a partir de um "Deus Filosófico", mas a partir da Tradição Judaica e Cristã do Antigo Testamento. Em segundo lugar, alguns dos conceitos tradicionais como pessoa e unidade foram recuperados a partir da Escritura e da Tradição. Como consequência, ao lado dos tradicionais modelos ocidental e oriental de unidade, revalorizou-se o modelo comunial. Enquanto no modelo ocidental a unidade era afirmada a partir da unidade de essência, e no modelo oriental, a partir do Pai, no modelo comunial a unidade é interpretada como a *communio* das pessoas. Quanto ao conceito de pessoa, tradicionalmente problemático por sua associação com a *individua substantia rationalis naturae* de Boécio, e como centro de consciência e autoposse na Modernidade, foi possível recuperar a compreensão bíblica da face/rosto, igualmente proposta pela filosofia dialógica, personalista e da alteridade.

A partir das pesquisas de Bernd Hilberath, sobre o conceito de pessoa em Tertuliano,[31] foi possível demonstrar que *persona* aplicado por Tertuliano para a interpretação dos três, afirmados na *regula fidei*, traduz o termo grego *prósopon* e o hebraico *panîm,* isto é, rosto ou face. Desde a origem, portanto, o conceito de pessoa, depois formulado em termos de *hipóstase*, remete à relacionalidade. Vários estudos mais recentes[32] mostram que, ao contrário do que pensavam Karl Rahner e Karl Barth, o conceito

---

[31] HILBERATH, Bernd Jochen. *Der Personenbegriff der Trinitätstheologie in Rückfrage von Karl Rahner zu Tertulians "Aduersus Praxean".* Innsbruck - Wien: Tyrolia, 1986.

[32] KATHER, Regine. *Person: Die Begründung menschlicher Identität.* Darmstadt: WBG, 2007; MEUNIER, Bernard. *La personne et le christianisme ancien.* Paris: Les Editions du Cerf, 2006; PAVAN, Antonio – MILANO, Andrea. *Persona e personalismi.* Napoli: Dehoniana, 1987; ZIZIOULAS, John D. *Being as Communion: Studies in Personhood and the Church.* New York: St Vladimir's Seminary, 1997.

68   O imperativo ético da misericórdia

de pessoa pode ser aplicado com vantagem na interpretação do Pai, Filho e Espírito Santo. É na abertura, na reciprocidade e na doação que o "eu" e o "tu" constituem as subjetividades. Conforme Gisbert Greshake, "a pessoa se realiza num um-em-outro bem específico de identidade e diferença, de unidade e pluralidade".[33] Dessa compreensão, é possível identificar a orientação constitutiva da pessoa como misericórdia, em âmbito antropológico e, mais ainda, como se verá, para o Mistério Divino.

Assim formulada, a noção de pessoa chama o segundo conceito essencial para a interpretação trinitária da misericórdia. Com efeito, a realidade divina, em conformidade com os concílios de Niceia e Constantinopla, é ao mesmo tempo una e trina. Embora seja, em princípio, possível falar de Deus misericórdia em qualquer dos modelos supramencionados, o modelo da *communio* parece abrir uma compreensão especial.[34] Inspirado no termo bíblico da *Koinonia* (At 2,42; 1Cor 1,9), o termo latino remete a dois significados fundamentais: *moenia* e *munus*. Lembrando as explicitações de Hans Urs von Balthasar, Greshake identifica no primeiro significado de *communio* a expressão da condição comum em que determinadas pessoas se encontram. Poder-se-ia lembrar aqui a recepção da expressão "casa comum" para identificar a Terra e seu destino como nossa

---

[33] GRESHAKE, Gisbert. *Der dreieine Gott:* eine trinitarische Theologie. Freiburg; Basel; Wien: Herder, 1997, p. 176.

[34] Também aqui segue-se de perto a exposição de G. Greshake. Na Teologia recente, podem lembrar-se as obras como as de Jürgen Moltmann (*Trinität und Reich Gottes:* Zur Gotteslehre. 2 ed. München: Kaiser, 1986), muito próximo dele, Leonardo Boff (*A trindade, a sociedade e a libertação.* 2 ed. Petrópolis: Vozes, 1986), Catherine Mowry Lacugna (*God for us. The Trinity and Christian Life.* New York: Harper San Francisco, 1991) e Elizabeth Johnson (*Aquela que é:* o mistério de Deus no tratado teológico feminista. Petrópolis: Vozes, 1995). Estranhamente, Kasper, apesar de seu empenho em favor de uma eclesiologia de comunhão, omite esse caminho para fundamentar a misericórdia.

O princípio teologal da misericórdia   69

condição comum. A segunda etimologia remete ao caráter de encargo, de dom e de entrega pelo qual em situações normais pessoas que se encontrem em condições semelhantes se responsabilizam umas pelas outras, exercem um múnus recíproco. Em nossos dias, esse fato pode ser constatado em momentos de tragédia ou desastres. "Assim, no conceito de *communio* está implícita a entrega. Só na recepção e na entrega, quer dizer, a partir do outro e em direção ao outro, cada um realiza a sua essência, cada um se *torna* e acontece a *communio*".[35] Assim, Greshake chega à sua tese: "Deus é triuno, significa o mesmo que dizer: Deus é aquela *communio*, na qual as três pessoas divinas, no intercâmbio trialogal do amor realizam a única vida divina como autocomunicação recíproca".[36] Em si mesmo o Mistério Divino aparece como um permanente acontecer de recepção e doação, de tal modo que o Pai não apenas gera o Filho, mas o Filho, glorificando o Pai na eterna entrega e no ser Filho, deixa o Pai ser Pai, no Espírito que recebe do Pai e comunica permanentemente, inclusive ao mundo; o Espírito, não apenas procede do Pai, mas é por quem desde todo o sempre o Filho é gerado pelo Pai doando-lhe a condição de ser Filho. A Triunidade torna-se, então, aquela unidade que "maior não pode ser pensada", mas uma unidade de diferença que também "maior não pode ser pensada".

Desse modo, a partir do amor, é possível estabelecer a congruência com a afirmação de que Deus é misericórdia. No eterno mutuamente constituir-se e no eterno voltar-se um ao outro (pericórese) revela-se o coração divino pela alteridade na qual

---

[35] GRESHAKE. *Der Dreieine Gott...*, p. 177.
[36] GRESHAKE. *Der Dreieine Gott...*, p. 179.

70 O imperativo ético da misericórdia

não há nem primeiro e nem último porque o último está no primeiro; não há nem maior nem menor, porque todos comungam um do outro, no doar e receber. De tal forma é essa realidade intra-divina que se revela como abertura radical e condição de possibilidade para deixar espaço a outra autotranscendência, a outro Tu e lhe dar a mesma condição de misericórdia, dom e entrega, mediante a sua própria entrega como "primogênito de toda criação" (Cl 1,15), para que esse outro também seja "misericordioso como o Pai".

Neste sentido vale a pena retomar com Sobrino o princípio-misericórdia. No contexto fundamental de permanência da tragédia dos pobres e inocentes, do distanciamento crescente da justiça e da libertação, do destino trágico dos povos crucificados, a Cristologia precisa sublinhar o sofrimento de Deus e sua participação no destino dos condenados. Mais ainda do que libertar, Deus sofre em seu Filho crucificado o destino irreversível de todos os inocentes condenados. E seguir a este Jesus crucificado significa partilhar com Ele a sorte dos excluídos, para, assim, carregando seus pecados, partilhar mais do que da esperança, da sua espera, de libertação.[37]

A pobreza massiva, *o* sinal dos tempos na América Latina, exige de todo ser humano uma reação.[38] E a reação adequada, em termos de fé, é a misericórdia, não apenas em nível pessoal, "mas como algo globalizante". Implicitamente aqui se diz que a reação misericordiosa não resulta deterministicamente nem da situação e nem da consciência da situação, mas de uma

---

[37] SOBRINO, Jon. *El principio-misericordia:* Bajar de la cruz a los pueblos crucificados. Santander: Sal Terrae, 1992, p. 25-28.

[38] SOBRINO, J. "¿Como hacer teología? La teología como intellectus amoris". In: *Sal Terrae* 77/5 (1989): 404-406.

O princípio teologal da misericórdia 71

opção livre. Certamente há pessoas que, ao invés de reagirem misericordiosamente, reagem pela indiferença ou mesmo pelo desprezo e fuga. Trata-se, portanto, de uma opção livre, mas não arbitrária, que supõe uma visão da realidade a partir do sofrimento. Enquanto "não-dever-ser" este impõe à consciência o "dever-ser-diferente", não como uma força externa determinando a reação interna, mas como uma co-moção[39] e com-paixão internas capazes de se manifestarem numa reação transitiva e transformadora: é a misericórdia, "algo primeiro e último" na convivência humana e realidade mais radical de Deus e de Jesus na história com o povo. A misericórdia traduz a formalidade do amor enquanto reação ao sofrimento e à morte consideradas absolutamente. Num contexto histórico determinado e numa situação concreta, na qual o sofrimento e a morte são causados pela injustiça e opressão, a misericórdia se concretiza em termos de justiça e libertação.[40]

Conclusão

O nome de Deus é misericórdia. A misericórdia é uma das mais radicais formas de compreender o Mistério Divino. Apesar de todas as críticas e objeções, a misericórdia expressa a realidade mais profunda do que podemos chamar "divindade". Sua essência não consiste num movimento de superior a inferior, mesmo se esta é sua aparição fenomenológica. A misericórdia é a capacidade de identi-

---

[39] "Deixar-se comover e assim (...) mover-se": SOBRINO, Jon. "Los pobres: crucificados y salvadores". In: LÓPEZ Vigil, Maria – SOBRINO, Jon. La matanza de los pobres. 2 ed. Madrid: HOAC, 1993, p. 357.

[40] SOBRINO. J. "Teología en un mundo sufriente". In: Revista Latinoamericana de Teología 15 (1988): 261.

ficar-se com outra pessoa assumindo sua realidade mais profunda. A objeção segundo a qual para entender a Deus como misericórdia seria necessário que em Deus houvesse um menos e um mais, não se sustenta por confundir a aparição na história com a realidade imanente do divino. O fato de a misericórdia se manifestar de forma superlativa diante do pecado e do sofrimento humano não quer dizer que esta seja sua essência. A aparição como perdão e compaixão exprime apenas sua coerência com a realidade profunda: ser e estar diante de e com alguém. Sua realidade não consiste em ir do mais ao menos, do superior ao inferior, mas em proximidade e respectividade (espelhamento). Quando esta se rompe é que se revela em seu transbordamento para aproximar o distante e o disforme. Nas palavras de Agostinho: "Eu me tornava mais miserável e tu [me tornavas] mais próximo (*Ego fiebam miserior, et tu propinquior*).[41] Por isso, a misericórdia tem uma força criadora e recriadora capaz não apenas de fazer ou deixar surgir "do nada", mas de regenerar sempre para manter e aperfeiçoar a alteridade.

A partir da fé pode-se dizer que a misericórdia existe porque o mistério divino é misericórdia. E se pode afirmar a natureza misericordiosa de Deus porque se descobre a misericórdia como condição para a vida no mundo. O nome do Mistério Divino é misericórdia porque já na tradição judaica se revela comunicativo na *Dabar Adonai* (*YHWH*) e na *Ruah Adonai* (*YHWH*). A *Dabar* é criadora, no sentido explicitado acima, de acolhida ao que surge. Essa mesma *Dabar* se traduz em aliança, *Berîth*, com a terra, as plantas, os animais e os seres humanos (Gn 9). A *Ruah*, o Espírito do Senhor (YHWH), faz-se presente na passagem do caos ao cosmo, na eleição e consagração de juízes, reis, profetisas e profetas

---

[41] AGOSTINHO. *Confissões*. Liv. 6, cap. 16, n. 26.

O princípio teologal da misericórdia   73

e como princípio de vida para todas as pessoas (Ez, Os). O Senhor (YHWH) revela-se, portanto, como quem é misericórdia. A Tradição cristã, funda-se na manifestação insuperável da misericórdia em Jesus de Nazaré, cuja origem é associada com a permanência da misericórdia de "geração em geração" (Lc 1,50) ou como "entranhável misericórdia", princípio de um amanhecer (Lc 1,78). É Ele o sacerdote sensível à fraqueza humana, o acesso ao "trono da graça para obter misericórdia" (Hb 4,16). Em sua interpretação ontológica, a realidade divina assume a realidade humana de tal forma que as duas liberdades, a divina e a humana, se comunicam pericoreticamente uma para a outra, em representação, proexistência e prototipia (imagem do novo ser humano). Assim, a misericórdia, pela encarnação, mostra-se a si mesma como a transcendência que, na quênose em outro, sem se perder em outro, constitui outro em autotranscendência para ser misericórdia divina.

Na revelação comunicativa da misericórdia em Jesus de Nazaré, manifesta-se a realidade misericordiosa do Pai e do Espírito Santo como triunidade misericordiosa comunial. Assim, com a carta aos Efésios, é possível proclamar:

> Ele [Cristo] é a nossa paz: de ambos os povos fez um só, tendo derrubado o muro da separação e suprimindo em sua carne a inimizade – a Lei dos mandamentos expressa em preceitos – a fim de criar em si mesmo um só Homem Novo, estabelecendo a paz, e reconciliar a ambos com Deus, em um só Corpo, por meio da cruz, na qual ele matou a inimizade. Assim, ele veio e anunciou a paz a vós que estáveis longe e a paz aos que estavam perto, pois, por meio dele, nós, judeus e gentios, num só Espírito temos acesso ao Pai (Ef 2,14-18).

Referências bibliográficas

AGOSTINHO DE HIPONA. *Confissões*. São Paulo: Paulus, 2002.

ANSORGE, Dirk. *Gerechtigkeit und Barmherzigkeit Gottes: die Dramatik von Vergebung und Versöhnung in bibeltheologischer, theologiegeschichtlicher und philosophiegeschichtlicher Perspektive*. Freiburg im Breisgau: Herder, 2009.

BENTO XVI. *Carta Encíclica* Deus Caritas Est. *Sobre o amor cristão* (25.12.2005). São Paulo: Paulinas, 2006.

BOFF, Leonardo. *A trindade, a sociedade e a libertação*. 2 ed. Petrópolis: Vozes, 1986.

BRAVO, Arturo. "La misericordia: términos, significados y equívocos". In: *Medellín* 42 (2016): 49-82.

BRO, Bernard. "Miséricorde et justice: Dieu est-il complice du péché?". In: *La vie spirituelle* 106 (1962): 396–410.

BRYANT, Herschel Odell. *Spirit Christology in the Christian Tradition*: from the Patristic Period to the Rise of Pentecostalism in the Twentieth Century. Cleveland, Tennessee: CPT Press, 2014.

CONFERÊNCIA GERAL DO EPISCOPADO LATINO-AMERICANO. *Evangelização no presente e no futuro da América Latina. Conclusões da III Conferência Geral do Episcopado Latino-Americano (Puebla de los Angeles, México, 27-1 a 13-2 de 1979)*. 10 ed. São Paulo: Paulinas, 1996.

CONGAR, Yves. "La miséricorde, attribut souverain de Dieu". In: *La vie spirituelle* 106 (1962): 380–395.

FRANCISCO. *Misericordiae Vultus. O rosto da misericórdia. Bula de proclamação do Jubileu Extraordinário da Misericórdia* (11.04.2015). São Paulo: Paulinas, 2015.

GERL-FALKOVITZ, Hanna-Barbara. "Verzeihung des Unverzeihlichen. Anmerkungen zu Schuld und Vergebung". In: *Communio* [Al] 3 (2016): 250-259.

O princípio teologal da misericórdia 75

GRESHAKE, Gisbert. *Der dreieine Gott:* eine trinitarische Theologie. Freiburg; Basel; Wien: Herder, 1997.

HILBERATH, Bernd Jochen. *Der Personenbegriff der Trinitätstheologie in Rückfrage von Karl Rahner zu Tertulians "Aduersus Praxean":* Innsbruck; Wien: Tyrolia, 1986.

HOFF, Gregor Maria. *Die neuen Atheismen:* Eine notwendige Provokation. Kevelaer: Topos, 2009.

HORSLEY, Richard A. *Jesus and the Powers: Conflict, Covenant, and the Hope of the Poor.* Minneapolis: Fortress Press, 2011.

HORSLEY, Richard A. *Jesus e a espiral da violência*: Resistência judaica popular na Palestina. São Paulo: Paulus, 2010.

JOÃO PAULO II. *Carta Encíclica* Dives in misericordia. *Sobre a misericórdia divina* (30.11.1980). 2. ed. São Paulo: Paulinas, 1981.

JOHNSON, Elisabeth A. *Aquela que é*: o mistério de Deus no tratado teológico feminista. Petrópolis: Vozes, 1995.

KASPER, Walter. *A Misericórdia*: condição fundamental do Evangelho e chave da vida cristã. 2 ed. São Paulo: Loyola, 2015.

KATHER, Regine. *Person:* Die Begründung menschlicher Identität. Darmstadt: WBG, 2007.

KLAUSNITZER, Wolfgang. "Die 'neuen Atheismen'". In: *International Journal of Orthodox Theology* 3/3 (2012): 9–60.

LaCUGNA, Catherine Mowry. *God for Us. The Trinity and Christian Life.* New York: Harper San Francisco, 1991.

MALINA, Bruce J. *O Evangelho social de Jesus:* O Reino de Deus em perspectiva mediterrânea. São Paulo: Paulus, 2004.

MARTINS, Rogério Jolins - ANJOS, Márcio Fabri dos. "O princípio misericórdia: uma contribuição à questão dos princípios em Bioética". In: *Revista Eclesiástica Brasileira* 68 (2008): 350-370.

MEUNIER, Bernard. *La personne et le christianisme ancien.* Paris: Les Editions du Cerf, 2006.

MOLTMANN, Jürgen. *Trinität und Reich Gottes:* Zur Gotteslehre. 2 ed. München: Kaiser, 1986.

PAVAN, Antonio – MILANO, Andrea. *Persona e personalismi.* Napoli: Dehoniana, 1987.

SCHWAGER, Raymund. *Der wunderbare Tausch: Zur Geschichte und Deutung der Erlösungslehre.* München: Kösel, 1986.

SOBRINO, Jon. *El principio misericordia:* Bajar de la cruz a los pueblos crucificados. Santander: Sal Terrae, 1992.

SOBRINO, J. "¿Como hacer teología? La teología como intellectus amoris". In: *Sal Terrae* 77/5 (1989): 404-406.

SOBRINO. J. "Teología en un mundo sufriente". In: *Revista Latinoamericana de Teología* 15 (1988): 243-266.

SOBRINO, Jon. "Los pobres: crucificados y salvadores". In: LÓPEZ Vigil, Maria – SOBRINO, Jon. *La matanza de los pobres.* 2 ed. Madrid: HOAC, 1993, p. 355-370.

STRIET, Magnus (Hg.). *Wiederkehr des Atheismus: Fluch oder Segen für die Theologie.* Freiburg: Herder, 2008.

THEISSEN, Gerd - MERZ, Annette. *Der historische Jesus: ein lehrbuch.* Göttingen: Vandenhoeck & Ruprecht, 1996.

TÜCK, Jan-Heiner. "Barmherzigkeit: vom Unbehagen an einer viel beschworenen Vokabel". In: *Communio* [Al] 3 (2016): 185-190.

VIRGILI, Rosanna [et Al]. *Misericórdia: Face de Deus e da nova humanidade.* São Paulo: Paulinas, 2006.

WALATKA, Todd. "The principle of Mercy: Jon Sobrino and the Catholic Theological Tradition". In: *Theological Studies* 77/1 (2016): 96–117.

WIESEL, Elie. *Die Nacht zu begraben, Elischa:* 3 ed. Frankfurt a.M. - Berlin: Ullstein, 1990.

ZIZIOULAS, John D. *Being as Communion: Studies in Personhood and the Church.* New York: St Vladimir's Seminary, 1997.

3

Crítica a sentidos éticos da misericórdia

Márcio Fabri dos Anjos[1]

Introdução

Misericórdia é um termo que remete a uma gama bastante complexa de relações e emoções, que constituem o nascedouro do seu conceito. O termo passa a partir daí a ser carregado de experiências de vida e de diferentes sentidos que lhe são atribuídos. Entre o termo e seu conceito estão as condições e os contextos particulares em que se desenham as experiências de vida das pessoas. Com isto, é forçoso supor inúmeras conotações ao se dizer *misericórdia*. Daí a necessidade de olhar de forma crítica o sentido que realmente se atribui a esse termo. Ele se apresenta como um código na comunicação que parece ter um mesmo sentido ético e altruísta para todos. Mas resta sempre checar até que ponto tal sentido suposto em teoria se sustenta ou oculta distorções na prática. O tecido das relações

---

[1] Márcio Fabri dos Anjos é Doutor em Teologia Moral (Pontifícia Universidade Gregoriana – Roma), Professor de Teologia no Instituto São Paulo de Estudos Superiores (São Paulo), Professor e Coordenador do Programa de Doutorado em Bioética do Centro Universitário São Camilo (São Paulo); http://lattes.cnpq.br/8472974299679522

é como o campo de análise no qual se pode examinar o alcance do termo *misericórdia* e a coerência conceitual que ele existencialmente carrega, bem como desvelar concepções e práticas impertinentes ao sentido cristão que se pretende lhe dar.

1. Dois contextos da Misericórdia

Ao celebrar 50 anos do encerramento do Concílio Vaticano II (1965-2015), o Papa Francisco proclamou um Jubileu Extraordinário como Ano da Misericórdia. É natural perguntar por que um Jubileu com essa proposta. Aqui se percebe que o encontro com o sentido atuante da misericórdia começa pelo reconhecimento dos contextos em que ela se propõe, para em seguida se entender o que ela vem trazer. A misericórdia começa, portanto, com o olhar, a percepção do que se passa ao redor. Como na parábola do bom samaritano, pelos caminhos da vida, a percepção das pessoas, de seu ambiente e condições é a condição inicial, logo seguida pela interpretação e reação diante dos fatos. No caso da parábola, todos que passam pelo caminho veem o vulnerado caído, mas as reações são diversas. Diversas em grande parte porque a hermenêutica dos fatos já é nutrida pela misericórdia de quem interpreta. Daí a conhecida expressão de Vieira «se os olhos veem com amor, o corvo é branco»;[2] ou segundo o dito em espanhol "como se mira así se ve".

Desta forma, ao mesmo tempo em que a misericórdia deve ser contextuada, a interpretação dos contextos já exige um olhar das realidades com perspectivas de misericórdia. Procurando

---

[2] ANTONIO VIEIRA. *Sermões I*. São Paulo: Loyola, 2008, p. 169 (Sermão da Quinta Quarta-Feira da Quaresma).

Crítica a sentidos éticos da misericórdia

entrever as percepções de Francisco ao propor este Jubileu, há dois cenários em que suas atitudes e palavras se mostram reveladoras: o da esfera social, com violências e desigualdades; e, na esfera eclesial, a dificuldade das teorias e práticas serem portadoras transparentes da misericórdia em nossos dias. Neste sentido são reveladores os gestos do Papa, persistentes e ousados: basta considerar sua surpreendente visita aos refugiados em Lampedusa e a sua também inesperada postura de discípulo já no início do pontificado, ao pedir que o povo de Deus o abençoasse, antes de conceder-lhe a sua bênção.

A abundante bibliografia crítica das análises sociais indiretamente mostra a impotência da razão técnico-científica em resolver os problemas da violência, entre outras porque os sucessos obtidos por esta mesma razão fascinam o imaginário pelo desejo da autossuficiência, da produção e consumo e pela disputa do poder. A marcha do desenvolvimento científico, enquanto determinada por essa lógica, tende a diminuir os espaços para os fracos e necessitados, enquanto a razão cresce na dificuldade em lidar com os limites do humano. É ilustrativo ver que Francis Fukuyama proclamou o fim das utopias com a queda do muro de Berlim[3] e mais tarde alertou sobre a iminente ameaça de se perder a essência do humano pela incapacidade de assumir as fragilidades e ousar amar.[4]

No cenário eclesial, sabe-se como o Concílio Vaticano II assumiu o diálogo da fé com a cultura moderna em meio a muitas tensões bem compreensíveis em semelhantes contextos de radicais mudanças socioculturais. Sua opção por não tomar o caminho de

---

[3] FUKUYAMA, Francis. *O fim da história e o último homem*. Rio de Janeiro: Rocco, 1992.

[4] FUKUYAMA, Francis. *Nosso futuro pós-humano*. São Paulo: Rocco, 2003.

definições dogmáticas não o impediu de ser um Concílio que assume novos horizontes para a interpretação dos dados da fé e consequentes atualizações no conjunto e nas particularidades de sua vida eclesial e missão evangelizadora. Isto permite caracterizá-lo pela contundência hermenêutica que exerceu nos rumos da Igreja. Sem perder a verticalidade da transcendência, assumiu a horizontalidade da condição humana em que se situam as grandes provocações à razão de ser da comunidade eclesial e os desafios à sua missão evangelizadora. Na comunhão com as "as alegrias e as esperanças, as tristezas e as angústias dos homens de hoje, sobretudo dos pobres e de todos os que sofrem"[5] é que caminham os discípulos de Jesus.

Em síntese, a proposta de misericórdia em nossos dias tem um contexto social complexo não apenas pelo crescimento da violência impiedosa que se manifesta de variadas formas na vida social; mas também pela própria mudança dos paradigmas através dos quais lidamos com a fragilidade, com os limites e imperfeições para conceber a constituição dos seres humanos e suas relações. No contexto específico eclesial, a misericórdia se insere em concepções teóricas e doutrinárias construídas ao longo dos tempos que chegam aos nossos dias com bastante dificuldade para contribuir decisivamente nesse duplo desafio de nossa fase civilizatória. A convivência pouco inquieta em meio às inequidades provoca perguntas sobre que *misericórdia* seria essa tão ineficaz diante do sofrimento?

Isto sugere que uma proposta ética da misericórdia exige alguma desconstrução de pressupostos sobre os quais se assentam seus conceitos, não para descartá-los a priori, mas para apurar suas consistências.

---

[5] COMPÊNDIO DO VATICANO II. *Constituições. Decretos, Declarações.* VIER, Frederico (coord.). 29 ed. Petrópolis: Vozes, 2000. "Constituição Pastoral *Gaudium et Spes.* Sobre a Igreja no mundo atual", n. I.

Crítica a sentidos éticos da misericórdia

2. A misericórdia e os sentimentos

Em teologia, a misericórdia associa-se facilmente aos sentimentos, particularmente no âmbito da ação, onde sentir o sofrimento do outro parece ser o início da ação misericordiosa. Uma leitura dos Evangelhos - lembre-se a enfática expressão paulina «tende em vós os mesmos sentimentos de Cristo Jesus» (Fl 2,5) - à primeira vista favorece esta ideia. A emoção diante do sofrimento do outro seria o contexto maior dos sentimentos de misericórdia, desde o momento em que ela se transforma em comoção, ou seja, uma emoção que move a agir. Ou então se subentende como sentimento de comiseração, muitas vezes nomeada como compaixão. Surgem daí as interrogações se e como misericórdia e compaixão representam conceitos idênticos, distintos ou convergentes.

Emoções e sentimentos integram sem dúvida a condição humana, mas como isto se dá é algo complexo e pluriforme que as ciências procuram elucidar. Não é por acaso que no Brasil tenhamos uma Revista Brasileira de Sociologia da Emoção. Em uma respeitável revisão bibliográfica, Lindner[6] esclarece como este conceito é denso e tributário da grande rede de relações e representações humanas. Para desvelar sentidos consistentes para a misericórdia cristã, consideramos suficiente nos ater aqui apenas a alguns pontos críticos na interpretação da relação da misericórdia com os sentimentos.

As interrogações sobre o sentido da misericórdia já se encontram na antiguidade, quando Aristóteles, em sua *Retórica*

---

[6] LINDNER, E. G. "O que são emoções?" In: RBSE – *Revista Brasileira de Sociologia da Emoção* 12/36 (2013): 854-882.

das *Paixões*[7] analisa vários de seus aspectos. No pensamento medieval, particularmente Sto. Tomás de Aquino se destaca ao dedicar uma questão específica sobre a misericórdia,[8] com a riqueza de sua abordagem teológica fundamentada na Sagrada Escritura, na Patrística e no diálogo com o pensamento filosófico. Autores modernos veem, além disso, como no mínimo curioso o fato de Sto. Tomás apontar diferentes vícios contra a caridade ao longo das análises sobre suas diferentes expressões,[9] mas não indicar nenhum vício contra a misericórdia. Rejeitando a ideia de uma omissão a esse respeito, atribuem o fato a pressupostos de psicologia muito presentes na visão tomista, de que a misericórdia como compaixão seria antes de tudo tributária a limitações psicológicas do que propriamente a vícios.[10]

Caberia, entretanto, notar a força da emocionalidade impedindo os gestos de misericórdia especialmente quando se trata do perdão às ofensas e injustiças. É conhecida a expressão "perdoo, mas não esqueço", que traduz o esforço, e às vezes a dúvida, sobre a qualidade da experiência da misericórdia em tais situações. Como se anotou acima, os sentimentos que acompanham experiências de injustiças e ofensas estariam sendo colocados na conta dos limites psicoemocionais e afetivos e não propriamente de vícios. A meu ver resta, porém, superar certa dicotomia presente na contraposição entre virtudes e vícios,

---

[7] ARISTOTELES. *Retórica das paixões*. Prefácio de Michel Meyer; introdução, notas e tradução do grego: Isis Borges B. da Fonseca. São Paulo: Martins Fontes, 2000; SOUZA, L. A. – FIGUEIREDO, M. F. "Compaixão-Misericórdia: Uma Paixão Aristotélica". In: *Diálogos Pertinentes – Revista Científica de Letras*, Franca (SP) 6/1 (2010): 143-162.

[8] TOMÁS DE AQUINO. *Summa Theologiae*. II-II^{ae} q.30. Milano: Marietti, 1962.

[9] TOMÁS DE AQUINO. *Summa Theologiae*. II-II^{ae} q.23-46. Milano: Marietti, 1962

[10] MINER, R. C. "The Difficulties of Mercy: Reading Thomas Aquinas on *Misericordia*". In: *Studies in Christian Ethics* 28 (2015): 70-85.

Crítica a sentidos éticos da misericórdia

como se suas demarcações fossem tão nítidas e isoladas das reais condições psíquicas dos sujeitos. Os estudos modernos avançaram muito a este respeito. Do ponto de vista teológico, o Concílio Vaticano II propõe a moralidade cristã em sentido vocacional, de crescimento e superação das limitações para amar. A superação do rancor e dos impulsos de vingança, que são frontalmente contra a misericórdia, constitui uma proposta clara e exigente das práticas e do ensino de Jesus. Do ponto de vista teológico sistemático, é interessante observar como nas representações de Deus se projetam com certa facilidade os sentimentos de vingança rancorosa. A figura do irmão mais velho na parábola de Lucas (15,11-31), com seus sentimentos de indignação e rejeição aos feitos do irmão mais novo, além de mostrar a face misericordiosa do Pai, serve ao mesmo tempo para mostrar o grande desafio da educação dos próprios sentimentos. Um desafio que significa escolhas conscientes a serem feitas na vida.

No pensamento moderno, a misericórdia e a compaixão têm um ponto de encontro no quadro de questões que entrelaçam as paixões e a razão. A clássica obra de Descartes, *As Paixões da alma,*[11] pode ser uma referência. Mas na presente reflexão nos ateremos a explorar algumas críticas de Nietzsche pela explícita referência que fazem ao nosso tema. Apoiando-se na precisão da língua alemã, a compaixão como partilha no sofrimento (*Mitleid*), ele a contrapõe à partilha da alegria (*Mitfreude*), e aponta nessa contraposição uma filosofia de vida

---

[11] DESCARTES, René. *As paixões da alma.* Tradução de Bento Prado Jr. São Paulo: Abril Cultural, 1983.

de onde sai uma crítica à misericórdia.[12] Levanta inicialmente uma forte crítica à misericórdia como compaixão por se prestar a ser uma velada forma de egoísmo pelo qual se identificam no outro as precariedades do próprio eu e as ameaças a que estamos todos expostos. Na linha desta crítica nietzschiana se diria que a misericórdia se expõe à ambiguidade ética de ter sua razão e fonte no amor próprio. Por isto propõe que a fonte da misericórdia não deve ser o sofrimento do outro, mas a alegria partilhada com o outro.

Sua crítica e correspondente proposta ficam mais claras ao rejeitar, o que entende ser pensamento de Schopenhauer,[13] que a compaixão consistiria em um carregar sobre si os sofrimentos dos outros. Segundo Ponton, a crítica de Nietzsche acusa que isto leva a uma concepção pessimista do mundo e da vida e

> incita a não mais querer "ligar" sua vida – e mesmo a não mais querer se "ligar" à vida mesma. Nietzsche opõe a essa doutrina uma "ética da amizade", que consiste, ao contrário, em se "ligar" aos outros, à vida e a si mesmo, partilhando não mais o sofrimento, mas a "alegria". Essa ética deve, pois, conduzir não mais para a negação, mas para a afirmação do querer-viver e para o desejo de carregar sempre com mais alegria o fardo da vida.[14]

---

[12] PONTON, O. "Mitfreude: o projeto nietzscheano de uma 'ética da amizade' em Humano, demasiado humano". In: *Estudos Nietzsche*, Curitiba I/I (2010): 145-160; NIETZSCHE, F. *Humano, demasiado humano: um livro para espíritos livres*. Trad. Paulo César de Souza. São Paulo: Companhia das Letras, 2000 (v. I); 2008 (v.2).

[13] SCHOPENHAUER, A. *O mundo como vontade e como representação*. Tradução de Jair Barboza. São Paulo: UNESP, 2005.

[14] PONTON. "Mitfreude...", p. 151.

Crítica a sentidos éticos da misericórdia 85

Nietzsche, porém, supõe inicialmente que a ética da compaixão e a da alegria se complementem; partilhar o sofrimento dos outros é necessário, mas partilhar a alegria é fundamental; um gesto de compaixão é, no fundo, uma partilha de alegria numa situação dolorosa.[15] Posteriormente, ele vê na ética da compaixão também a possibilidade de uma velada consciência rancorosa, que no fundo se alegra com o sofrimento do outro.[16] Isto reforçaria a interpretação de sua crítica para centrar o sentido da misericórdia na partilha da alegria com o outro, a quem se percebe privado dela.

Em síntese, os sentimentos integram o sentido e gesto da *misericórdia*. Mas ao examinar de perto a qualidade de tais *sentimentos*, se depreende que as razões que os motivam podem conter sentidos velados que não são cristãos, entre os quais o egoísmo ou a centralização em si mesmo e a fixação pessimista no sofrimento. Vemos aí dois aspectos que demandam melhor análise: como entram na misericórdia cristã as relações de poder e a questão do sofrimento.

3. A misericórdia nas ambivalências do poder

A misericórdia supõe relações de poder, uma vez que se refere a diferentes sujeitos em situações desiguais, em cuja relação é contemplado o lado frágil. Olhando somente para este segmento das relações parece que a misericórdia é sempre um gesto ético e nobre. Entretanto, descendo mais a fundo na análise da gênese do

---

[15] PONTON. "Mitfreude...", p.152.

[16] DIEL, Lucas. "El rol de la culpa en la formación del tipo gregario en Humano, demasiado humano de F. Nietzsche". In: Revista Arena (Univ. Nacional de Catamarca, Argentina) 3/2 (2013): 10-26.

binômio poder-fragilidade, é possível desvelar ambiguidades éticas que contaminam os gestos que aparecem como *misericórdia*.

Mestre sobre a filosofia do poder, Michel Foucault mostra como o poder é uma realidade que se dá nas relações, nelas se revela e se desdobra; responde a uma importante necessidade das interações que dão consistência à vida; mas se manifesta também em formas extremamente ambíguas, sob o ponto de vista ético.[17] Entre suas análises dos processos em que emergem as ambiguidades éticas, podemos ressaltar duas formas por ele argumentadas que contribuem para uma compreensão crítica da *misericórdia*, e que giram em torno de seus conceitos de *subjetivação* e de *biopoder*.

A subjetivação, no seu entender, se refere ao processo de construção dos referenciais que constituem as verdades pelas quais as pessoas subjetivamente se guiam. Este processo responde à necessidade humana de se ter um lar de segurança no viver. Deriva de experiências subjetivas e de relações de confiança na experiência de outras pessoas, em uma grande rede de inter-relações. Dá-se com isto um enorme *jogo de verdades* que o pluralismo social de nossos dias vem mostrando com mais evidência. O ponto da ambiguidade, que aí se adentra, consiste na facilidade com que uma verdade de um sujeito não simplesmente se propõe, mas se impõe ao outro sujeito, sendo por ele introjetada. Desta forma, o faz subordinado a uma *veridiccção* externa. A introjeção da culpa é uma das formas mais nefastas da subjetivação. Traz consigo a justificativa para estabelecer o *ethos* da punição nas relações interpessoais e nos sistemas sociais.[18]

Esta observação crítica tem uma incidência direta sobre a

---

[17] FOUCAULT, M. *Microfísica do poder*. Rio de Janeiro: Graal, 1986.

[18] FOUCAULT, M. *Vigiar e punir*. Tradução de Raquel Ramalhete. Petrópolis: Vozes, 2011.

Crítica a sentidos éticos da misericórdia

misericórdia relacionada com o perdão dos pecados. Foucault afirma que através da confissão dos pecados a Igreja católica tem prestado um raro e precioso serviço à sociedade em sustentar a necessidade de reconhecer os próprios erros e deles se afastar. Mas isto não dispensa a Igreja de se examinar sobre as formas pelas quais sustenta as concepções de erros e pecados. Até que ponto seus métodos tomam formas introjetivas de subjetivação. Igualmente sugere examinar com atenção o significado da punição pelos pecados nos sistemas religiosos. Alimenta também a relevância de revisitar a questão, já antiga, se a misericórdia no sentido cristão é compatível com a punição.

O conceito de *biopoder* é elucidado por Foucault em suas aulas sobre o nascimento da *biopolítica*, um assunto que tem merecido em nossos dias a atenção de vários pensadores.[19] Em traços genéricos, considera-se que o controle sobre os corpos e comportamentos das pessoas leva a construir sistemas sociais que desafiam formas éticas de exercício desse poder sobre a vida, isto é, de políticas que sejam favoráveis à qualidade de vida das pessoas; ao que genericamente se nomeia como biopolítica.

O lado de abuso do biopoder é identificado entre outras na versão moderna de decidir sobre a vida das pessoas em sociedade: enquanto no passado os soberanos aplicavam com facilidade a pena de morte, hoje os poderes filtram, segundo suas conveniências, o quanto e a qualidade com que a vida é concedida a seus subordinados. As persistentes desigualdades econômicas e exclusões ao acesso a fundamentos primários da vida com qualidade desenham o lado perverso do biopoder. O desenvol-

---

[19] ANJOS, M. F. "Bioética Clínica, biopolítica e exclusão social". In: SIQUEIRA, J. E. *Temas de Bioética Clínica*. Brasília: CFM, 2016 (no prelo)

vimento concentrado do poder tecnológico e econômico mostra a face anônima dos novos soberanos da biopolítica.

A incidência desta crítica ao conceito e às práticas de *misericórdia* tem vários aspectos. Torna-se inevitável ver a misericórdia também pelo viés dos sistemas políticos que regem a vida. Por mais que isto seja incômodo a muitos, esta foi também a postura de Jesus no seu tempo ao se confrontar com os sistemas de exclusão e discriminação que tinham sido introduzidos no próprio modo de se representar Deus e sua Lei e de propor a religião. Sem isto é praticamente impossível entender a essência do que significa misericórdia para Jesus. Em outras palavras, superar a ingenuidade política é uma agenda necessária para apurar o sentido cristão da misericórdia. Sob esse ponto de vista, a Encíclica *Laudato Si'*, do Papa Francisco, pode ser entendida como um grandioso gesto de misericórdia cristã na biopolítica.

As práticas interpessoais de misericórdia dentro dos condicionamentos sociopolíticos merecem também algumas observações. Primeiro, porque a misericórdia postula um olhar capaz de reconhecer as vítimas dos sistemas. A perversidade das subjetivações introjetivas transforma facilmente as vítimas em ameaças reais; e no afã de nos defender diante delas acabamos nos somando à perversidade para destruir o pouco da dignidade que resta nestas vítimas tornadas ameaçadoras. Aqui está uma agenda difícil da misericórdia devido à aversão emocional de difícil controle que temos diante das violências. Segundo, mesmo quando não aparecem ameaças, muitas vezes as vítimas se encontram tão sobrecarregadas de carências que a misericórdia não pode prescindir de expressões assistenciais e paliativas. Persistem, porém, as demandas de não se reduzir ao assistencialismo, que poderia até representar uma acomodação da consciência moral. Nesse

Crítica a sentidos éticos da misericórdia

89

ponto, apresenta-se o desafio de uma consciência moral criativa para tornar a misericórdia efetiva em favor da potencialização das pessoas na superação de suas fragilidades.

4. Misericórdia e sacrifício

O lugar do sacrifício na teologia cristã é uma questão delicada e complexa a começar pelas diferentes concepções religiosas sobre o sacrifício na Bíblia. Elas chegam ao tempo de Jesus e atravessam séculos para estarem presentes também em nosso tempo. Sua importância é inegável diante da contundente contraposição que Jesus faz entre misericórdia e sacrifício. Neste tópico nos ateremos aos aspectos que entrelaçam o sacrifício e o poder.

O ensino de Jesus opõe-se decididamente ao sacrificialismo cultual. Este favorece ritualismos de práticas exteriores e formais que convivem tranquilamente com as desigualdades e discriminações nas relações humanas. Tal ritualismo tem origens imemoriais em diferentes culturas. Entre suas concepções básicas, entende-se o sacrifício como um agrado à divindade para ganhar benesses de sua onipotência e assim vencer e dominar nas relações humanas; imagina-se desta forma a «figura divina segundo a imagem interesseira dos humanos», e por isto sensível aos agrados e afeita aos privilégios. Diante de semelhante concepção, Jesus assume a crítica e as propostas proféticas e sapienciais sobre as concepções do culto e da figura do próprio Deus na experiência religiosa de Israel. Em sua longa trajetória se desvela que o rosto de Deus é totalmente outro; que o onipotente Criador é comunicativo e não concentrador; que cria os seres humanos «à sua imagem e semelhança» para serem comunicativos e guiados por seu Espírito de partilha.

Consequentemente, não se agrada de sacrifícios e holocaustos, mas se compraz com as atitudes e gestos de compromisso com a partilha. A linguagem profética é abundante e contundente a esse respeito, e dispensamos aqui suas conhecidas referências. Vale notar que no epicentro da representação de Deus está seu poder onipotente do qual os seres humanos são feitos participantes. A concentração do poder para si é a perversão desse poder comunicativo e destruição da obra criativa de Deus.

Conhecer e reconhecer o verdadeiro rosto de Deus está, portanto, na base da crítica ao sacrificialismo. Isto parece estar presente na expressão de Oseias ao dizer «Porque eu quero a misericórdia, e não o sacrifício; e o conhecimento de Deus, mais do que os holocaustos» (Os 6,6). Este aprendizado é longo na experiência de Israel e pode ser lido em surpreendentes sinais como nos ciúmes de Caim contra Abel, por causa dos sacrifícios; e na radical mudança sobre a concepção de sacrifício que Abraão experimenta em relação a seu filho Isaac.

A experiência hebreia da escravidão no Egito provoca uma contundente mudança na concepção sobre Deus ao se contrapor às representações divinas dos faraós compactuadas com o arbitrário sacrifício dos hebreus. Moisés amadurece arduamente o encontro com o rosto do Deus vivo para articular o processo da união e a marcha do povo para a liberdade. Sintomaticamente, o cordeiro sacrificado no êxodo tornou-se o símbolo da nova concepção de Deus e da união do seu povo. Note-se: o cordeiro não é oferecido em holocausto, mas é feito refeição a ser tomada em conjunto e não individualmente, para alimentar a aliança como condição da saída da escravidão. Jeremias parece esclarecido a respeito dessa mudança radical ao dizer *"nunca falei a vossos pais, no dia em que os tirei da terra do Egito, nem lhes ordenei coisa alguma acerca*

Crítica a sentidos éticos da misericórdia   91

de holocaustos ou sacrifícios" (Jr 7,22). A necessidade de se abrir e aprender do rosto misericordioso de Deus é também referência transparente à contraposição de Jesus ao sacrificialismo do seu tempo, ao dizer "Ide e aprendei o que significa: Misericórdia eu quero, e não o sacrifício. Porque eu não vim a chamar os justos, mas os pecadores, ao arrependimento" (Mt 9,13). Por sua força simbólica no êxodo, o cordeiro pascal torna-se símbolo também da missão divina de Jesus, o 'Cordeiro de Deus que tira o pecado do mundo', proclamado por João Batista (Jo 1,29).

Sem perder neste estudo o foco da misericórdia, estamos argumentando sobre sua relação com o poder, que implica a representação do poder divino e o sentido dos sacrifícios. A leitura filosófica desta estreita relação, buscada particularmente em Foucault, pode ser encontrada de forma bem explícita no pensamento de Gianni Vattimo,[20] que tem merecido atenção e recebido estudos aprofundados na área acadêmica.[21] De modo confessadamente laico, este autor reconhece na concepção cristã de Deus a mais perfeita proposta da onipotência divina: pela encarnação se esvazia de seu poder (*kénosis*) para torná-lo comunicação e aprendizado aos seres humanos. Em um diálogo com René Girard, este filósofo entra mais claramente nos sentidos da morte de Jesus como consequência deste processo encarnatório do divino no humano.[22]

---

[20] VATTIMO, Gianni. "Dialettica, differenza, pensiero debole". In: VATTIMO, Gianni - ROVATTI, Píer Aldo (orgs.) *Il Pensiero debole*. Milano: Feltrinelli, 1983.

[21] FERREIRA, Vicente de Paula. *Cristianismo não religioso no pensamento de Gianni Vattimo*. Aparecida: Santuário, 2015.

[22] GIRARD, René - VATTIMO, Gianni. *Cristianismo e Relativismo: Verdade ou fé frágil?* Aparecida: Santuário, 2010.

5. Misericórdia e Expiação

Uma antiga tradição distingue o sacrifício entre *propiciatório* e *expiatório*. Pelo primeiro se faz uma homenagem a Deus, com o pedido de que seja *propício*. Pelo segundo se faz um desagravo pela ofensa feita à sua onipotência. A expiação se refere ao poder de Deus que é lesado, pelo que se merece um castigo. Antecipando-se ao castigo pelo arrependimento, se apresenta uma reparação punitiva assumida em si mesmo ou através de outro. No breve espaço desta exposição, consideraremos apenas a relação entre misericórdia e a necessidade de expiação ou reparação punitiva, entendendo que a expiação seja uma variante da punição

Esse tema se tornou particularmente complexo pela consolidação da teologia da expiação desenvolvida ao longo da Idade Média. Numa revisão racional em nossos dias haveria que considerar ao menos duas dimensões importantes: as explicações sobre os mecanismos psíquicos que entrelaçam a culpa e a punição; e as dimensões psicossociais da punição nas relações de poder, tão presentes no pensamento filosófico moderno, como o de Foucault.[23] Sob este ponto de vista, surgem muitas questões ainda racionais para os sistemas religiosos expiatórios, entre as quais, se com isto não se representa a divindade ao modo das realezas humanas que necessitam de punições para defender sua imagem e soberania; que misericórdia seria esta que ainda necessita de expiação; ou, afinal, estaria havendo alguma confusão quanto ao conceito de expiação?

---

[23] FOUCAULT. *Vigiar e punir.*

Crítica a sentidos éticos da misericórdia

Em outra exposição[24] apontamos exatamente uma transformação ocorrida na primeira Idade Média pela qual os gestos de aprendizado da conversão, chamados de *penitências* se transformaram em modalidades de pagamento pelos pecados. Isto explica em parte como, na ascética cristã, a expiação ainda conviva com o processo de conversão, sendo entendida na vida cotidiana como uma espécie de gesto de conversão.

Mas a revisão teológica subsidiada pela crítica da razão estaria mais radicalmente encaminhada ao entender o rosto misericordioso de Deus na comunicação e não na reivindicação do seu poder. Em tal paradigma não há julgamento, não há punição, não cabe expiação punitiva. O ensino de Jesus é abundante neste sentido e particularmente claro no Evangelho de João. Um exemplo está na parábola da *mulher adúltera*, símbolo da humanidade pecadora: segundo a Lei do Amor escrita no chão da vida, não há condenação, mas convocação à conversão (Jo 7,53-8,10). A reparação de danos não se configura como expiação, mas como exigência ética coerente com a responsabilidade do processo de conversão, como aparece na figura de Zaqueu no seu encontro com a salvação (Lc 19,8). Em síntese, a misericórdia não prescinde do esforço inerente à mudança de vida e das exigências éticas na reparação de danos. Mas é no mínimo pouco transparente quando dependente de condições expiatórias.

Conclusão

É necessário lembrar que a análise teórica da misericórdia supõe sujeitos concretos nas mais diferentes situações existen-

---

[24] ANJOS, M. F. "Teologia Moral". In: PASSOS, J. D. - SANCHES, W. L. (orgs.). *Dicionário do Concílio Vaticano II*. São Paulo: Paulinas/Paulus, 2015, p. 940-947.

ciais. São ali sempre aprendizes em lidar com os poderes e com as fragilidades, tanto em suas dimensões racionais, que dizem respeito a conhecimentos, quanto à sua dimensão essencialmente moral, que decorre da escolha livre em servir. Isto significa que as práticas concretas da misericórdia têm sempre graus variáveis de qualidade moral, segundo as fases do aprendizado de seus sujeitos.

Tendo isso presente, pode-se perceber que o termo *misericórdia* supõe variadas relações de poder cuja qualidade ética afeta o sentido da misericórdia. Há sempre dois sujeitos, individuais ou coletivos, postos nestas relações: um fragilizado e outro constituído em correspondente poder. Na relação com o fragilizado, a centralização em si mesmo, por parte de quem detém o poder, leva-o a subordinar os gestos desta relação aos seus próprios interesses, comprometendo a qualidade ética dos gestos. Isto significa que o apelo à misericórdia vem da necessidade do fragilizado, de seu *clamor* muitas vezes silencioso a ser percebido e interpretado. Isto confere à misericórdia uma primeira condição: perceber e reconhecer as necessidades dos fragilizados; e, em seguida, decidir colocar seu poder em favor do outro. De fato, exercer misericórdia é um gesto de liberdade. A expressão "sentir" pode ser adequada para expressar o conjunto dessa atitude perceptiva e decisória; mas se torna às vezes ambígua por condicioná-la ao impulso emocional. Esta e outras ambiguidades acima anotadas desafiam a dimensão racional da misericórdia. Como igualmente as formas adequadas de se exercer a misericórdia desafiam conhecimentos racionais.

Pode-se assim distinguir a *misericórdia racional* e a *razão misericordiosa*. A misericórdia racional cerca-se de conhecimentos racionais em busca de qualidade para a misericórdia.

Mas a *razão misericordiosa* significa a razão guiada pela escolha livre de colocar o próprio poder a serviço do fragilizado. Sem a condução desta escolha, a simples razão encontrará facilmente motivos para se distanciar dos sofrimentos e carências dos fragilizados. Porque a razão é uma privilegiada instância de poder e a misericórdia é uma escolha livre; é fundamental aprender a razão misericordiosa.

Referências bibliográficas

ANJOS, M. F. "Bioética Clínica, biopolítica e exclusão social". In: SIQUEIRA, J. E. *Temas de Bioética Clínica.* Brasília: CFM, 2016 (no prelo)

ANJOS, M. F. "Teologia Moral". In: PASSOS, J. D. - SANCHES, W. L. (orgs.). *Dicionário do Concílio Vaticano II.* São Paulo: Paulinas/Paulus, 2015, p. 940-947

ARISTOTELES. *Retórica das paixões.* Prefácio de Michel Meyer; introdução, notas e tradução do grego: Isis Borges B. da Fonseca. São Paulo: Martins Fontes, 2000.

COMPÊNDIO DO VATICANO II. *Constituições. Decretos, Declarações.* VIER, Frederico (coord.). 29 ed. Petrópolis: Vozes, 2000.

DESCARTES, R. *As paixões da alma.* Tradução de Bento Prado Jr. São Paulo: Abril Cultural, 1983.

DIEL, L. "El rol de la culpa en la formación del tipo gregario en Humano, demasiado humano de F. Nietzsche". In: *Revista Arena* (Univ. Nacional de Catamarca, Argentina) 3/2 (2013): 10-26.

FERREIRA, V. P. *Cristianismo não religioso no pensamento de Gianni Vattimo.* Aparecida: Santuário, 2015.

FOUCAULT, M. *Microfísica do poder.* Rio de Janeiro: Graal, 1986.

FOUCAULT, M. *Vigiar e punir*. Tradução de Raquel Ramalhete. Petrópolis: Vozes, 2011.

FUKUYAMA, F. *Nosso futuro pós-humano*. São Paulo: Rocco, 2003.

FUKUYAMA, F. *O fim da história e o último homem*. Rio de Janeiro: Rocco, 1992.

GIRARD, René - VATTIMO, Gianni. *Cristianismo e Relativismo: Verdade ou fé frágil?* Aparecida: Santuário, 2010

LINDNER, E. G. "O que são emoções?" In: RBSE – *Revista Brasileira de Sociologia da Emoção* 12/36 (2013): 854-882.

MINER, R. C. "The Difficulties of Mercy: Reading Thomas Aquinas on *Misericordia"*. In: *Studies in Christian Ethics* 28 (2015): 70-85.

NIETZSCHE, F. *Humano, demasiado humano: um livro para espíritos livres*. 2 volumes. Trad. Paulo César de Souza. São Paulo: Companhia das Letras, 2000 (v. 1); 2008 (v.2).

PONTON, O. "Mitfreude: o projeto nietzscheano de uma "ética da amizade" em Humano, demasiado humano". In: *Estudos Nietzsche*, Curitiba 1/1 (2010): 145-160.

SCHOPENHAUER, A. *O mundo como vontade e como representação*. Tradução de Jair Barboza. São Paulo: UNESP, 2005.

SOUZA, L. A. - FIGUEIREDO, M. F. "Compaixão-Misericórdia: Uma Paixão Aristotélica". In: *Diálogos Pertinentes Revista Científica de Letras*, Franca (SP) 6/1 (2010): 143-162.

TOMÁS DE AQUINO. *Summa Theologiae*. II-II[ae] q.23-46. Milano: Marietti, 1962

VATTIMO, G. "Dialettica, differenza, pensiero debole". In: VATTIMO, Gianni - ROVATTI, Píer Aldo (orgs.). *Il Pensiero debole*. Milano: Feltrinelli, 1983.

4

Sujeitos da misericórdia

Fernando Altemeyer Junior[1]

Introdução

A presente reflexão apresenta um mapa conceitual inspirado nas palavras sujeito e misericórdia. Assume a provisoriedade humana e a escuta ativa da voz interior ao percorrer alguns passos na compreensão da subjetividade como experiência de quem se deixa afetar. Conclui buscando as luzes necessárias em cinco teólogos e propõe pistas para uma teologia do coração comovido que vê, escuta e age pela graça de Deus.

1. Quem é o sujeito?

A modernidade apresentou-se como a emancipadora das individualidades na constituição do sujeito autônomo. A partir do *cogito* cartesiano todos se descobrem autônomos e pensantes de suas próprias decisões. *"Cogito, ergo sum"* se fez a frase originária de uma nova antropologia, de uma nova ética e de

---

[1] Fernando Altemeyer Junior é Doutor em Ciências Sociais (Pontifícia Universidade Católica - São Paulo), Mestre em Teologia e Ciências da Religião (Université Catholique de Louvain – Bélgica) e Professor da Pontifícia Universidade Católica de São Paulo; http://lattes.cnpq.br/9117745188904512

uma nova concepção moral. Há uma mudança nas perguntas. A ancestral questão sobre quem é o sujeito se transformará numa nova questão: Quem pode ser sujeito? Ao distinguir a substância pensante (*res cogitans*) da substância existente (*res extensa*) abre-se caminho para a questão do valor das representações e altera-se radicalmente a relação entre sujeito e objeto pensado. Sujeito é quem está próximo dos problemas e os assume de forma crítica e cética. Do ceticismo epistemológico ao ceticismo ético foi um passo rápido. Ficamos prisioneiros do "faça o que quiser" e assim existirás. Essa é a pobre resposta à questão cotidiana: "o que devo fazer?" Essa soberania (arrogante?) do *cogito* será questionado por A. Whitehead, Merleau Ponty e Edgar Morin e, em terras brasileiras, por Paulo Freire. O educador nordestino ensina a certeza inconclusa e criativa dos sujeitos ao afirmar que *"o homem é uma criatura dotada da propriedade criadora, auto criadora; na 'inconclusão' do ser, que se sabe como tal, é nessa certeza existencial e intelectual que se funda a educação como processo permanente. Mulheres e homens se tornam educáveis à medida que ser reconhecem inacabados".*[2] Sabemos por essa crítica atual que mundo, sujeito e consciência estão entrelaçados em uma ambiguidade insolúvel, mas sempre fecunda. Martin Heidegger viu na abstrata contraposição dualista entre sujeito e objeto o pecado original de toda a filosofia ocidental. A fenomenologia e a teoria da complexidade buscam dar um passo inédito ao discutir o sujeito humano entrelaçado aos mundos, pensamentos e corpos.

No moderno, destacou-se o sujeito como um si mesmo, como sinônimo do eu. Convém recordar que os gregos anti-

---

2   JOSAPHAT, Carlos. *Tomás de Aquino e Paulo Freire*. São Paulo, Paulus, 2016, p. 129.

Sujeitos da misericórdia 99

gos assumem o sujeito como *"hypokéimenon"*, ou seja, aquilo que resiste invariável à transformação ou aquilo que subjaz. Os gregos acreditavam que não se pode expressar tudo o que há na alma, mas buscar o desvelamento para que emerja o sujeito escondido. Assim vivemos confusos entre os componentes descritivos insuficientes e aqueles elementos prescritivos fugazes do viver a subjetividade. Sem bússolas nem horizontes afundamos na angústia e na depressão entre sombras e tateamentos. Mergulhados no instante, queremos degustar a Eternidade (e, sobretudo, a Beleza). Buscamos sofregamente encontrar o subjacente, a origem, a fonte e a raiz. Sentimo-nos partidos ao meio. Almejamos unidade e amor, mas falamos mais de amor do que de fato o experimentamos. Somos prisioneiros dos discursos e das ideologias. O ser humano pretende humanizar-se e, muitas vezes, coisifica-se tal qual simulacro, pois perde em prudência e lucidez.

Ítalo Calvino expressa imageticamente esse humano dividido em sua obra "O Visconde partido ao meio". Explica Calvino a sua razão de escrever sobre o tema: *"pensei que o tema do homem cortado em dois, do homem partido ao meio fosse um tema significativo, tivesse um significado contemporâneo: todos nos sentimos de algum modo incompletos, todos realizamos uma parte de nós mesmos..."*.[3] A metáfora criada por Calvino é uma chave excelente para elucidar o drama existencial contemporâneo. Seu conto apresenta Medardo, um visconde partido ao meio por uma bala de canhão. Uma parte fora encontrada por catadores de feridos do exército e a outra metade recolhida e cuidada por dois eremitas. Assim havia dois meio-

---

[3] CALVINO, Ítalo. *O visconde partido ao meio*. São Paulo: Companhia das Letras, 1996, p. 5.

100   O imperativo ético da misericórdia

-viscondes. Um bom e outro mesquinho. Até que uma moça de nome Pâmela encontra a metade boa e a faz retornar para ser suturada ao Medardo sem piedade. Ela exclama ao ver a metade boa do visconde: *"O senhor é a outra metade. O visconde que mora no castelo, o mau, é uma das metades. E o senhor é a outra metade, que se acreditava perdida na guerra e agora regressou. E é uma metade boa"*.[4]

Ao falar com a parte boa do visconde a pastora Pâmela se espanta de que essa metade se compadeça da parte ruim e diz: *"Começo a ver que o senhor é manso demais e em vez de discutir com sua metade por tudo o que ela apronta de errado, até parece que sente pena também dele. – E como não sentir? Eu, que sei o que significa ser metade de um homem, não posso deixar de sofrer por ele. – Mas o senhor é diferente; meio maluco o senhor também, mas bom"*.[5]

O bom Medardo reflete sobre a sua meia vida: *"Isso é o bom de ser partido ao meio: entender de cada pessoa e coisa no mundo a tristeza que cada um e cada uma sente pela própria incompletude. Eu era inteiro e não entendia, e me movia surdo e incomunicável entre as dores e feridas disseminadas por todos os lados, lá onde, inteiro, alguém ousa acreditar menos. Não só eu, Pâmela, sou um ser dividido e desarraigado, mas você também, e todos. Mas, agora, tenho uma fraternidade que antes, inteiro, não conhecia: aquela com todas as mutilações e as faltas do mundo. Se vier comigo, Pâmela, vai aprender a sofrer com os males de cada um e a tratar dos seus tratando dos deles"*.[6]

---

[4] CALVINO. *O visconde partido ao meio...*, p. 72.
[5] CALVINO. *O visconde partido ao meio...*, p. 73.
[6] CALVINO. *O visconde partido ao meio...*, p. 73.

Sujeitos da misericórdia   101

Enfim, com a ajuda do médico, Dr. Trelawney, as partes foram costuradas e o duplo ferido voltou a ser um ferido integral. Escreve Calvino: *"O Mesquinho e o Bom estavam vendados estreitamente juntos; o doutor tivera o cuidado de combinar todas as vísceras e artérias de ambas as partes, e depois com um quilometro de curativos os unira tão intimamente que parecia, mais que um ferido, um antigo morto embalsamado. Foi velado dias e noites entre a vida e a morte. Por fim, Medardo abriu os olhos, os lábios; de início, tinha a expressão transtornada: um olho estava contraído e o outro suplicante, a testa enrugada e serena, um canto da boca sorria e o outro rangia os dentes. Pouco a pouco, foi ficando simétrico"*.[7]

Conclui Calvino: *"Assim, meu tio Medardo voltou a ser um homem inteiro, nem mau nem bom, uma mistura de maldade e bondade, isto é, aparentemente igual ao que era antes de se partir ao meio. Mas tinha a experiência de uma e de outra metade refundidas, por isso devia ser bem sábio. Nossa vida também mudou para melhor. Talvez se esperasse que, uma vez inteiro, o visconde se abrisse a um período de felicidade maravilhosa; mas é claro que não basta um visconde completo para que o mundo inteiro se torne completo. Ao contrário, em meio a tantos fervores de integridade, eu me sentia cada vez mais triste e carente. Às vezes a gente se imagina incompleto e é apenas jovem"*.[8]

Aprendemos dos filósofos e pensadores que somos sujeitos quando e somente quando temos consciência e liberdade. Consciência de si e consciência do mundo, mas também consciên-

---

[7] CALVINO. *O visconde partido ao meio...*, p. 98.
[8] CALVINO. *O visconde partido ao meio...*, p. 99.

cia desventurada como refletia Hegel. Liberdade de e liberdade para. Liberdade como o estado do sujeito que age sem coação ou impedimentos. Alguns insistirão em um dos polos e outros no outro. De um lado, Hegel e, de outro, Kierkegaard. De um lado, Jaspers e, de outro, Sartre. As religiões expressam o sujeito como um ser em busca da transcendência. O judaísmo crê que somos um amálgama entre argila e silhueta (Adam é o humano feito do barro e *Tzelem Elohim* é o mesmo humano feito imagem e silhueta do Criador Divino). Duas faces da mesma moeda. Talvez seja necessário costurar as nossas meias humanidades separadas e feridas!

2. O que é a misericórdia?

A misericórdia é ter o nosso coração sentindo a causa do pobre (*misere+cordis*). O misericordioso é atento à infelicidade, à dor ou ao mal que outro humano padece. É alguém que tem o seu próprio coração afetado e machucado pela miséria alheia. A misericórdia começa com o sentir pena, exprimir condolências, mas só se completa como experiência profunda quando se é afetado pela miséria alheia nas próprias entranhas vitais e corporais. Muitas vezes foi descrita como o sentimento piedoso de simpatia para com a tragédia pessoal de outrem, acompanhado do desejo de minorá-la, mas é certamente muito mais que isso. Expressa a participação espiritual na infelicidade alheia, suscitando um impulso altruísta de ternura para com o sofredor.[9] Realiza uma comoção, um movimento de corpos

---

[9] HOUAISS, Antônio – VILLAS, Mauro de Salles – FRANCO, Francisco Manoel de Mello. *Dicionário Houaiss da Língua Portuguesa*. Rio de Janeiro: Objetiva, 2001, p. 773.

Sujeitos da misericórdia   103

e almas em direção ao outro. Uma bela melodia do argentino León Gieco apresenta o desejo latente de muitos jovens que buscavam liberdade e paz em tempos de ditadura. Um hino como antídoto à desumanização. Toda uma geração de latino-americanos aprendeu esses versos nas vozes de Joan Baez e Mercedes Sosa: *"Eu só peço a Deus que a dor não me seja indiferente, que a morte não me encontre um dia solitário sem ter feito o que eu queria"*.

Em língua latina, *miserere* traduz-se por sofrimento comum ou comunidade de sentimentos. Em grego, *páthos* é algo que estimula o sentimento ou piedade e que suscita paixão, excesso e uma passagem e mutação pessoal naquele que experimenta. Misericórdia suscita o duplo movimento de sentimento e afetividade e também de ação, mudança e reflexão, pois vai da melancolia à ternura efetiva. Em tempos remotos, misericórdia esteve carregada de um teor pejorativo, deturpada em afetação exagerada e superficialidade de gestos externos. O misericordioso seria alguém que precisa que haja pobres para "mostrar-se como um ser generoso e bom". Esse conceito é falsificador, pois rima com hipocrisia e é uma clara justificativa para as migalhas que escondem a exploração de escravos humanos. Dão os anéis para não perder os dedos e ainda fazem publicidade desse paternalismo. A misericórdia acabará confundida como algo patológico, ligado ao sofrer resignado ou masoquista. Este pré-conceito, em nossa civilização ocidental, marcada por um ativismo feroz, edificará a ideia da passividade negativa. Dores psíquicas e físicas serão entendidas sempre como negativas e deprimentes. Stefan Zweig afirmará que a piedade é sempre perigosa. Em sentido contrário, afirmamos que a misericórdia e os sujeitos da misericórdia não são estáticos ou daninhos.

O evangelho segundo Mateus registra o pedido de Jesus aos seus discípulos: "Ide e aprendei o que significam as palavras: quero misericórdia e não sacrifícios (Mt 9,13)". Um desafio imenso para os companheiros de Jesus, um desafio imenso também hoje, difícil de viver e praticar. Nos tempos de Jesus já havia a advertência de alguns profetas tardios que assim denunciavam a deriva religiosa e ideológica do Templo e da função sacerdotal. Entre esses se destaca o profeta Oséias: *"Eu quero a misericórdia, e não o sacrifício; e o conhecimento de Deus, mais do que os holocaustos"* (Os 6,6). Misericórdia é a oferta do amor que brota do coração de Deus. Exige aprendizado e fidelidade. Mais tarde dirá Santo Tomás de Aquino: *"Ser misericordioso é próprio de Deus e é pela misericórdia que Ele principalmente manifesta sua onipotência"*.[10] Misericórdia é viver como um *'ser afetado'*, na forma universal de uma revelação peculiar de Deus. Na perspectiva de Jesus, ao aprendermos a lição da misericórdia, proclamamos a boa notícia a quem dela necessita: *"Jesus, porém, ouvindo, disse-lhes: Não necessitam de médico os sãos, mas, sim, os doentes"* (Mt 9,12). Misericórdia é amor fecundo, misterioso e dialógico. Ela revela a própria pessoa de Jesus e de seu Evangelho de paz e justiça. É o próprio Jesus quem proclama: *"Bem-aventurados os misericordiosos, porque eles alcançarão misericórdia"* (Mt 5,7). A misericórdia é a chave-de-ouro para seguir Jesus e realizar a sua missão no mundo. Nos versos do argentino Gieco: *"Eu só peço a Deus que a guerra não me seja indiferente, é um monstro grande e pisa forte toda pobre inocência dessa gente"*.

Nas sábias palavras do padre Júlio Lancellotti: *"A misericórdia vivida e assumida nos mergulha em conflitos e desafios,*

---

[10] TOMÁS DE AQUINO. *Suma Teológica*, II-II, q. 30, a. 4, vol. V. São Paulo: Loyola, 2004.

Sujeitos da misericórdia 105

num mundo que globaliza a indiferença e o individualismo; a misericórdia revoluciona, resiste e insiste, é trincheira de luta que alegra e vivifica e faz anunciar com a vida: Deus é nosso Pai e ama a todos sem distinção. Testemunhar a misericórdia num mundo que descarta a vida, a natureza, a dignidade, que aposta nos méritos e não na gratuidade é martírio. Morrer para viver! Viver misericordiosa e humanamente".[11]

A questão crucial é que não aprendemos esse querer de Jesus ou se o aprendemos alguma vez, rapidamente o esquecemos ou negamos em práticas iníquas ou 'doloristas'. Por que o humano não vive a misericórdia? Por que impõe o mal aos outros? Por que rimos sarcasticamente quando outros sofrem e calamos quando a carne de nossa carne necessita de apoio? Seria um defeito congênito ou uma estrutura de pecado social adquirido pela cegueira moral ou identidades partidas? Será que não sabemos o que queremos ou o que somos de verdade? O teólogo salvadorenho Jon Sobrino diz: "Nascemos homens e mulheres, mas tornar-se humanos não é coisa fácil. Significa, antes de tudo, ser e estar no mundo real e não na exceção ou no ocasional da realidade. O mundo mais real e mais salvadorenho é, portanto, o mundo da pobreza e da injustiça, A opção fundamental pelos pobres é uma opção primordialmente humana – metafísica, poderíamos dizer – para poder tornar-se eles mesmos simplesmente reais e humanos".[12]

Um escritor húngaro diagnosticava que a nossa existência é de alguém que não se vê ou sequer se conhece: *"Quem co-*

---

[11] LANCELLOTTI, Júlio. "Apresentação". In: FRANCISCO. *A misericórdia sustenta a vida da Igreja*. São Paulo: Fons Sapientiae, 2016, p. 8.

[12] SOBRINO, Jon. *O princípio misericórdia. Descer da cruz os povos crucificados*. Petrópolis: Vozes, 1994, p. 252.

106   O imperativo ético da misericórdia

nhece Zeta? Todo mudo responderá: Eu também. O tal Zeta na realidade sou eu. Mas a verdade é que ninguém me conhece. Eles que digam também se me conhecem. Ora, conhecem nada. Os animais se conhecem uns aos outros, o ser humano não. Nem Dsidsia me conhece, no entanto ela é minha mulher e meu anjo-da-guarda, e diante dela tanto o meu coração como as minhas gavetas estão abertas. E mesmo assim ela não me conhece. O homem só pode dar a conhecer o seu rosto, mas o rosto não é ele. Ele está atrás do rosto. Invisível. Foi uma jovem que me ensinou isso".[13]

3. Misericórdia como passividade ativa

Para enfrentar com lucidez o enigma humano será preciso resgatar o caráter ativo da passividade evangélica, compreendida como a visita do Deus Abbá que salva e se compadece como quem ouve o filhinho que geme e balbucia pedindo carinho e amor. Assim canta o salmista: *"Miserere mei, Deus: secundum magnam misericordiam tuam. Et secundum multitudinem miserationum tuarum, dele iniquitatem meam - Tem misericórdia de mim, ó Deus, segundo Tua grande misericórdia. Por Tua grande compaixão, apaga as minhas iniquidades"* (Sl 51/50, 1).

Ela é a qualidade e a virtude interior para aceitar uma revelação que nos comove e desvela nossa invisibilidade mais profunda. O nosso eu por trás de nossa face sem máscaras. A passividade misericordiosa pode ser compreendida como esta chave de transformação interior. Esta abertura imprescindível

---

[13] GÁRDONYI, Géza. *O homem que não se vê*. A vida de Átila narrada por um escravo. Mairiporã:Veredas, 1991, p. 5.

Sujeitos da misericórdia 107

ao outro, sem o que não há de fato vida humana e cristã. A misericórdia é sempre uma passividade simpática, ou seja, um deixar-se comover por dentro de nossas entranhas. Misericórdia é um abrir-se ao outro e quebrar o coração empedrado, pela força do Espírito de Deus, que nos quer seres amorosos. Quem não for capaz disso se desnatura, endurece, fica empedernido, esviscerado, tornando-se alguém insensível e inflexível. Em lugar de um cristão temos um funcionário de ordens e leis. Em lugar do amor, ouvimos palavras vazias ou duras. Assim pode-se afirmar que a misericórdia vincula o sujeito ao exercício ativo de sua afirmação humana plena e não ao desnaturar a imagem divina que cada ser humano manifesta desde a eternidade. A misericórdia é como que um transplante de coração. Ela faz novo o nosso velho coração. Corações aquecidos pelo amor de Deus se renovam e mudam o mundo. Assim cantam os cristãos: *"Dá-nos um coração, grande para amar. Dá-nos um coração, forte para lutar"*.

Neste sentido podemos entender o poeta latino que diz: *"Homo sum: nihil humani a me alienam puto" – "Sou humano, nada do que é humano pode ser alheio a mim"*.[14] Esta é a resposta que Cremes oferece a Menedemo quando este lhe pergunta por que se interessava por coisas que não lhe diziam respeito.

Este mesmo pensamento foi retomado por Ernest Hemingway (*Por quem os sinos dobram*), que ressalta o fato de que qualquer morte humana o diminuía porque ele fazia parte da humanidade e, portanto, era inútil perguntar-se por quem o sino estava dobrando: estava sempre dobrando por ele. Diz o escritor em seu poema: *"Nenhum homem é uma ilha isolada; cada*

---

[14] Publius Terentius Afer, Andria, verso 77.

108 O imperativo ético da misericórdia

homem é uma partícula do continente, uma parte da terra; se um torrão é arrastado para o mar, a Europa fica diminuída, como se fosse um promontório, como se fosse a casa dos teus amigos ou a tua própria; a morte de qualquer homem me diminui, porque sou parte do gênero humano. E por isso não perguntes por quem os sinos dobram, eles dobram por ti".[15]

A misericórdia está ligada a esse doer comum, ao ato de fazer-se participante da dor vivida por outra pessoa ou exprimir sua coparticipação. É a capacidade de sentir-se próximo e de participar de outras dores. Ouçamos o poeta latino: *"Tu si hic sis, aliter sentias"* – *"Se estivesses no lugar dele, sentirias de modo diferente"*.[16] A misericórdia realiza uma mudança de lugar existencial e ético. Ela altera o nosso estado vital que se faz participação ativa e decisiva na experiência dolorosa das pessoas. Sentimo-nos sírios com os sírios, palestinos com palestinos, sudaneses com os sudaneses, haitianos com haitianos, ucranianos com ucranianos, angolanos com angolanos, turcos com turcos e, enfim, humanos entre humanos. Ao participar das experiências e sofrimentos dos outros, o pensar pessoal se altera pela mudança na posição que assumimos. Se cada pessoa for capaz de silenciar e acolher passivamente a outra dor em seu interior, se torna nova criatura. Assim experimenta o Apóstolo Paulo e alegremente canta: *"Pois nem a circuncisão é coisa alguma, nem a incircuncisão, mas o ser nova criatura"* (Gl 6,15).

Santo Tomás de Aquino, na Suma Teológica, ao se perguntar se o mal é o motivo próprio da misericórdia, responde: *"Sendo a misericórdia a compaixão pela miséria alheia, ela*

---

[15] HEMINGWAY, Ernest. *Por quem os sinos dobram. Prefácio.* Rio de Janeiro: Bertrand Brasil, 2004.

[16] Publius Terentius Afer, Andria, verso 310.

Sujeitos da misericórdia 109

é propriamente relativa a outrem e não a si mesmo a não ser por certa comparação, como também a justiça, enquanto no homem se considerem diversas partes como diz Aristóteles no livro V de sua Ética".[17]

O filósofo Enrique Dussel diz que: "O *fato de que o rosto do miserável possa 'interpelar-me' é possível porque sou 'sensibilidade', corporeidade vulnerável a priori. Sua aparição não é uma mera manifestação, mas uma revelação; sua captação não é compreensão, mas hospitalidade; diante do outro a razão não é representativa, mas presta ouvido sincero à sua palavra".*[18] O ouvir sincero é o primeiro passo da mudança necessária no pensamento compassivo. E o ver o outro é a senha essencial para aprender a lição de Jesus. Ver o outro e olhar seu rosto e seus olhos. Aqui a chave da humanização. Paradoxalmente, não ser visto é um sinônimo de morte. Diz o poeta português: *"A morte é a curva da estrada, morrer é só não ser visto. Se escuto, eu te oiço a passada. Existir como eu existo. A terra é feita de céu. A mentira não tem ninho. Nunca ninguém se perdeu. Tudo é verdade e caminho".*[19]

4. Misericórdia como um deixar-se afetar

A misericórdia estará sempre vinculada à realização da síntese entre o sofrer e a felicidade. Unir o sofrimento e a beatitude é um segredo que precisa ser desvelado. Sofrer como padecimento de nosso eu em processo vital. Sofrer como aspecto es-

---

[17] TOMÁS DE AQUINO. *Suma Teológica*, II-II, q. 30 a. I, ad 2. vol. V. São Paulo: Loyola, 2004.

[18] DUSSEL, Enrique. Ética da Libertação na idade da globalização e da exclusão. Petrópolis: Vozes, 2000, p. 367.

[19] FERNANDO PESSOA. *Poesias*. Lisboa: Ática, 1995, p. 142.

sencial de nosso coração. Saber distinguir as diferentes espécies de dor e de alegria exige discernimento e compromisso intelectivo com o outro com quem convivemos. Dirá o personagem Ivan Karamazov da obra de Dostoievski: *"Para que se possa amá-lo (o purulento) é preciso que o homem esteja oculto; desde que ele mostra seu rosto, o amor desaparece".*[20] A réplica de Aliocha será oportuna e reveladora de outra perspectiva: *"Para almas inexperientes, o rosto de um homem é um obstáculo ao amor".*[21] As almas experientes assumem o rosto do outro como revelação e não como obstáculo ao amor. A dor se torna possibilidade de ação e desvelamento de uma humanidade melhor. O rosto e o olhar são as janelas da alma e a Misericórdia é o caminho seguro da santidade.

O conceito misericórdia tem a sua essência fundada no sofrer e na afetividade. Sofrimento que nos move para a comiseração. Sofrer compreendido como capacidade de suportar experiências vitais e mesmo pessoas reais que devam ser apoiadas. Sofrimento não só como dor e padecimento, mas como capacidade de alçar voo e arcar com determinado peso sem ser muleta ou falsificação da identidade pessoal do que sofre e nem depressão e morte de quem assume a dor. Sofrimento vivido como uma experiência humana de passividade transformadora. Passividade não entendida como negação ou aniquilamento do sujeito, mas uma quietude e um silêncio imprescindível para que sejamos visitados por outrem. O sofrimento do outro anuncia a impotência do sentimento e anuncia a possibilidade de o sujeito existir de fato como ser humano, pois "a essência da

---

[20] DOSTOIEVSKI, Fiodor. *Os irmãos Karamazovi.* São Paulo: Abril Cultural, 1973, p. 178.

[21] DOSTOIEVSKI. *Os irmãos Karamazovi...,* p. 178.

Sujeitos da misericórdia   111

subjetividade é a afetividade".[22] Todo ser humano é inseparável da experiência e manifestação da afeição, e nela reside de forma radical a sua essência. A afetividade faz o que somos e aquilo que podemos ser. A afetividade é a revelação original de nosso projeto humano. Sem misericórdia e compaixão nos perdemos e morremos à míngua. No sofrer compartilhado podemos ver a beleza e a estatura de uma pessoa e de uma cultura. A misericórdia é o termômetro que indica a saúde de um povo e de uma Igreja. O sofrimento é a revelação originária do absoluto, pois *"sua revelação pressupõe a revelação do absoluto, se funda nela e lhe é idêntica".*[23] Pessoas sensíveis, pessoas plenas. Com pessoas sem misericórdia temos uma humanidade destroçada e aniquilada. O sofrer e o compadecer são revelações do absoluto de Deus e de seu amor. Há na dor uma palavra que não é de morte, mas uma Palavra plena de vida.[24] Ao mergulhar no sofrimento, nós o ultrapassamos. A misericórdia é a porta do amor infinito de Deus.

A misericórdia pode ser a única alternativa contra o mal extremo: *"Parece-nos que a compaixão é a única instância e força contra possíveis perversões, quando o mal se apresenta em suas formas extremas. A partir daqui pode-se dizer: a compaixão é a extrema e última possibilidade de salvar a pessoa em sua 'existência nua' em face da negação direta desta existência".*[25]

---

[22] HENRY, Michel. *L'essence de la manifestation,* Paris: Presses Universitaires de France, 1990, p. 595.

[23] HENRY. *L'essence de la manifestation...,* p. 840.

[24] HENRY. *L'essence de la manifestation...,* p. 840.

[25] SCHULZ, Walter. "Filosofia num mundo modificado". In: BOFF, Leonardo. *Princípio de compaixão e cuidado.* Petrópolis: Vozes, 2001, p. 36.

5. Elementos para uma teologia do coração comovido

Apresento cinco teólogos ao repropor a teologia do coração que assume o querer amar a criatura em dor por sentir-se movida e comovida interiormente na mudança das condições da vida e no transformar-se misticamente. São estes os pensadores seminais: Santo Agostinho, Simone Weil, Ignácio Ellacuria, Henri de Lubac e o Papa Francisco.

De Santo Agostinho aprendemos que é preciso manter a ponte da misericórdia para cada ser que precisa dela. Assim diz em seu Comentário ao Salmo 50, verso 1: "Pelo fato de que já atravessastes estes perigos, não foi cortadaa ponte da misericórdia de Deus".[26]

Recolhemos de Simone Weil uma importante distinção: *"Não são a alegria e a dor que se opõem, mas espécies de uma e de outra. Há uma alegria e uma dor infernais, uma alegria e uma dor terapêuticas, e uma alegria e uma dor celestes".*[27] Só quando as cordas de dois violões estão afinadas pelo mesmo diapasão é que ao vibrar de uma temos o reverberar da outra. Isto se dá a partir de gestos generosos e subterrâneos.

Do teólogo mártir Ignácio Ellacuría descobre-se que "o povo crucificado tem assim uma dupla vertente: é a vítima do pecado do mundo e é também quem trará a salvação ao mundo. Só um povo que vive, porque ressuscitou da morte que lhe foi infligida, pode salvar o mundo".[28]

---

[26] SANTO AGOSTINHO. *Comentário aos Salmos (enarrationes in psalmos). Salmos 1-50*. São Paulo: Paulus, 1997, p. 898-899.

[27] WEIL, Simone. *La pesanteur et la grace*. Paris: Pocket France, 1993, p. 109.

28 ELLACURÍA, Ignácio. "El Pueblo crucificado". In: ELLACURIA, Ignácio – SOBRINO, Jon. *Mysterium Liberationis* – Conceptos fundamentales de la Teología de la Liberación, vol. II. Madrid: Trotta, 1990, p. 215.

Sujeitos da misericórdia   113

De Henri de Lubac ouvimos palavras paradoxais: "Todo sofrimento é único e todo sofrimento é comum. Tenho que dizer a segunda verdade quando eu sofro e a primeira verdade quando vejo sofrer aos demais. Existe toda uma arte de sofrer que não se pode confundir nem com a arte de cultivar o sofrimento nem com a arte de evitá-lo. O único meio de ser feliz é não ignorar o sofrimento e não escapar dele, mas aceitar sua transfiguração. A autêntica felicidade só pode ser o resultado de uma alquimia".[29]

Do Papa Francisco vem o apelo à responsabilidade: *"A misericórdia de Deus é a sua responsabilidade por nós. Ele sente-Se responsável, isto é, deseja o nosso bem e quer ver-nos felizes, cheios de alegria e serenos. E, em sintonia com isto, se deve orientar o amor misericordioso dos cristãos. Tal como ama o Pai, assim também amam os filhos. (...) A arquitrave que suporta a vida da Igreja é a misericórdia. (...) Que a Igreja se faça voz de cada homem e mulher e repita com confiança e sem cessar: 'Lembra-te, Senhor, da tua misericórdia e do teu amor, pois eles existem desde sempre' (Sl 25[24],6)".*[30]

Conclusão

Em síntese, é certo afirmar que o sujeito da misericórdia é sempre e primordialmente Deus em seu amor oblativo e olhar complacente. Em segundo lugar o sujeito da misericórdia é o povo chamado a viver a Aliança de vida e liberdade. E para manter a conexão entre Deus e o povo emergirão profetas e testemunhas a

---

[29] LUBAC, Henri de. *Paradojas seguido de Nuevas Paradojas.* Madrid: PPC, 1997, p. 130-131.
[30] FRANCISCO. *Misericordiae Vultus. O rosto da misericórdia.* Bula de proclamação do Jubileu Extraordinário da Misericórdia. São Paulo: Paulinas, 2015, n. 9, 10 e 25.

114   O imperativo ético da misericórdia

sinalizar a graça da compaixão como signos críveis no mapa da história. Esse Deus discreto e prudente vocaciona cada ser criado a ser um partícipe da misericórdia. E pede explicitamente aos seres humanos para que sejam corresponsáveis pela obra criada sabendo dos limites e das fragilidades. Cada pessoa imersa em suas relações e condicionamentos compõe o cenário para o exercício da verdade e da graça em tensão permanente. Mantem a ponte da misericórdia, distingue as dores, caminha com os sujeitos crucificados da história, busca a transfiguração e assume seu compromisso como Igreja samaritana em verdadeira alquimia da fé cristã.

Conhecer o coração de Deus, amá-lo e saborear as suas graças e misericórdias faz brotar em nosso coração um amor semelhante ao d'Ele. Como sussurra a cada manhã o amigo, pastor e bispo Angélico Sândalo Bernardino, diante do Santíssimo Sacramento: *"Meu Jesus amado, manso e humilde, toma aqui o meu coração! Fica com ele durante todo esse dia e me empresta o Teu para que eu caminhe com ele por onde eu for! Façamos essa troca, ó meu Jesus, só por hoje, eu Te peço! Eu te dou o meu coração e Tu me dás o Teu. Obrigado, ó meu Jesus"*. Assim fazemos a nossa parte humana enquanto Jesus nos plenifica com seu amor divino. E podemos orar cordialmente: *"Sagrado Coração de Jesus, confio e espero em Vós"*.

Referências bibliográficas

BOFF, Leonardo. *Princípio de compaixão e cuidado*. Petrópolis: Vozes, 2001.

CALVINO, Ítalo. *O visconde partido ao meio*. São Paulo: Companhia das Letras, 1996.

DUSSEL, Enrique. Ética da Libertação na idade *da globalização e da exclusão*. Petrópolis: Vozes, 2000.

Sujeitos da misericórdia 115

DOSTOIEVSKI, Fiodor. *Os irmãos Karamazovi*. São Paulo: Abril Cultural, 1973.

ELLACURÍA, Ignácio. "El Pueblo crucificado". In: ELLACU-RIA, Ignácio – SOBRINO, Jon. *Mysterium Liberationis* – Conceptos fundamentales de la Teología de la Liberación, vol. II. Madrid: Trotta, 1990.

FERNANDO PESSOA. *Poesias*. Lisboa: Ática, 1995.

FRANCISCO. *Misericordiae Vultus. O rosto da Misericórdia. Bula de proclamação do Jubileu Extraordinário da Misericórdia*. São Paulo: Paulinas, 2015.

GÁRDONYI, Géza. *O homem que não se vê*. A vida de Átila narrada por um escravo. Mairiporã: Veredas, 1991.

HEMINGWAY, Ernest. *Por quem os sinos dobram*. Rio de Janeiro: Bertrand Brasil, 2004.

HENRY, Michel. *L´essence de la manifestation,* Paris: Presses Universitaires de France, 1990.

JOSAPHAT, Carlos. *Tomás de Aquino e Paulo Freire*. São Paulo, Paulus, 2016.

LANCELLOTTI, Júlio. "Apresentação". In: FRANCISCO. *A misericórdia sustenta a vida da Igreja*. São Paulo: Fons Sapientiae, 2016.

LUBAC, Henri de. *Paradojas seguido de Nuevas Paradojas*. Madrid: PPC, 1997.

SCHULZ, Walter. "Filosofia num mundo modificado". In: BOFF, Leonardo. *Princípio de compaixão e cuidado*. Petrópolis: Vozes, 2001.

SOBRINO, Jon. *O princípio misericórdia. Descer da cruz os povos crucificados*. Petrópolis: Vozes, 1994.

TOMÁS DE AQUINO. *Suma Teológica*, vol. V. São Paulo: Loyola, 2004.

WEIL, Simone. *La pesanteur et la grace*. Paris: Pocket France, 1993.

5

Misericórdia e justiça

Cesar Augusto Kuzma[1]

Introdução

O texto que apresentamos procura fazer uma relação entre misericórdia e justiça, apontando, para isso, interpelações que são próprias das duas temáticas e também novas questões que hoje nos desafiam. Com a proclamação do Ano da Misericórdia pelo Papa Francisco (2015-2016) e com as inúmeras provocações eclesiológico-pastorais que ele tem oferecido à Igreja, percebemos que novos entendimentos e novos desafios desvelam-se à nossa frente. Desafios para a Igreja, obviamente, já que esta é chamada a um novo tempo e a um reposicionar-se no mundo, em saída, mas também à sociedade, cada vez mais instigadora e desejosa de um olhar de justiça. Os fatos e os casos são muitos. Hoje, carregamos marcas históricas e comportamentos que questionam a nossa humanidade e também a nossa fé: a dificuldade de aceitar e conviver com o outro; a falta de perdão e acolhimento; dogmatismos e fundamentalismos

---

[1] Cesar Augusto Kuzma é Doutor em Teologia (Pontifícia Universidade Católica do Rio de Janeiro), Professor/Pesquisador do Departamento de Teologia da PUC-Rio e Presidente da Sociedade de Teologia e Ciências da Religião (SOTER); http://lattes.cnpq.br/6118354378976482

religiosos e políticos; intolerância; desrespeito ao semelhante; alienação e isolamento; falta de compromissos com o outro e com as causas urgentes etc. Acima de tudo, há uma dificuldade humana em entender o amor e, no amor, a atitude de misericórdia e justiça, presentes em Deus, certamente, pois são expressões que nos chegam pela sua revelação, mas que também devem ser observadas no ser humano, em seu agir, pois vêm daquilo que somos chamados a ser, em Cristo. Algumas perguntas brotam espontaneamente: Como ajudar as pessoas a refletir sobre isso? Como compreender teologicamente a relação entre misericórdia e justiça e, com isso, propor algumas pistas para uma reflexão e um agir moral? O que essa relação implica num discurso sobre Deus e o que acarreta em um discurso para nós, humanidade e sociedade, chamados e confrontados com novas realidades?

Sem qualquer pretensão de abordar o tema de forma exaustiva, pretendemos aqui nos envolver com as duas temáticas na tentativa de compreender quais caminhos e provocações a misericórdia e a justiça podem nos apresentar.

1. Perguntas e questões que tocam o nosso tema: uma primeira aproximação

Misericórdia e justiça. Duas temáticas importantes para a fé cristã. Temáticas relevantes, desafiadoras, conflitivas e atuais. Temáticas que nos questionam e desafiam em busca da verdade e do sentido maior de tudo o que existe e que nos toca no mais profundo da nossa existência, abrindo-nos uma nova condição, um novo tempo e um novo espaço. Diante delas, o ser humano e o seu mundo são questionados, mas também Deus

Misericórdia e justiça 119

e aquilo que se crê, aquilo que se diz e que se espera n'Ele e a partir d'Ele. Surgem as perguntas, bíblicas e atuais: Deus, onde está a Sua misericórdia? Deus, onde está a Sua justiça? Vistas como súplica que questiona, tais interrogações demonstram certa fraqueza humana, certo limite existencial - se bem que natural - que, diante da impotência da vida, por razões diversas, faz com que as pessoas não encontrem mais razão ou sentido para o que está à sua frente e passem a questionar-se sobre Deus e sua ação: Deus? Que Deus é esse? Onde Ele está? Melhor dizendo: as pessoas passam a questionar certa noção de Deus e o que poderia ser a sua ação, concebidas, muitas vezes, por imagens não muito claras e não muito coerentes com a natureza do próprio Deus. Eis aí um grande desafio para a teologia atual, pois se ela não for capaz de anunciar Deus de uma *forma nova*, fazendo valer e perceber a misericórdia e a justiça no seu discurso (*teo-logos*), deveria, neste caso, calar-se, como acusa Walter Kasper.[2]

Perguntar sobre Deus, buscar sua morada e entender a sua ação faz parte do âmbito da fé e, sempre em momentos de crise humana e/ou social, tais questionamentos vêm com mais força e em busca de um novo *logos*, de um discurso que possa ser coerente e honesto com a pergunta humana e com aquilo que dizemos crer sobre Deus, a partir do que Ele mesmo revela sobre si mesmo. No fundo, o questionamento sobre Deus – mesmo diante da misericórdia e da justiça que aqui abordamos – questiona o próprio humano sobre a relação que tem consigo mesmo, com o outro e com o próprio Deus. Já que pela revelação

---

[2] KASPER, W. *A misericórdia. Condição fundamental do Evangelho e chave da vida cristã.* 2 ed. São Paulo: Loyola, 2015, p. 17.

120 O imperativo ético da misericórdia

somos chamados a ser a misericórdia e a justiça que Deus é (Lc 6,36-38), deveríamos dirigir as perguntas a nós mesmos: Onde está a minha/a nossa misericórdia? Onde está a minha/a nossa justiça? Questionar Deus traz interrogações ao ser humano e à sua relação com Deus e a partir de Deus com o outro e com o mundo que o cerca. Se Deus se fez carne para trazer a verdade a nós, aquilo que buscamos não se encontra totalmente fora, mas a partir do que experimentamos de uma práxis libertadora, capaz de sentir na humanidade a misericórdia e a justiça, seja na carência seja na busca, no encontro humano e no encontro com Deus, no clamor a Deus que é clamor ao humano, chamado no amor a viver e estar em Deus. É como Deus faz a sua justiça, e é como o humano encontra em Deus a sua misericórdia.

Ousaríamos dizer que, na misericórdia, Deus nos toca com mãos humanas, no sentido de fazer sentir a sua ação, e nos convida a fazer o mesmo: "sede misericordiosos como o vosso Pai é misericordioso" (Lc 6,36). Mãos firmes, que nos tocam com ternura[3] e por meio das quais Deus garante o que é justo num gesto bondoso e fraterno, só perceptível num Deus que é amor. É o que se exprime na vida de Jesus, numa vida voltada ao serviço e aos últimos, e que revela um novo rosto de Deus, um Deus próximo, que se faz conhecer no cotidiano da vida e da história.

O Papa Francisco inicia a sua Bula sobre a Misericórdia, *Misericordiae Vultus*, afirmando (diríamos, relembrando!) que

---

[3] Ter presente a maneira como o pai acolhe o filho na pintura de Rembrandt, *A volta do Filho Pródigo*, do século XVII. O pai sente o filho em seu ser pelo modo como o abraça. O filho sente a acolhida do pai, ao mesmo tempo em que é abraçado e tocado pela ternura de uma mão e pela firmeza da outra (misericórdia e justiça). A luz do pai irradia no filho. A pintura de Rembrandt pode ser considerada praticamente como a parábola da parábola (Lc 15,11-32), pois nos faz ver detalhes desta ação. Ver também: NOUWEN, H. J. M. *A volta do filho pródigo. A história de um retorno para casa.* 9 ed. São Paulo: Paulinas, 2000.

Misericórdia e justiça 121

"Jesus Cristo é o rosto da misericórdia do Pai".[4] A misericórdia, diz Francisco, "é a lei fundamental que mora no coração de cada pessoa, quando vê com os olhos sinceros o irmão que encontra no caminho da vida".[5] É o que une Deus e o humano na graça de Deus e no limite da nossa condição. Francisco diz também que a justiça de Deus é o seu perdão,[6] uma força capaz de acolher e reconciliar, reconstruindo e justificando, em graça, um novo tempo. Não se trata de uma justiça castigadora, mas de uma justiça justificadora,[7] que traz salvação mediante a misericórdia. Misericórdia e justiça não são forças contrárias, mas duas ações que se complementam e se fortalecem. Nas palavras de Kasper, "A misericórdia deve ser entendida como a própria justiça de Deus, como a sua santidade. Só deste modo poderemos fazer com que resplandeça de novo a imagem do Pai bondoso e compassivo que Jesus nos anunciou".[8]

Assim, uma reflexão sincera sobre a misericórdia e a justiça leva-nos a questionar e repensar a nossa própria visão de Deus, a maneira como nós O concebemos e como percebemos a sua ação a partir do que nos foi revelado nas Escrituras, já no Antigo Testamento e, em magnitude, por Jesus de Nazaré, o Cristo, durante o percurso de sua vida, por sua práxis,[9] inclusive pela compreensão teológica que temos da sua paixão, morte

---

[4] FRANCISCO. *Misericordiae Vultus. O rosto da misericórdia. Bula de proclamação do Jubileu Extraordinário da Misericórdia.* São Paulo: Paulinas, 2015, n. 1. (daqui em diante = MV)

[5] MV 2.

[6] MV 21.

[7] KASPER. *A misericórdia...*, p. 26.

[8] KASPER. *A misericórdia...*, p. 26.

[9] SCHILLEBEECKX, E. *Jesus, a história de um vivente.* São Paulo: Paulus, 2008, p. 134-148.

122 O imperativo ético da misericórdia

e ressurreição.[10] Aqui, de modo bem específico, temos um confronto bem claro de Deus com sua misericórdia e sua justiça. A Paixão de Cristo pode muito bem ser compreendida no âmbito da misericórdia e da justiça. Toda a vida de Jesus, todo o seu discurso e a sua práxis procuraram mostrar ao ser humano um novo rosto de Deus, um Deus bondoso e compassivo, um Deus que não permanece indiferente diante das injustiças que o povo sofre, mas que se compadece e se aproxima, e em Jesus, sobretudo no evento da cruz, sente na própria carne a dor e os limites da injustiça. Ao fazer irromper o seu discurso sobre o Reino (Deus),[11] Jesus combate certa justiça estabelecida pela classe dominante (fariseus e outros), uma justiça parcial e legalista, muito atenta à tradição, mas indiferente e pouco preocupada com a pessoa (Mt 12,1-8; Mc 2,23-28; Lc 6,1-5), levando a cometer injustiças. Jesus entende que a justiça que Deus quer é outra: Ele reestabelece o direito e proclama um tempo favorável a todos! Deste modo, em sua ação, Jesus propõe liberdade aos oprimidos, visão aos cegos, perdão aos pecadores e a outros quer fazer andar, proclamando o ano da graça do Senhor (Lc 4,18-19); assim, Ele realiza em seu ser a promessa do AT (Is 61,1-9). Ele mostra um Deus que acolhe na misericórdia e convida ao perdão e à reconciliação. A casa de Deus tem uma porta aberta para todos e Deus, como Pai bondoso, está disposto a acolher a nossa miséria em seu próprio coração. Ele se faz *misericordioso*.

---

[10] MOLTMANN, J. *O Deus crucificado*. Santo André/SP: Academia Cristã, 2011, p. 199-244.

[11] Schillebeeckx diz que, na verdade, todo o discurso de Jesus sobre o Reino, compreendido como um discurso político, social e religioso de sua época, é um discurso sobre o próprio Deus. É dele que Jesus fala em toda a sua práxis. SCHILLEBEECKX, E. *História humana: revelação de Deus*. 2 ed. São Paulo: Paulus, 2003, p. 150-151.

Misericórdia e justiça   123

É como na parábola do filho pródigo e do pai misericordioso (Lc 15,11-32): Deus nos espera, mas também se antecipa; Ele corre em nossa direção e nos socorre em nossa miséria; Ele tem um coração que desce ao abismo em que se encontra o ser humano, perdido em seus limites e nas suas fraquezas, o que na teologia entendemos como pecado. E, quando nossa condição nos aprisiona e nos faz fugir ou esconder o olhar, Ele vem com ternura e nos olha de frente, Ele nos acolhe e levanta o nosso rosto, fazendo-nos contemplar a sua face, uma face de misericórdia (*misericordiae vultus*). Nesta hora, aquele que estava perdido é encontrado e aquele que estava morto volta a viver (Lc 15,11-32). Deus estabelece a harmonia e faz com que a vida encontre o seu sentido, pois o destino do filho é sempre a casa do pai. E, diante disso, Jesus proclama que é preciso festejar e se alegrar (Lc 15,32). Esta é a alegria presente no Evangelho e que deve acontecer na Igreja![12] O olhar atento a Cristo sempre nos abre novas possibilidades. Por certo, o tempo de hoje, com seus inúmeros desafios sociais e eclesiais nos obriga a uma abertura neste sentido.

Jesus revela um Deus que primeiro se aproxima e, pelo Reino, quer instituir a sua justiça, não na ótica dos fariseus ou da simples observância da Lei, mas na atenção que devotava aos injustiçados, aos últimos, vítimas de um processo que clamava ao Reino uma nova estrutura. Isso o conduz a perseguições, a conflitos, à prisão, à condenação e à morte. A opção pelos últimos era uma opção na misericórdia que buscava reparar a justiça. Na cruz, Ele morre como *o injustiçado* e n'Ele somos todos re-

---

[12] FRANCISCO. *Exortação Apostólica* Evangelii Gaudium. *Sobre o anúncio do Evangelho no mundo atual.* São Paulo: Paulus/Loyola, 2013.

presentados, n'Ele somos marcados e na sua ressurreição encontramos a justiça. Foi assim que os primeiros cristãos compreenderam a ressurreição: Deus fez a sua justiça![13] É na ressurreição de Jesus que Deus mostra a sua força e a sua verdadeira face: "Um Jesus que decide por nós e em nosso favor levantou a sua voz contra os poderes do mundo. Foi *solidário* conosco e morreu *solitário* na cruz".[14] Assim, "tal atitude serve-nos de exemplo e testemunho para um agir solidário com um mundo que por Cristo não está mais solitário, mas em comunhão com Deus".[15]

À luz do que foi dito, voltamo-nos para a problemática de hoje e para as inúmeras questões que nos interpelam: Como ver e compreender a misericórdia e a justiça? Qual a relação entre elas? O que pode e o que não pode partir de Deus? O que podemos e o que não podemos esperar de Deus? Quem é este Deus, este *desconhecido tão próximo* e este *próximo tão desconhecido*? Se Deus é amor - é o que afirma a nossa fé -, como compreender este amor e até onde este amor é capaz de ir em busca do ser humano? Não seria preciso uma compreensão mais profunda da misericórdia, visto ser esta a maneira pela qual Deus vem até nós e revela a essência do seu ser, que é amor? Se Deus é justiça, como entender esta justiça e sobretudo as injustiças que nos cercam, muitas delas pronunciadas em nome do próprio Deus e de sua justiça? Faz-se necessário aqui um olhar mais atento à justiça de Deus e como ela se articula com a natureza de Deus – amor – e como ela consegue ir aos limites da história humana.

---

[13] MOLTMANN. *O Deus crucificado...*, p. 206-221.

[14] KUZMA, C. *O futuro de Deus na missão da esperança: uma aproximação escatológica*. São Paulo: Paulinas, 2014, p. 178.

[15] KUZMA. *O futuro de Deus...*, p. 178.

Misericórdia e justiça 125

Em geral, a teologia contemporânea tem se pronunciado a respeito deste *teo-logos*, sobre o falar de Deus a partir de realidades históricas e tragédias humanas que nos questionam a fé. Basta considerar, por exemplo, o período pós-guerra com a questão de Auschwitz, com destaque a J. Moltmann, J. B. Metz e outros que se seguiram. O mesmo se pode falar de alguns documentos da Igreja, sobretudo a *Gaudium et Spes* e as Encíclicas Sociais que chamam a atenção para os dramas humanos, sociais, políticos e ambientais. No entanto, ainda estamos muito presos numa ótica interna e em esquemas já definidos. O convite feito pelo Papa Francisco de uma Igreja *em saída* também é uma provocação a nós, para que saiamos com ousadia rumo às fronteiras e às periferias que nos interpelam e clamam por algo novo. Vale lembrarmos aqui, de modo específico, a importante contribuição da Teologia da Libertação Latino-Americana, que apesar de perseguida por alguns, "é não só oportuna, mas útil e necessária", segundo João Paulo II aos bispos do Brasil em 1986.[16] Ao discursar sobre as vítimas históricas de um continente oprimido, a Teologia da Libertação fez a opção por uma teologia a partir de baixo – pelos e com os pobres – e trouxe um novo discurso sobre Deus: um Deus libertador que é próximo e, por ser próximo e por estar atento às nossas dores, é um Deus que se comove, que tem compaixão, que caminha conosco e nos liberta. Ele oferece vida nova e se torna o Deus da esperança. Em especial (sem limitar a perspectiva), destacamos Jon Sobrino e sua importante reflexão cristológica a partir de baixo, dos últimos, dos crucificados da história. Sobrino extrai

---

[16] JOÃO PAULO II. *Carta do Papa João Paulo II aos Bispos da Conferência Episcopal dos Bispos do Brasil* (09.04.1986). Disponível em: https://w2.vatican.va/content/john-paul-ii/pt/letters/1986/documents/hf_jp-ii_let_19860409_conf-episcopale-brasile.html

126   O imperativo ético da misericórdia

pontos essenciais da teologia de J. Moltmann e avança numa teologização a partir das vítimas da América Latina, que veem em Cristo – ressuscitado-crucificado – o triunfo da justiça de Deus, a fim de que se realize nelas (e em nós) o que Deus realizou em Jesus, o ressuscitado[17]. Esta é, segundo ele, a "teimosia da esperança".[18]

Na verdade, a pergunta que fazemos sobre Deus e sua ação – e aqui em torno da misericórdia e da justiça, especificamente – nos faz questionar o ser humano, sua condição, sua ação, seu poder e seu não-poder. É a partir do humano, na *consciência* dos seus limites (na abertura), que se pode experimentar Deus na misericórdia. É a partir do ser humano, no *superar* dos seus limites (na graça), que se pode conhecer a realidade da sua justiça. Misericórdia e justiça, antes de serem ações de ordem moral, são ações que partem da fé e, pela fé, orientam o agir moral, numa condição de abertura a um Reino que nos chama a um momento novo, longe de quaisquer moralismos ou legalismos. Hoje, vivemos num mundo marcado pela indiferença, pela falta de tolerância, pelo individualismo crescente, pela falta de alteridade e pela dificuldade de compartilhar até mesmo a dor do outro, suas tristezas e suas angústias. Um mundo como esse desafia a nossa presença e atitude, desafia a nossa fé, desafia a compreensão que temos de Deus, de nós mesmos e do mundo, desafia-nos a perscrutar e discernir os sinais dos tempos.[19]

---

[17] SOBRINO, J. *Jesus na América Latina: o seu significado para a fé e a cristologia.* São Paulo: Loyola, 1985, p. 221. Várias outras obras do autor trazem esta perspectiva.

[18] SOBRINO. *Jesus na América Latina...,* p. 223.

[19] COMPÊNDIO DO VATICANO II. *Constituições. Decretos, Declarações.* VIER, Frederico (coord.). 29 ed. Petrópolis: Vozes, 2000. "Constituição Pastoral *Gaudium et Spes.* Sobre a Igreja no mundo atual", n. 4. (daqui em diante = GS)

Misericórdia e justiça   127

Diante de tantas interrogações e interpelações, não podemos nos esquecer da verdade maior da nossa fé: Deus se fez humano! E aqui está a chave para a compreensão da misericórdia e da justiça. Ao se fazer humano, Deus se aproxima da nossa miséria e da nossa injustiça, assume em seu ser o todo da nossa condição, vem ao encontro dos *miseráveis* e dos *injustiçados*. Ele se faz misericórdia e nos revela na sua graça o seu amor e a sua justiça.

2. A relação entre misericórdia e justiça

O Papa Francisco gosta de nos lembrar que Deus é misericórdia[20] e Jesus Cristo, "com a sua palavra, os seus gestos e toda a sua pessoa", é o rosto da misericórdia do Pai.[21] Francisco entende que estamos num momento *kairós*, num momento em que a Igreja (e também o mundo!) é chamada a um novo tempo, um tempo de misericórdia.[22] Para ele, é sempre possível reencontrar-se com a própria essência, retomar o caminho com dignidade. Ser acolhida no amor de Deus abre à Igreja (e também ao mundo!) um caminho novo de perdão e de novas possibilidades.[23] "É o milagre que salva o mundo e que abre as portas do futuro".[24] No entanto, este futuro – escatológico – deve se tornar realidade

---

[20] FRANCISCO. *O nome de Deus é misericórdia. Uma conversa com Andrea Tornielli.* São Paulo: Planeta, 2016.

[21] MV 1. As citações bíblicas são várias. Ver o estudo de Kasper sobre o assunto, no qual ele mesmo acusa a falta de trabalhos sistemáticos sobre a temática da misericórdia: KASPER. *A misericórdia...*, p. 59-106. Ver também: JOÃO PAULO II. *Carta Encíclica* Dives in misericordia. *Sobre a misericórdia divina.* (30.11.1980). Brasília: Edições CNBB, 2015.

[22] FRANCISCO. *O nome de Deus é misericórdia...*, p. 34-35.

[23] PIAZZA, F. *A esperança: lógica do impossível.* São Paulo: Paulinas, 2004, p. 123.

[24] PIAZZA. *A esperança...*, p. 123.

128 O imperativo ético da misericórdia

hoje. A experiência da misericórdia nos obriga a falar também da justiça, como o próprio Francisco pede na *Misericordiae Vultus*,[25] porém não de uma justiça subalterna, legalista ou meramente humana. Ao contrário: assim como a misericórdia, a justiça é uma expressão do próprio Deus, algo perceptível em suas promessas e naquilo que Ele revelou na história (Jr 33,15-16), em magnitude no evento-Cristo (Lc 4,18-19), a ponto de podermos dizer, com J. Moltmann, que o nome de Deus é justiça.[26]

No entanto, mesmo sendo esta justiça perceptível em todo o AT e tendo ela assumindo no evento-Cristo um caráter singular, é, sobretudo, na cruz, no Mistério Pascal, o "lugar" em que Deus faz a sua justiça se tornar plena, pondo-se Ele mesmo ao lado dos injustiçados, fazendo-se presente com *aquele* que foi *injustiçado* na cruz, trazendo promessa de vida para todos na ressurreição do Crucificado. Na cruz do seu Filho, o amor de Deus nos acolhe, se faz solidário e fomenta em nós uma esperança de vida nova, de um novo tempo. Este amor pode ser experienciado como misericórdia e justiça. Segundo Sobrino:

> Na cruz de Jesus apareceu num primeiro momento a impotência de Deus. Esta impotência, por si mesma, não causa esperança, mas torna crível o poder de Deus que se mostrará na ressurreição. A razão está em que a onipotência de Deus é expressão de sua

---

[25] MV 20.

[26] Ver: MOLTMANN, J. *Sein Name ist Gerechtigkeit. Neue Beiträge zur christlichen Gotteslehre.* München: Güterloher Verlagshaus, 2008. Nesta obra Moltmann apresenta um discurso escatológico sobre Deus; afirma que Deus é justiça, em especial nas páginas: 83-169. Outras obras do autor também trazem esta reflexão. Em âmbito escatológico: MOLTMANN, J. *No fim, o início. Breve tratado sobre a esperança.* São Paulo: Loyola, 2007, p. 71-100; em âmbito político-social: MOLTMANN, J. *La giustizia crea futuro.* Brescia: Queriniana, 1990. Ver também: FERNANDEZ, I. "Justiça divina". In: LACOSTE, J-Y. *Dicionário crítico de teologia.* São Paulo: Paulinas/Loyola, 2004, p. 971-974.

Misericórdia e justiça 129

absoluta proximidade dos pobres e de que compartilha até o fim de seu destino. Se Deus esteve na cruz de Jesus, se compartilhou deste modo os horrores da história, então sua ação na ressurreição é crível, ao menos para os crucificados. O silêncio de Deus na cruz, que tanto escândalo causa à razão natural e à razão moderna, não causa o mesmo escândalo aos crucificados, pois estes têm interesse em saber se Deus esteve também na cruz com Jesus. Se assim é, consumou-se a proximidade de Deus com relação aos homens, iniciada na encarnação, anunciada e tornada presente por Jesus durante a sua vida terrena. O que a cruz diz em linguagem humana é que nada na história colocou limites à proximidade de Deus aos homens. Sem esta aproximação, o poder de Deus na ressurreição permaneceria pura alteridade, por isso seria ambíguo e, para os crucificados, historicamente ameaçador. Mas com esta proximidade podem realmente crer que o poder de Deus é boa notícia, porque é amor. A cruz de Jesus continua sendo, em linguagem humana, a expressão mais acabada do imenso amor de Deus aos crucificados. A cruz de Jesus diz, de maneira crível, que Deus ama os homens, que Deus pronuncia uma palavra de amor e salvação e que Ele mesmo se diz e se dá como amor e como salvação; diz – permita-se-nos a expressão – que Deus passou pela prova do amor, para que depois possamos crer também em seu poder.[27]

Anterior ao pensamento de Sobrino, Moltmann, em sua obra *"O Deus crucificado"*, tece um importante comentário sobre a justiça. Para ele, a ressurreição só pode ser compreendida na pergunta

---

[27] SOBRINO. *Jesus na América Latina...*, p. 222-223.

130 O imperativo ético da misericórdia

pela justiça em meio à história de sofrimento do mundo.[28] Isto é, Deus não se encontra em algum lugar fora deste mundo, mas no meio dele, junto à sua história, aqui onde ele veio e se revelou, onde ficou marcada a sua mensagem e onde foi cravada a sua cruz. Nós não cremos num Deus passivo e imóvel, indiferente à nossa história e ao nosso sofrimento; ao contrário, cremos num Deus presente, compassivo, num Deus que busca uma relação pessoal no amor e que nos toca na sua ternura, permitindo que a nossa dor e a nossa esperança também toquem o seu ser. Na pessoa de Jesus esta relação se tornou forte, única. Deus faz parte da nossa história, Ele a assume na totalidade, penetra em meio a ela e nela faz irromper o seu Reino, um Reino de amor e justiça. Para Moltmann, só será possível falar de uma verdadeira revolução da justiça (em âmbito social e humano) e na justiça de Deus, quando esta justiça – construída no amor que se compadece, ou seja, na misericórdia – se tornar uma *justiça criadora* e promover o direito para todos, tanto para aqueles privados dela, os injustiçados da história, como para os injustos, muitas vezes, algozes da história. A verdadeira justiça só vai aparecer quando se romper o círculo vicioso do ódio e da vingança, quando se abandonar a indiferença e a arrogância e o *amor criador* transformar o desprezível e o ódio e fazer nascer o *homem novo*, que não é oprimido nem oprime.[29] Em síntese, somos chamados a ser em Cristo nova criatura, pois somente Ele revela ao humano o seu verdadeiro destino e somente Ele é capaz de o conduzir à plenitude.[30]

Esta é a justiça na qual Deus, por Cristo, identifica-se com as pessoas que sofrem e procura restaurar nelas uma

---

[28] MOLTMANN. *O Deus crucificado...*, p. 222.

[29] MOLTMANN. *O Deus crucificado...*, p. 222-223.

[30] GS 22.

Misericórdia e justiça 131

condição de vida mais humana. Trata-se de uma ação de participação e solidariedade, construídas no amor. Neste encontro solidário, Deus se torna próximo e oferece a sua salvação. Do mesmo modo como Ele participa da nossa vida, da mesma maneira como Ele sofre conosco, Ele quer a nossa participação na comunhão do seu amor. Ele nos liberta e nos convida a caminhar para frente, em busca e na construção de um Reino que é novo, onde reside o amor e a justiça, onde há espaço para todos e onde a vida se torna plena.

Misericórdia e justiça. Expressões que não se contradizem, mas que revelam algo do próprio Deus, da maneira como ele vem a nós e como nós percebemos e sentimos a sua ação, sempre de modo salvífico, fomentando vida e esperança. "Duas dimensões duma única realidade que se desenvolve gradualmente até atingir o seu clímax na plenitude do amor".[31] Referindo-se ao Cristo ressuscitado-crucificado, Moltmann afirma que "Deus antecipou e comunicou nesse homem o futuro de sua justiça libertadora, a fim de transmiti-la por meio dele a todos os outros".[32] Deus nos amou quando ainda éramos pecadores, diz Paulo aos Romanos (Rm 5,8), fez em nós a sua justiça, isto é, deu-nos a dignidade de filhos e abriu-nos as portas de seu Reino, num chamado escatológico que implica ações concretas na história e no tempo onde estamos. Ao se revelar como um Deus próximo e participativo, até o limite da nossa existência, no drama da morte, Deus nos coloca numa relação única com Ele e, resgatados pela sua misericórdia e pela sua justiça, somos chamados a ser sinais da sua presença misericordiosa e justa no mundo, por meio das opções que fazemos.

---

[31] MV 20.

[32] MOLTMANN. *O Deus crucificado...*, p. 231.

Fica claro que misericórdia não é apenas um agir do Pai. Ela é critério para a nossa ação, tanto em nível eclesial quanto social. Caso contrário, o tempo da misericórdia não se torna um *kairós* para nós. Como pressuposto, devemos ter em nós os mesmos sentimentos de Cristo Jesus (Fl 2,5), a mesma atitude de misericórdia (Lc 6,36) que se expressa por meio da acolhida e da ternura,[33] a coragem de nos deixarmos "desconstruir" para que o nosso ser e agir sejam expressão concreta de misericórdia e justiça. O que recebemos gratuitamente de Deus devemos oferecer também gratuitamente. O amor partilhado não se esgota; pelo contrário, transborda, se multiplica e transcende a nossa existência. No amor, Deus nos tira dos caminhos estreitos e nos coloca num espaço vasto, onde não há limites, onde o distante torna-se próximo e o eterno se faz perceptível por meio da ternura que abraça e conforta. Não se trata de falar ou de afirmar o amor, mas de torná-lo visível e palpável. Diante de tantos rostos marcados e machucados que necessitam encontrar-se com o perdão, somos chamados a revelar o rosto suave de Jesus. Mais ainda, devemos tirar dos seus ombros cansados os fardos pesados e ajudá-los a encontrar conforto num coração que ama e acolhe de modo incondicional.

Se, por um lado, somos chamados a um comportamento ético, há uma convicção de fé que precede e sustenta esse comportamento: se pela graça fomos inseridos na comunhão de vida e de amor da Trindade, é pela graça que somos chamados a amar, acolher e partilhar e, no amor, na acolhida e na partilha, estender a todos a misericórdia e a justiça de Deus.

---

[33] Ver a seguinte obra, que traz aspectos significativos e indicativos éticos a partir da práxis de Jesus: CASTILLO, J. M. *A ética de Cristo*. São Paulo: Loyola, 2010.

Misericórdia e justiça

133

É nesse sentido que as reflexões propostas por ocasião do Ano da Misericórdia nos provocam e nos convidam a deixar-mo-nos tocar por Deus e a sermos sensíveis a tudo o que nos cerca, sobretudo quando houver carência e clemência por justiça e misericórdia.

> Quantas situações de precariedade e sofrimento presentes no mundo atual! Quantas feridas gravadas na carne de muitos que já não têm voz, porque o seu grito foi esmorecendo e se apagou por causa da indiferença dos povos ricos. Neste Jubileu, a Igreja sentir-se-á chamada ainda mais a cuidar destas feridas, a aliviá-las com o óleo da consolação, a enfaixá-las com a misericórdia e tratá-las com a solidariedade e a atenção devidas. Não nos deixemos cair na indiferença que humilha, na habituação que anestesia o espírito e impede de descobrir a novidade, no cinismo que destrói. Abramos os nossos olhos para ver as misérias do mundo, as feridas de tantos irmãos e irmãs privados da própria dignidade e sintamo-nos desafiados a escutar o seu grito de ajuda. As nossas mãos apertem as suas mãos e estreitemo-los a nós para que sintam o calor da nossa presença, da amizade e da fraternidade. Que o seu grito se torne o nosso e, juntos, possamos romper a barreira de indiferença que frequentemente reina soberana para esconder a hipocrisia e o egoísmo.[34]

Tanto a misericórdia quanto a justiça são temas caros à reflexão teológica, mas nem sempre presentes no dia a dia. E isso suscita novos questionamentos: Seria a falta de misericórdia resultado

---

[34] MV 15.

de um distanciamento e/ou de uma má compreensão do mistério cristológico? Seria a indevida compreensão da justiça de Deus que nos leva a anunciar um Deus mais justo do que misericordioso?

Conclusão

Refletir sobre a misericórdia e a justiça, tentando compreender o que elas significam e exigem é uma tarefa de grande urgência para todos nós hoje, também para a teologia. A proposta que Francisco fez à Igreja de celebrar o Ano da Misericórdia não foi uma proposta vã. Apesar de tais temas serem tão caros na nossa tradição, eles continuam sendo muito ignorados e até mesmo desprezados. Prova disso é que olhamos demais para nós mesmos e para as nossas estruturas e nos esquecemos de voltar o olhar para a realidade que está à nossa frente e que clama por justiça e misericórdia, por compaixão e solidariedade. É necessário dar novos passos, não temer os desafios e ter a coragem de sair, de ousar, de avançar o sinal mesmo que o legalismo doutrinário pareça se sobrepor. É o Espírito quem nos chama e impulsiona à misericórdia. Deixar-se conduzir por Ele significa assumir a atitude corajosa de abertura aos novos sinais dos tempos, que muitas vezes pedem mudanças e novos entendimentos. Não podemos nos esquecer de que a salvação nos é dada "com a misericórdia que justifica".[35] Onde está a misericórdia, ali está o Espírito de Deus, já ensinava Santo Ambrósio (frase repetida seguidamente por Francisco). É desta forma que Deus age, e neste agir, a misericórdia cria a justiça: uma justiça libertadora, uma justiça salvadora.

---

[35] MV 20.

Misericórdia e justiça

135

> Esta justiça de Deus é a misericórdia concedida a todos como graça, em virtude da morte e ressurreição de Jesus Cristo. Portanto, a cruz de Cristo é o juízo de Deus sobre todos nós e sobre o mundo, porque nos oferece a certeza do amor e da vida nova.[36]

Referências bibliográficas

CASTILLO, J. M. *A ética de Cristo*. São Paulo: Loyola, 2010.

COMPÊNDIO DO VATICANO II. *Constituições. Decretos, Declarações*. VIER, Frederico (coord.). 29 ed. Petrópolis: Vozes, 2000.

FERNANDEZ, I. "Justiça divina". In: LACOSTE, J-Y. *Dicionário crítico de teologia*. São Paulo: Paulinas/Loyola, 2004, p. 971-974.

FRANCISCO. *Exortação Apostólica* Evangelii Gaudium. *Sobre o anúncio do Evangelho no mundo atual*. São Paulo: Paulus/Loyola, 2013.

FRANCISCO. *Misericordiae Vultus. O rosto da misericórdia. Bula de proclamação do Jubileu Extraordinário da Misericórdia*. São Paulo: Paulinas, 2015.

FRANCISCO. *O nome de Deus é misericórdia. Uma conversa com Andrea Tornielli*. São Paulo: Planeta, 2016.

JOÃO PAULO II. *Carta do Papa João Paulo II aos Bispos da Conferência Episcopal dos Bispos do Brasil* (09.04.1986). *Disponível* em: https://w2.vatican.va/content/john-paul-ii/pt/letters/1986/documents/hf_jp-ii_let_19860409_conf-episcopale-brasile.html

---

[36] MV 21.

JOÃO PAULO II. *Carta Encíclica* Dives in misericordia. *Sobre a misericórdia divina* (30.11.1980). Brasília: Edições CNBB, 2015.

KASPER, W. *A misericórdia. Condição fundamental do Evangelho e chave da vida cristã.* São Paulo: Loyola, 2015.

KUZMA, C. *O futuro de Deus na missão da esperança: uma aproximação escatológica.* São Paulo: Paulinas, 2014.

MOLTMANN, J. *O Deus crucificado.* Santo André/SP: Academia Cristã, 2011.

MOLTMANN, J. *Sein Name ist Gerechtigkeit. Neue Beiträge zur christilichen Gotteslehre.* München: Güterloher Verlagshaus, 2008.

MOLTMANN, J. *No fim, o início. Breve tratado sobre a esperança.* São Paulo: Loyola, 2007.

MOLTMANN, J. *La giustizia crea futuro.* Brescia: Queriniana, 1990.

NOUWEN, H. J. M. *A volta do filho pródigo. A história de um retorno para casa.* 9 ed. São Paulo: Paulinas, 2000.

PIAZZA, F. *A esperança: lógica do impossível.* São Paulo: Paulinas, 2004.

SCHILLEBEECKX, E. *Jesus, a história de um vivente.* São Paulo: Paulus, 2008.

SCHILLEBEECKX, E. *História humana: revelação de Deus.* 2 ed. São Paulo: Paulus, 2003.

SOBRINO, J. *Jesus na América Latina: o seu significado para a fé e a cristologia.* São Paulo: Loyola, 1985.

II

IMPERATIVOS CONCRETOS DA MISERICÓRDIA

6

Exigências éticas da misericórdia

Maria Clara Lucchetti Bingemer[1]

Introdução

Desde o momento em que foi eleito e apareceu no balcão do Vaticano frente à praça de São Pedro cheia de fiéis expectantes e atentos, o Papa Francisco adotou uma pedagogia que une a palavra ao gesto, com vistas a uma comunicação mais completa com o povo de Deus. Este tem sido um selo distintivo de seu pontificado e da comunicação cada vez maior e mais bem-sucedida com os fiéis católicos de todo o mundo e, inclusive, com todas as pessoas que cruzam seu caminho e querem ouvi-lo.

Ao mesmo tempo em que diz palavras muito diretas e claras, no intento de comunicar uma mensagem ou uma ideia-força, faz gestos. Potentes e grávidos de sentido são seus gestos; gestos que transmitem algo que ele considera importante em seus incansáveis esforços para levar a alegria do Evangelho a toda criatura. Nesta chave de leitura, parece-me dever ser inter-

---

[1] Maria Clara Lucchetti Bingemer é Doutora em Teologia (Pontifícia Universidade Gregoriana – Roma), Professora da Pontifícia Universidade Católica do Rio de Janeiro e Vice-Presidente da Sociedade de Teologia e Ciências da Religião (SOTER); http://lattes.cnpq.br/8374950313063279

pretado o gesto de abertura da Porta Santa da Misericórdia, em Bangui, África (29.11.2015), inclusive antes de realizá-lo em Roma, em 08.12.2015. O Santo Padre transformou Bangui em capital espiritual do mundo iniciando ali, deste modo, o Jubileu Extraordinário da Misericórdia antes de seu início oficial. Por que Francisco quis que o Jubileu iniciasse com uma celebração solene na periferia do mundo?

O texto que segue procurará apresentar algumas reflexões sobre o tema da misericórdia, tratando de lê-lo para os dias de hoje. Para isto, em primeiro lugar, faremos uma incursão semântica sobre o termo para situá-lo dentro da área de reflexão da teologia. Em seguida, faremos um percurso pelos textos bíblicos a fim de demonstrar que Deus se revela como misericórdia e quais são os seus destinatários preferenciais. Num terceiro momento, nos deteremos sobre a prática misericordiosa de Jesus em relação com os deserdados da sociedade e da história, pois aí está o coração do que se pode entender como "exigências éticas da misericórdia". Finalmente, ajudados pela teologia de Johann Baptist Metz, apresentaremos algumas pistas que apontam para uma misericórdia não mais entendida como virtude abstrata, mas como atitude concreta e ética, em sintonia com os desafios apresentados pelo mundo de hoje.

1. Misericórdia: origem e significado

A palavra latina misericórdia, em seu sentido original, significa ter o coração (*cors*) voltado para os pobres (*miseri*), estar em comunhão com eles. Segundo Walter Kasper, ela

Exigências éticas da misericórdia 141

quer mesmo dizer "sentir afeto pelos pobres".[2] Em termos antropológicos, a palavra traz o sentido de compaixão, de sentir e padecer com o vulnerável, o pobre, o destituído, aquele cuja vida está mais agredida e diminuída. Ela aponta para a atitude de quem consegue sair de seu egoísmo e fazer um êxodo até os outros, em especial, até aqueles afligidos pela pobreza e toda espécie de misérias.

As diferentes grandes religiões do mundo abordam a misericórdia e a compaixão pelo outro como respeito e reverência pela vida. O que a uma mentalidade secularizada e iluminista pode parecer acessório é sagrado para o Budismo, o Hinduísmo e, muito concretamente, para o Judaísmo, o Cristianismo e o Islamismo.

A tradição da Igreja Católica - notadamente em seus grandes representantes como Agostinho e Tomás de Aquino - seguiu essa interpretação, diferentemente da filosofia grega - com exceção de Aristóteles - que enfatizava mais a razão e a justiça, pois a compaixão poderia impedir um juízo justo, segundo Platão,[3] e até mesmo do estoicismo, que sustentava não ser a compaixão compatível com o ideário da ética estoica, que pregava o domínio da razão sobre os afetos e a ataraxia ou a imperturbabilidade contra a compaixão, verdadeira doença da alma.[4]

A teologia cristã tem como linha mestra no entendimento do que seja a misericórdia ou a compaixão, o ser afetado pelo sofrimento do outro não apenas de uma maneira afetiva, que revolve o coração e os sentimentos dando pena e piedade, mas sobretudo de forma efetiva, já que busca combater e superar a carência e o

---

[2] KASPER, W. A misericórdia. Condição fundamental do Evangelho e da chave da vida cristã. São Paulo: Loyola, 2015, p. 36

[3] KASPER. A misericórdia..., p. 36-37.

[4] KASPER. A misericórdia..., p. 37-38

142 O imperativo ético da misericórdia

mal. Desde seus primórdios, a Igreja pratica a misericórdia para com os pobres não apenas em plano privado, mas também comunitário. Desde cedo foi se consolidando no cristianismo o cuidado dos pobres e doentes, tomados sob responsabilidade e em custódia pela comunidade eclesial na pessoa dos bispos que, por meio dos diáconos, levavam a cabo a sua missão. Essa compreensão e atuação da Igreja com respeito à misericórdia e à compaixão pelos mais fracos configurou toda a cultura ocidental europeia acabando por converter-se em patrimônio da humanidade.

Hoje, a prática da misericórdia e da compaixão adquiriu formas mais secularizadas. No entanto são ainda incontáveis as obras e instituições dedicadas à caridade que surgem justamente do cuidado com os mais fracos por parte da Igreja, inspirada no Evangelho de Jesus, que é sua "norma non normata".

A modernidade, com o primado da razão, pôs sob suspeita essa universalidade da misericórdia e compaixão, assim como outras coisas vindas do mundo teocêntrico medieval. No entanto, é um fato que, na contemporaneidade, muitos dos filósofos mais ilustres do século passado e deste - cristãos ou não - refletiram sobre a importância da gratuidade do dom e do doar como fundamento de uma antropologia que se deseja crível para as pessoas de agora.[5]

Assim o reforça o Papa Francisco na Bula *"Misericordiae Vultus"*:

> *A arquitrave que suporta a vida da Igreja é a misericórdia. Toda a sua ação pastoral deveria estar envolvida pela ternura com que se dirige aos crentes; no anúncio e testemunho que oferece ao mundo, nada*

---

[5] Ver: MARION, Jean Luc. *Étant donné. Essasi d´une phénoménologie de la donation.* Paris: PUF, 1997; CAILLÉ, Allain. *Anthropologie du don.* Paris: La Découverte, 2007.

Exigências éticas da misericórdia

> *pode ser desprovido de misericórdia. A credibilidade da Igreja passa pela estrada do amor misericordioso e compassivo".*[6] Nesse mesmo parágrafo, Francisco lamenta que os cristãos nos *tenhamos esquecido de apontar e viver o caminho da misericórdia.*[7]

Convocando assim a Igreja à qual preside, o bispo de Roma recalca a misericórdia muito concretamente para seus fiéis não como sentimento espiritual meramente afetivo, algo vago e abstrato, mas enquanto prática responsável que carrega em si mesma o futuro da Igreja. Não será digna de credibilidade perante seus contemporâneos uma Igreja que não leve a sério o grito e o clamor que vem de várias partes do mundo, com o nome de violência, de pobreza, de injustiça etc. O chamado à misericórdia deriva de uma falta, uma carência, uma ausência de algo que é um direito do ser humano ou da mesma criação. A essa falta ou carência é urgente responder como Igreja.

Francisco tem a preocupação de fazer-se entender bem quando chama toda a Igreja a uma conversão à misericórdia:

> *Em suma, a misericórdia de Deus não é uma ideia abstrata, mas uma realidade concreta, pela qual Ele revela o seu amor como o de um pai e de uma mãe que se comovem pelo próprio filho até o mais íntimo das suas vísceras. É verdadeiramente caso para dizer que se trata de um amor «visceral». Provém do íntimo como um sentimento profundo, natural, feito de ternura e compaixão, de indulgência e perdão.*[8]

---

[6] FRANCISCO. *Misericordiae Vultus. O rosto da misericórdia. Bula de proclamação do Jubileu Extraordinário da Misericórdia.* São Paulo: Paulinas, 2015, n. 10. (daqui em diante = MV)

[7] MV 10.

[8] MV 6.

E, para que não haja dúvidas de que amor se trata, o pontífice acrescenta:

> «É meu vivo desejo que o povo cristão *reflita, durante o Jubileu, sobre as obras de misericórdia corporal e espiritual. Será uma maneira de acordar a nossa consciência, muitas vezes adormecida perante o drama da pobreza, e de entrar cada vez mais no coração do Evangelho, onde os pobres são os privilegiados da misericórdia divina. A pregação de Jesus apresenta-nos estas obras de misericórdia, para podermos perceber se vivemos ou não como seus discípulos. Redescubramos as obras de misericórdia corporal: dar de comer aos famintos, dar de beber aos sedentos, vestir os nus, acolher os peregrinos, dar assistência aos enfermos, visitar os presos, enterrar os mortos. E não esqueçamos as obras de misericórdia espiritual: aconselhar os indecisos, ensinar os ignorantes, admoestar os pecadores, consolar os aflitos, perdoar as ofensas, suportar com paciência as pessoas molestas, rezar a Deus pelos vivos e defuntos».*[9]

A misericórdia não é apenas nem tampouco - nos atreveríamos a dizer -principalmente a benevolência de Deus que concede seu perdão ao pecador arrependido. É isso, não há dúvidas, mas antes disso, é a dinâmica do amor de Deus que sai ao encontro do ser humano em suas necessidades, seja ele pecador ou não, esteja ou não arrependido, tenha ou não fé no Deus que o busca apaixonadamente e que se compadece de seu sofrimento.

---

[9] MV 15.

Exigências éticas da misericórdia 145

2. A Bíblia e a revelação do Deus misericordioso

Começar pelo recurso à Escritura dá testemunho de um desejo de voltar às fontes, como pede o Concílio. Assim é que, nesta seção de nosso texto, voltaremos nossa atenção primeiramente para alguns dos traços revelados por Deus sobre si mesmo a seu povo, em seu caminho histórico e em sua atuação econômico-salvífica em meio à humanidade. A Aliança é relação de intimidade de Deus com seu povo, relação livre e gratuita, de fidelidade e verdade (*emet*). Essa fidelidade inclui uma verdadeira obstinação misericordiosa do Senhor em relação às infidelidades do povo. As palavras *hesed* e *rahamin* explicam, com conotações masculinas e femininas, essa característica fundamental da revelação de Deus a seu povo.

Entre os termos veterotestamentários referidos diretamente a Deus, o termo *rahamin* é utilizado com constância para descrever a misericórdia, atributo por excelência do Deus de Israel. Já em sua mesma raiz (*rehem – seio materno, entranhas maternas*)[10] o termo *rahamin* remete a uma parte do corpo humano marcadamente feminina: o útero, o lugar onde a própria vida é recebida ainda em embrião e semente, acolhida, protegida e alimentada para que possa, posteriormente, crescer e desenvolver-se e vir à luz. *Rahamin* é utilizado para designar o amor de Deus em direta comparação com o amor de uma mãe, que se comove e experimenta compaixão e angústia pela cria de suas entranhas.

Assim, o AT atribui ao próprio Deus as características maternais de bondade e ternura, paciência e compreensão, assim

---

[10] JENNI, Ernst von – WESTERMANN, Claus. *Theologisches Handwörterbuch zum Alten Testament,* Band II, rhm pi: sich erbarmen. Gütersloher: Verlagshaus, 2001, p. 761-768.

146   O imperativo ético da misericórdia

como prontidão para perdoar. E o faz seja quando o compara a uma mãe no texto de Isaías: *pode uma mulher esquecer-se de seu filho de peito, de maneira que não se compadeça do filho do seu ventre? Mas ainda que esta se esquecesse, eu, todavia, não me esquecerei de ti* (49,15); seja quando se refere diretamente às próprias entranhas divinas no texto de Jeremias: *Não é Efraim meu filho querido? Filhinho em quem me deleito? Pois quantas vezes falo contra ele, tantas vezes me lembro dele solicitamente; por isso se comovem por ele as minhas entranhas; deveras me compadecerei dele, diz o Senhor* (31,20); seja ainda se referindo à dor materna que afeta as entranhas de Deus, afligido pelo filho de seu amor, também segundo as palavras de Isaías: *Por muito tempo me calei; estive em silêncio, e me contive; mas agora darei gritos como a que est*á de parto, arfando e arquejando (42, 14).[11]

A fé do israelita se dirige então a esse Deus como às entranhas em parto de sua própria mãe, rezando-lhe e suplicando-lhe proteção com ardente e filial amor: *Atenta lá dos céus e vê, lá da tua santa e gloriosa habitação; onde estão o teu zelo e as tuas obras poderosas? A ternura do teu coração e as tuas misericórdias para comigo estancaram* (Is 63,15) chegando mesmo a invocar as *rahamin* divinas como ao próprio Deus hipostasiado: *Não te lembres contra nós das iniquidades de nossos pais; venha depressa ao nosso encontro a tua compaix*ão, pois estamos muito abatidos (Sl 79,8).

Este amor invencível é expresso de muitos modos diferentes na Bíblia hebraica. É expresso como proteção e salvação de

---

[11] JOÃO PAULO II. *Carta Encíclica* Dives in misericordia. *Sobre a misericórdia divina.* (30.11.1980). Brasília: Edições CNBB, 2015, n. 4.

Exigências éticas da misericórdia   147

perigos e inimigos, perdão dos pecados, fidelidade às promessas, impulso à esperança (Os 14,5; Is 45,8-10; 55,7; Mq 7,19; Dn 9,9). O *hesed* de Deus, sua clemência profunda, a fidelidade de Deus para com as pessoas apesar de suas infidelidades e pecados, vem do coração maternal de Deus, de suas "*rahamin*". Deus será sempre compassivo e infinitamente terno (Is 14,1). A fé de Israel é dirigida a este Deus como ao útero de sua mãe. Chama e pede proteção amorosa. Desde o princípio, Deus é o Deus que libertou Israel do cativeiro e da opressão. É o Deus dos pobres e oprimidos, que os liberta da opressão. É o que escuta o clamor dos oprimidos e "desce" para libertá-los (Ex 3,7-10), e manda agir com o mesmo amor libertador em relação aos outros, ao próximo por causa de sua santidade (Lv 25, 35-38; Ex 22, 20-26). É o Rei de Israel e o protetor, o advogado, o *go'el* dos pobres e dos fracos. O pobre, o órfão, a viúva, o estrangeiro, todos aqueles que não têm ninguém que fale por eles e os defenda poderão encontrar em Deus seu defensor. A justiça do Deus de Israel, portanto, é real, gratuita. Não se rege pelos méritos dos pobres. Não tem como critério primordial somente os pecados do povo, mas sim o seu sofrimento.

É isso sobretudo que contorce de dor compassiva as entranhas divinas: ver sofrer seu povo amado e eleito. Para isso "desce", "sai" de seu lugar e vem até onde está o povo sofredor para curá-lo, consolá-lo, animá-lo. Apesar de ser o Deus de todos, o Deus de Israel é sobretudo o Deus dos pobres e fracos, tendo por eles especial predileção, não por seus méritos e virtudes, mas pela situação de vulnerabilidade em que se encontram.

Por isso, a conduta daquele ou daquela que crê em Deus e lhe obedece tem de ser a do próprio Deus. Servir aos pobres é conduta exigida do ser humano, por ser a do próprio Deus (Is 58,6-10). Isso é o que se esperava do Rei Messiânico, que deveria ser o vigário de Deus diante do povo (Sl 72,2-4.12-14; Is 61,1-3).

Jesus, o Messias de Deus, seu Ungido, vai ser o rosto concreto e visível dessa misericórdia que preside a revelação divina na Escritura. O Novo Testamento vai ser o desdobrar de sua pessoa, sua palavra, seus gestos misericordiosos em relação a todos quantos d'Ele se aproximam.

3. A misericórdia como chave para conhecer o mistério de Jesus

O grande teólogo Johann Baptist Metz constrói sua teologia sobre as categorias de memória e compaixão. E, ao refletir sobre a pessoa de Jesus a partir dessas chaves, faz uma afirmação que será nuclear em todo o seu pensamento teológico: "As tradições bíblicas do discurso sobre Deus e as narrativas neotestamentárias sobre Jesus conhecem uma forma indeclinável de responsabilidade global. No entanto - e este ponto teria que ser considerado mais detidamente - nelas o universalismo de tal responsabilidade não se orienta antes de tudo ao universalismo do pecado do ser humano, mas sim ao universalismo do sofrimento no mundo. O primeiro olhar de Jesus não se dirige ao pecado, mas ao sofrimento dos outros".[12]

É, portanto, um olhar essencialmente "misericordioso" e não julgador. Poderá ter força de juízo justamente pela misericórdia infinita que traz e carrega em si. E estão incluídos neste olhar de Jesus todos os que padecem alguma pobreza, algu-

---

[12] METZ, J. B. *Memoria Passionis. Una reflexión provocadora en una sociedad pluralista.* Santander: Sal Terrae, 1999, p. 164.

Exigências éticas da misericórdia 149

ma indigência, a falta de algo vital para dar-lhes plenitude na existência. Nesse estado de coisas incluímos e entendemos os pobres, os doentes, as mulheres, as crianças, os marginalizados por qualquer motivo da vida social, política e religiosa. No novo estilo de vida inaugurado por Jesus, a misericórdia e a compaixão passam à frente da Lei. Ao mesmo tempo em que ia à sinagoga aos sábados e cumpria com os preceitos da Lei, Jesus também rompeu com a lei religiosa de seu povo repetidas vezes, porque o sofrimento do outro assim o exigia: ao tocar os leprosos (Mc 1,41), ao curar intencionalmente em dia de sábado, durante repouso sagrado judeu (Mc 3,1-5; Lc 13,10-17; 14,1-6), ao tocar cadáveres (Mc 5,41; Lc 7,14). Mais: Jesus permitiu que sua comunidade de discípulos rompesse a lei religiosa e defendeu seus discípulos quando se comportaram dessa maneira: ao comer com pecadores e não crentes (Mc 2,15), ao não praticar o jejum em dia de sábado (Mc 2,23), ao não observar as leis sobre a pureza ritual (Mc 7, 11-23).

Em todos esses casos, Jesus relativizou a lei, deixando-a sem efeito e, mais importante ainda, fazendo com que a violação da lei produzisse o efeito contrário como, por exemplo, ao tocar leprosos, doentes e cadáveres. Chama a atenção a utilização constante do verbo "tocar" nos evangelhos (Mc 1,41; Mt 8,15; 14,36; Mc 3,10; 6,56; Lc 6,19; Mt 20,34; Mc 8,22; 7,33; 5,27.28.30.31; Lc 8,47). As curas que faz, Jesus as produz "tocando" as pessoas doentes ou acometidas de algum mal ou ainda já na imobilidade da morte. Tocar tais pessoas era proibido pela Lei por tornar impuro aquele que realizava o toque. Em todos esses casos em que Jesus aparece tocando alguém impuro segundo a lei mosaica, em vez de o toque transgressor produzir naquele que toca a impureza e o pecado previstos pela lei (Lev

150   O imperativo ético da misericórdia

13-15; 2Rs 7,3; Nm 19,11-14; 2Rs 23,11s), o que sucede é que o contato corporal com Jesus produz saúde, vida e salvação.[13] Este amor pelos pobres por parte de Jesus é um amor de preferência e predileção. Seu coração se inclina instintivamente por aqueles que são os mais feridos pelo sofrimento e que se encontram agredidos em sua dignidade fundamental de pessoas humanas, impedidos pelas estruturas da sociedade que os oprime e marginaliza de alcançar sua plena estatura de filhos de Deus. Assim os pobres em seus mais diversos matizes de pobreza: doença, pecado, idade, sexo, condição social são os preferidos de seu coração. Isso fazendo, manifesta a misericórdia infinita do coração do Pai. Longe de ser uma exclusão, essa predileção é sinal de uma totalidade.[14] Sobre os pobres recai, toda inteira, a bem-aventurança divina (Lc 6,20). Deles é, antes de todos, o Reino em plenitude, não apesar de sua pobreza, mas por causa dela mesma, que toca o coração de Deus e o faz vibrar de amorosa compaixão e misericórdia.

Além de sua própria prática misericordiosa, Jesus anuncia durante toda a sua vida a misericórdia de seu Deus e Pai. O Deus de Abraão, Isaac e Jacó, que Jesus chama de Pai, é um Deus de graça e não de méritos. Prefere o publicano pecador ao orgulhoso fariseu que desfila diante d'Ele seus méritos, enquanto que o primeiro bate no peito reconhecendo-se impuro e pecador e, por isso, voltará para casa justificado, diferente-

---

[13] Ver: BINGEMER, M. L. C. *Jesus Cristo. Servo de Deus e Messias Glorioso*. São Paulo: Paulinas, 2007. Cabe aqui recordar quantas vezes o Papa Francisco voltou a essa questão do toque, da urgência de tocar as feridas em seus discursos e escritos. Por exemplo, em sua conta twitter: @Pontifex.es: *Como el Buen Samaritano,no nos avergoncemos de tocar las heridas de los que sufren; más aún, tratemos de curarlas con obras concretas de amor.*

[14] BERNARD, C.A. *Theologie Affective*. Paris: Cerf, 1984, p. 62. Ver também: BINGEMER, M. C. L."A misericordia do Coração de Jesus e a opção pelos pobres". In: CASTEJON, A. (org.). *Um coração novo para um mundo novo*. São Paulo: Loyola, 1988, p. 74-105.

Exigências éticas da misericórdia

mente do outro (Lc 18,9-14). No banquete do fariseu Simão, valoriza o gesto da mulher pecadora que rompe com todas as prescrições rituais para demonstrar o quanto ama e, por isso, é infinitamente perdoada (Lc 7, 36-50). Em suas parábolas, Jesus destaca de modo especial a misericórdia do Pai. Entre estas, duas se sobressaem: a do bom samaritano (Lc 10,35-47) e a do filho pródigo (Lc 15,11-32). Em ambas o protagonista é, respectivamente, um idólatra desprezado pelos judeus e um pecador que dilapidou tudo o que recebeu de seu bom e amoroso pai. Ou seja, pessoas que estão à margem daquilo que a sociedade considera como bom e correto ou fora da verdadeira religião e, por isso, não merecem crédito nem aplauso. No entanto, a um, Jesus põe como exemplo de quem sabe ser próximo do outro que jaz ferido à beira do caminho. E ao outro, põe-no no centro de uma maravilhosa festa de acolhida porque teve simplesmente a coragem e o coração de levantar-se e ir ao encontro de seu pai. Em ambos os casos a misericórdia de Deus transborda toda medida esperada: seja na conduta do samaritano seja no comportamento do pai misericordioso, que passa mais além da justiça retributiva para entrar na justiça restaurativa, dando ao filho não aquilo que merece, mas aquilo que necessita.

A misericórdia e a compaixão têm que ser, portanto, para os discípulos e seguidores de Jesus, um programa de vida em um mundo globalizado e plural como o nosso. É uma cultura da misericórdia e da compaixão que deve ser criada e reforçada, não de forma sentimental e abstrata, mas com passos muito concretos e com os pés na terra.[15]

---

[15] METZ. *Memoria Passionis...*, p. 167-169.

4. Exigências éticas e práticas de uma cultura de misericórdia

Até aqui vimos que a misericórdia - como diz o teólogo português José Tolentino Mendonça - "não é apenas emoção frente ao sofrimento alheio".[16] Este é o movimento que a desencadeia, certamente, mas não é autêntica misericórdia se não se faz ética e práxis, isto é, se não se converter rapidamente em valores, atitudes e fatos concretos e transformadores, geradores de justiça, paz, perdão e alegria.

No entanto, estamos de acordo com Tolentino quando diz que o conceito e a categoria de misericórdia devem ter uma retradução cultural, a fim de ser melhor entendida e consequentemente praticada em nossos tempos secularizados e plurais. Assim aconteceu igualmente com o termo "caridade" que se expressa hoje muito mais como "amor" entendendo esse amor como uma sensibilidade à vulnerabilidade do outro, do diferente. Essa concepção de caridade é hermeneuticamente mais compreensível quando uma mensagem deseja ser bem recebida pelos que hoje escutam a Igreja, mas não manejam sua linguagem com intimidade e conhecimento.

Ainda que transcenda a justiça, a misericórdia não existe sem ela. Portanto, deve sair do âmbito da pura subjetividade e lançar-se em direção ao espaço público, provocando impactos políticos de transformação da realidade. Não se pode conceber uma misericórdia que exista desconectada dos direitos fundamentais da pessoa humana, da comunidade humana como um

---

[16] TOLENTINO MENDONÇA, J. "A misericórdia como caminho". In: *Expresso* 2249 (05.12.2015). Disponível em: http://expresso.sapo.pt/opiniao/opiniao_tolentino_mendonca/2015-12-05-A-misericordia-como-caminho

Exigências éticas da misericórdia 153

todo. A hermenêutica da palavra o exige, portanto, a fim de que possa dar os frutos que o Papa Francisco deseja, que a Igreja espera e pelos quais o mundo anseia.

A conversão à misericórdia à qual chama o Papa Francisco deve considerar a materialidade da vida, das necessidades concretas do outro, do semelhante, do próximo. Deve impactar sobre o comer e o vestir, sobre a moradia como direito de todos, assim como sobre o acesso geral à saúde. Deve ter a ver com a segurança no viver, sem medo de que a violência e a morte interrompam a existência a cada passo e em cada esquina. A conversão à misericórdia diz respeito à qualificação afetiva de uma existência que não se exime de consolar os tristes e afligidos através do dom da consolação e da esperança. Ela exige abrir as portas das casas para acolher os estrangeiros que chegam e necessitam de um lugar para ficar, para dormir à noite, enquanto buscam trabalho em um país que não é o seu. Trata-se, enfim de reconstruir a dignidade de vidas inteiras afetadas pela falta de respeito e pelo descarte subjetivo, coletivo e, sobretudo, tristemente real.[17]

A misericórdia tem de sair da esfera do privado e chegar igualmente à esfera pública com influxo sobre a polis e ganhar dimensões políticas. Não se trata apenas de uma política meramente partidária, mas de uma política em sentido amplo, que segundo o Papa Francisco, "é uma das formas mais altas da caridade, porque busca o bem comum".[18] O próprio Papa fez pronunciamentos de forte impacto político que seguem na direção de criar uma cultura de misericórdia em termos de mais

---

[17] TOLENTINO MENDONÇA. "A misericórdia como caminho".

[18] Respostas do Santo Padre Francisco às perguntas dos representantes das escolas dos Jesuítas na Itália e na Albânia 07.06.2013). Disponível em: https://w2.vatican.va/content/francesco/pt/speeches/2013/june/documents/papa-francesco_20130607_scuole-gesuiti.html

justiça e paz. Podemos recordar e mencionar seus discursos na Terra Santa, em Cuba, no Congresso dos Estados Unidos, quando tocou nos pontos sensíveis da pena de morte, da corrida armamentista, da guerra.

Antes de Francisco, outros Papas – como Paulo VI, por exemplo, que cunhou a famosa frase "o desenvolvimento é o novo nome da paz"[19] – convocaram a Igreja e a sociedade ao compromisso de fazer valer os direitos humanos fundamentais, como o reconhecimento e a proteção dos direitos das minorias; os processos de criação jurídica para equilibrar interesses legítimos; o diálogo inter-religioso e intercultural; as sanções para potenciais agressores etc.

O amor que vem de Deus inspira e converte os corações enchendo-os com a mesma misericórdia que enchia e se derramava do coração de Jesus. E o que faz este amor é suscitar, segundo a expressão de Johann Baptist Metz, uma "mística de olhos abertos" que olha em volta de si, vê, para e se compadece. E busca atender as diferentes situações onde a misericórdia se faz urgente e necessária.[20] A isso está chamada a Igreja: a ser no mundo uma das forças vivas onde lateja o dinamismo do amor suscitado pelo Espírito de Cristo. É um amor consciente de que, embora as urgências materiais sejam prioritárias no atendimento misericordioso uma vez que sem isso não há vida possível, tudo não se resume à materialidade para que haja vida plena. O ser humano não vive apenas de pão (Mt 4,4) e necessita - além de alimento, moradia e vestuário - de tranquilidade, cuidado, liberdade, diálogo, dignidade, reconhecimento, segurança. Em suma, de justiça e paz.

---

[19] PAULO VI. *Carta Encíclica* Populorum Progressio. *Sobre o desenvolvimento dos povos* (26.03.1967). São Paulo: Paulinas, 1990, n. 87 (A Voz do Papa 49).

[20] METZ, J. B. *Mística de olhos abertos*. São Paulo: Paulus, 2013.

Exigências éticas da misericórdia

Uma cultura da misericórdia, portanto, tem de estar sempre em movimento, deve ser mais e mais dinâmica. Inclusive porque na história vão aparecendo novas situações de necessidade, pobreza e crise. Se não houver um olhar misericordioso, inspirado e movido pelo amor, essas situações podem não ser percebidas. Como por exemplo, a depressão que ataca tanta gente a ponto de ser considerada a doença do século. Ou a solidão que faz com que anciãos morram em sua casa e ninguém se inteire a não ser quando, dias depois, o cadáver entra em decomposição e chama a atenção pelo cheiro. Tudo isso revela uma sociedade de exclusão, que glorifica o consumo e a produtividade, não olhando e sobretudo não cuidando dos aspectos mais dolorosos e, por isso mesmo, mais escondidos da vida.

A misericórdia deve atender, natural e prioritariamente, a pobreza, a exclusão social, o sofrimento dos mais fracos, mas também os excessos do consumismo capitalista, e da exploração indiscriminada e impenitente dos recursos do planeta que está a ponto de atirar toda a vida em um abismo sem retorno.

Uma cultura de misericórdia deve trabalhar em profundidade para sensibilizar as consciências com relação à mudança de estilo de vida e de consumo nos países mais ricos e poderosos e à responsabilidade ética e a compaixão e solidariedade ativas e concretas como prioridades indiscutíveis e inegociáveis com relação às áreas que mais sofrem. Metz é quem propõe uma ética global da compaixão, segundo a qual a autoridade pertenceria aos que sofrem de forma injusta e imerecida. Em suma, às vítimas de todo tipo de violências e exclusão.[21] As mesmas vítimas que constituem a alteridade que nos interpelam com seu rosto, tal como insiste o filósofo Emmanuel Levinas.[22]

---

[21] METZ. *Memoria Passionis...*, p. 173ss.

[22] Ver: *Totalidade e infinito.* Lisboa: Edições 70, 1988; *Autrement qu'être ou au-delà de l'essence.* Paris: Kluwer Academic, 1974; *Altérité et transcendance.* Montpellier: Fata Morgana, 1995.

Conclusão

Toda a pertinência e força convocatória da misericórdia como centro do cristianismo e núcleo irradiante de atração para toda a humanidade tem como objetivo converter a Igreja em um espaço misericordioso por excelência. Um espaço onde ninguém se sinta excluído, onde todos sejam acolhidos. E onde aqueles que são mais vulneráveis, mais fracos e mais necessitados sejam tratados com mais carinho, cuidado e amor. Um espaço onde ninguém seja excluído por suas faltas e seus pecados, já que é um espaço de perdão. Mais: um espaço habitado por pecadores perdoados, não por legisladores inclementes que se creem perfeitos.

Assim disse Francisco na homilia de 11.04.2015, pronunciada durante a celebração das primeiras vésperas do II Domingo de Páscoa ou Domingo da Divina Misericórdia: "Presente no coração de muitos está esta pergunta: Por que motivo um Jubileu da Misericórdia, hoje? Simplesmente porque a Igreja é chamada, neste tempo de grandes mudanças epocais, a oferecer mais vigorosamente os sinais da presença e proximidade de Deus. Este não é o tempo para nos deixarmos distrair, mas para o contrário: permanecermos vigilantes e despertarmos em nós a capacidade de fixar o essencial. É o tempo para a Igreja reencontrar o sentido da missão que o Senhor lhe confiou no dia de Páscoa: ser sinal e instrumento da misericórdia do Pai (cf. *Jo* 20, 21-23). Por isso o Ano Santo deverá manter vivo o desejo de individuar os inúmeros sinais da ternura que Deus oferece ao mundo inteiro, e sobretudo a quantos estão na tribulação, vivem sozinhos e abandonados, e também sem esperança de ser perdoados e sentir-se amados pelo Pai. Um Ano

Exigências éticas da misericórdia 157

Santo para sentirmos intensamente em nós a alegria de ter sido reencontrados por Jesus, que veio, como Bom Pastor, à nossa procura, porque nos tínhamos extraviado. Um Jubileu para nos darmos conta do calor do seu amor, quando nos carrega aos seus ombros e nos traz de volta à casa do Pai. Um Ano em que sejamos tocados pelo Senhor Jesus e transformados pela sua misericórdia para nos tornarmos, também nós, testemunhas de misericórdia. Eis o motivo do Jubileu: porque este é o tempo da misericórdia. É o tempo favorável para tratar as feridas, para não nos cansarmos de ir ao encontro de quantos estão à espera de ver e tocar sensivelmente os sinais da proximidade de Deus, para oferecer a todos, a todos, o caminho do perdão e da reconciliação".[23]

A essa Igreja da qual é Papa, Francisco a deseja, portanto, como o rosto vivo da misericórdia. Neste sentido está em sintonia com toda a tradição da Igreja que afirma dever ser ela o ícone da Trindade, o sacramento de Cristo. Qual é o rosto de Deus e de Cristo senão o rosto do amor misericordioso? Uma Igreja que não seja fiel à vocação de irradiar essa misericórdia estaria traindo seriamente sua vocação e sua identidade. E falharia gravemente em sua missão de ajudar a humanidade a ser cada vez mais humana e, portanto, cada vez mais conforme ao sonho do Criador.

No entanto, não se trata de um chamado apenas para a Igreja, mas para todo o mundo e toda a humanidade. A misericórdia, ao mesmo tempo em que "refaz a qualidade da

---

[23] FRANCISCO. Homilia pronunciada durante a celebração das primeiras vésperas do II Domingo de Páscoa ou Domingo da Divina Misericórdia (11.04.2015). Disponível em: https://w2.vatican.va/content/francesco/pt/homilies/2015/documents/papa-francesco_20150411_omelia-vespri-divina-misericordia.html

vida como um imperativo", ultrapassa "as fronteiras da Igreja e deverá ser redescoberta por um "diálogo inter-religioso e transcivilizacional".[24] Assim poderá ser inaugurada uma nova era na história: era de perdão, de abertura, de acolhida, de compaixão, de paciência com todos os que sofrem de qualquer dor e desejam ardentemente experimentar a misericórdia que cura as feridas e restaura a plenitude.

Por isso, por ser de tão longo alcance, o Papa espera que seu chamado não deixe a ninguém indiferente. Uma humanidade que volta as costas à misericórdia tem pouco a esperar em termos de futuro. Pois terá perdido não apenas sua mística, mas igualmente sua ética, ou seja, os valores que lhe dão o direito de dizer-se humana.

Referências bibliográficas

BERNARD, C. A. *Theologie Affective*. Paris: Cerf, 1984.

BINGEMER, M. C. L. *Jesus Cristo. Servo de Deus e Messias Glorioso*. São Paulo: Paulinas, 2007.

BINGEMER, M. C. L. "A misericórdia do Coração de Jesus e a opção pelos pobres". In: CASTEJON, A. (org.). *Um coração novo para um mundo novo*. São Paulo: Loyola, 1988, p. 74-105.

CAILLE, Allain. *Anthropologie du don*. Paris: La Découverte, 2007.

FRANCISCO. *Misericordiae Vultus. O rosto da misericórdia. Bula de proclamação do Jubileu Extraordinário da Misericórdia*. São Paulo: Paulinas, 2015.

JENNI, Ernst von – WESTERMANN, Claus. *Theologisches Handwörterbuch zum Alten Testament,* Band II, rhm pi: sich erbarmen. Gütersloher: Verlagshaus, 2001, p. 761-768.

---

[24] TOLENTINO MENDONÇA. "A misericórdia como caminho".

Exigências éticas da misericórdia   159

JOÃO PAULO II. *Carta Encíclica* Dives in misericordia. *Sobre a misericórdia divina.* (30.11.1980). Brasília: Edições CNBB, 1995.

KASPER, W. *A misericórdia. Condição fundamental do Evangelho e chave da vida cristã.* São Paulo: Loyola, 2015,

MARION, Jean Luc. *Étant donné. Essasi d'une phénoménologie de la donation.* Paris: PUF, 1997.

METZ, J. B. *Mística de olhos abertos.* São Paulo: Paulus, 2013.

METZ, J. B. *Memoria Passionis. Una reflexión provocadora en una sociedad pluralista.* Santander: Sal Terrae, 1999.

TOLENTINO MENDONÇA, J. "A misericórdia como caminho". In: *Expresso* 2249 (05.12.2015). Disponível em: http://expresso.sapo.pt/opiniao/opiniao_tolentino_mendonca/2015-12--05-A-misericordia-como-caminho

7

Pauta ético-teológica à luz do princípio misericórdia

Maria Inês de Castro Millen[1]

Introdução

Acredito não ser possível pensar em uma pauta ético-teológica à luz do princípio misericórdia se não retomarmos os principais desafios que nos interpelam nesse momento. Vivemos tempos difíceis, em uma "sociedade sem ética", como chegam a dizer muitos analistas da atualidade.

Olhando para esta sociedade é que desejo pontuar algumas situações que parecem acenar para um *ethos* já constituído, que pede de nós algumas reflexões e propostas de ação, fundadas na esperança cristã.

A realidade da falta de instituições produtoras de sentido e da falta de paradigmas referenciais consistentes nos chama a atenção. Essa situação pode ser percebida se considerarmos a verificável desorientação generalizada. As pessoas estão perdi-

---

[1] Maria Inês de Castro Millen é Doutora em Teologia Moral (Pontifícia Universidade Católica – Rio de Janeiro), Professora do Instituto Teológico Arquidiocesano Santo Antônio – ITASA e do Centro de Ensino Superior de Juiz de Fora – CES e Presidente da Sociedade Brasileira de Teologia Moral (SBTM); http://lattes.cnpq.br/2834672560449518

das em um mundo de informações desencontradas e nem sempre confiáveis. O vácuo provocado pela falta de referências faz com que qualquer aparente tábua de salvação seja considerada. A mercantilização da vida é outro fator preocupante. Tudo se tornou mercadoria, inclusive as pessoas. Assim, muitas são as ofertas de entretenimento com pouca valorização da cultura. Em função desta situação há muito pouco diálogo, pois as pessoas carecem de argumentos consistentes e seguem monologando segundo suas aparentes crenças e convicções, repetindo discursos muito superficiais que não resistem a uma reflexão honesta.

Se tudo tem um preço e se o lucro é a meta, há naturalmente a substituição da solidariedade pela competitividade, com a valorização da capacidade técnica sem a correspondente valorização das dimensões humanas, criando um descompasso que mina a harmonia das relações estabelecidas. Em função disso, vivemos tempos de intolerância e de ódio explícito, em todos os níveis.

Assim, uma reflexão honesta, fundada nos princípios cristãos que nos sustentam, se faz necessária, para que uma pauta ético-teológica para os próximos tempos possa ser proposta.

1. Um olhar sobre os fundamentos da moral

Não podemos ir adiante sem nos determos primeiramente nos fundamentos que vamos eleger para esse momento da história. A primeira premissa é que os fundamentos não podem nos distanciar do Evangelho. Aqui retomamos o Papa Francisco:

> Quando a pregação é fiel ao Evangelho, manifesta-se com clareza a centralidade de algumas verdades e fica claro que a pregação moral cristã não é uma ética estoica, é mais do que uma asces :, não é uma mera fi-

Pauta ético-teológica à luz do princípio misericórdia   163

losofia prática nem um catálogo de pecados e erros. O Evangelho convida, antes de tudo, a responder a Deus que nos ama e salva, reconhecendo-O nos outros e saindo de nós mesmos para procurar o bem de todos. Este convite não há de ser obscurecido em nenhuma circunstância! Todas as virtudes estão ao serviço desta resposta de amor. Se tal convite não refulge com vigor e fascínio, o edifício moral da Igreja corre o risco de se tornar um castelo de cartas, sendo este o nosso pior perigo; é que, então, não estaremos propriamente a anunciar o Evangelho, mas algumas acentuações doutrinais ou morais, que derivam de certas opções ideológicas. A mensagem correrá o risco de perder o seu frescor e já não ter "o perfume do Evangelho".[2]

Podemos relembrar alguns textos do Evangelho que nos remetem ao seu núcleo mais essencial e ao mesmo tempo nos apontam os critérios indicativos da ética de Jesus Cristo, da qual não podemos nos desvincular. Algumas referências à Lei são imprescindíveis.

Paulo, na carta aos Gálatas, na discussão sobre a liberdade e a lei, afirma: "Com efeito, em Jesus Cristo, o que vale é a fé agindo pelo amor; ser ou não circuncidado não tem importância alguma" (Gl 4, 6). "Toda a lei se resume neste único mandamento: Amarás o teu próximo como a ti mesmo" (Gl 5, 14). "Carregai os fardos uns dos outros, assim cumprireis a lei de Cristo" (Gl 6,2).

Esta lei de Cristo, da qual Paulo fala, está explicitada nos evangelhos sinóticos, nos textos que relatam a conversa de Jesus com um doutor da Lei e com os escribas, conversa essa que aponta o mandamento do amor como o mandamento principal, aquele que

---

[2] FRANCISCO. *Exortação apostólica* Evangelii Gaudium. *Sobre o anúncio do Evangelho no mundo atual* (24.11.2013). São Paulo: Paulus/Loyola, 2013, n. 39. (daqui em diante = EG)

supera todos os holocaustos e sacrifícios e resume a Lei e os profetas. Jesus chega a dizer que aqueles que o observam não estão longe do Reino de Deus (Mc 12, 28-34; Mt 22, 34-40; Lc 10, 25-37). Aqui está a essência do ensinamento de Jesus, o indicativo de como devemos ser e agir. Por essa razão, a ética e a moral cristã não podem ser construídas sobre qualquer outro fundamento, por mais atrativo que seja.

Para aqueles que tinham dificuldade em entender, Jesus explica com detalhes. Podemos conferir isso em Mateus, quando ele fala do julgamento das nações e aponta como critério o amor ao próximo (Mt 25,31-45). Também em Lucas, usando o exemplo do bom samaritano (Lc 12,30-37), Jesus ensina quem é o próximo a quem devemos amar e como esse amor deve ser manifestado concretamente.

Assim, revisitando as fontes bíblicas, e levando-as a sério, não corremos o risco de nos apoiarmos em diretrizes humanas, muitas vezes necessárias, mas que não podem estar à frente da Lei de Cristo, que coloca as pessoas, com suas vidas carregadas de alegrias e tristezas, desafios e esperanças, acima e adiante das leis. A questão do sábado é paradigmática e indispôs os fariseus contra Jesus, que lhes diz: "O sábado foi feito para o homem e não o homem para o sábado" (Mc 2, 27). Também em Mateus, numa fala dura contra os escribas e fariseus, Jesus afirma: "Ai de vós, escribas e fariseus hipócritas! Pagais o dízimo da hortelã, da erva doce e do cominho, e deixais de lado os ensinamentos mais importantes da lei, como o direito, a misericórdia e a fidelidade" (Mt 23,23).

Jesus nos apresenta também uma moral da graça, que é maior e mais rica que a moral da constatação obsessiva do pecado em nós e o consequente legalismo que tudo quer controlar. Paulo, na Carta aos Romanos nos recorda: "Onde, porém se multiplicou o pecado, a graça transbordou" (Rm 5,20). Reto-

Pauta ético-teológica à luz do princípio misericórdia 165

memos ainda o que nos diz Bernhard Häring: "Graça (*charis*) é, em primeiro lugar, o rosto atrativo de Deus manifesto em todas as suas obras, mas particularmente em Cristo (...) A fé reconhecida nos faz ver Cristo, em primeiro lugar, não como um legislador, mas como a suprema revelação do amor de Deus Pai".[3]

A Igreja, a partir do Concílio Vaticano II, em consonância com a Sagrada Escritura, nos alimenta com algumas indicações preciosas. Ao lermos os documentos conciliares percebemos a indicação concreta de que só é possível falar sensatamente do pecado à luz da força curativa e libertadora da redenção. Os parágrafos da *Gaudium et spes,* que tratam da dignidade da consciência moral e da grandeza da liberdade humana, questões importantíssimas para o nosso discernimento ético, precisam estar sempre presentes quando queremos apresentar os fundamentos da moral cristã.[4]

Assim sendo, a ética teológica não pode abrir mão de seu compromisso com uma Moral que alicerce todas as propostas de vida e ação que deveremos enfrentar ao longo da história de cada um e de todos nos fundamentos oferecidos pelo Evangelho e pela Igreja pós-conciliar.

2. Um olhar sobre a ética da pessoa

Quando falamos em ética da pessoa, torna-se necessário repensar, primeiramente, qual a antropologia que sustenta nosso discurso. Isto porque ainda não nos livramos de uma antropolo-

---

[3] HÄRING, B. *Teologia moral para o terceiro milênio.* São Paulo: Paulinas, 1991, p. 78.

[4] COMPÊNDIO DO VATICANO II. *Constituições, Decretos, Declarações.* 29ª ed. VIER, Frederico (coord.). Petrópolis: Vozes, 2000. "Constituição Pastoral *Gaudium et Spes.* Sobre a Igreja no mundo atual", n. 16-17.

gia dualista, dicotômica, que privilegia a equação de oposição/ exclusão, apesar de não ser esta a tônica da Sagrada Escritura. Pensar o ser humano como uma unidade pluridimensional ainda é tarefa desafiadora para hoje.

A visão dualista permitiu a demonização do corpo e da sexualidade e a valorização excessiva da teoria em detrimento da práxis. Por isso, a idealização do matrimônio e da família, o não reconhecimento de nossa condição de criatura boa e bela, embora frágil e imperfeita, e uma percepção do ser humano como aquele sempre tendente ao mal e ao pecado, nos levaram a caminhos difíceis de legalismos fixistas, de julgamentos impiedosos dos outros, muito distantes da visão unitária de pessoa presente na Sagrada Escritura e da misericórdia e ternura do Pai apresentada a nós por Jesus nos Evangelhos.

A Sagrada Escritura aponta para a nossa humanidade comum. Fomos todos criados e salvos por Deus e por essa razão somos chamados a uma relacionalidade amorosa e de cuidado para com toda a criação. Somos do pó da terra, mas recebemos uma *ruáh* (Gn 2,7), e esta imagem nos remete à nossa vulnerabilidade, mas também à nossa capacidade de Deus, à nossa vocação de sermos como Ele é, cuidadores uns dos outros. Não podemos responder sempre como Caim: "Sou eu por acaso guarda do meu irmão?" (Gn 4,9). O individualismo cainesco atual nos desafia e nos lança em direção a uma séria reflexão. Jesus Cristo, cuja encarnação nos revela plenamente quem é Deus e quem somos nós, nos fala de vida em abundância para todos (Jo 10, 10), da misericórdia oferecida a toda criatura por um Pai que é nosso e não apenas de alguns privilegiados e poderosos.

Do texto criacional (Gn 1,28) aprendemos que Deus abençoou o encontro humano, a fecundidade que nasce da relação entre duas

Pauta ético-teológica à luz do princípio misericórdia 167

pessoas que se correspondem, isto é, que respondem juntas. Esses fundamentos nos convidam a pensar sobre o tipo de ética sexual, conjugal e familiar que estamos sustentando ainda hoje. O Papa Francisco volta a nos auxiliar. Sua exortação apostólica *Amoris laetitia* traz muitas intuições que talvez demorem para ser assimiladas, mas que não podemos deixar de considerar. O parágrafo terceiro é paradigmático e, serve, portanto, como inspiração para o nosso assunto.

> Recordando que o tempo é superior ao espaço, quero reiterar que nem todas as discussões doutrinais, morais ou pastorais devem ser resolvidas através de intervenções magisteriais. Naturalmente, na Igreja, é necessária uma unidade de doutrina e práxis, mas isto não impede que existam maneiras diferentes de interpretar alguns aspectos da doutrina ou algumas consequências que decorrem dela. Assim há de acontecer até que o Espírito nos conduza à verdade completa (cf. Jo 16, 13), isto é, quando nos introduzir perfeitamente no mistério de Cristo e pudermos ver tudo com o seu olhar. Além disso, em cada país ou região, é possível buscar soluções mais inculturadas, atentas às tradições e aos desafios locais. De fato, "as culturas são muito diferentes entre si e cada princípio geral (...), se quiser ser observado e aplicado, precisa de ser inculturado".[5]

Pelo fato de ainda não termos a verdade plena, precisamos modificar o nosso olhar. Em primeiro lugar é preciso manter os pés na terra, para que possamos considerar, com sinceridade, a si-

---

[5] FRANCISCO. *Exortação Apostólica Pós-Sinodal Amoris Laetitia. Sobre o amor na família* (19.03.2016). São Paulo: Loyola, 2016, n. 3. (daqui em diante = AL)

tuação atual das pessoas e das famílias.[6] Em seguida, é necessário aceitar o quanto fomos responsáveis pelo que está acontecendo hoje. Francisco não tem nenhuma dificuldade em admitir isso: "Devemos ser humildes e realistas, para reconhecer que às vezes a nossa maneira de apresentar as convicções cristãs e a forma como tratamos as pessoas ajudaram a provocar o que hoje nos leva a lamentar, pelo que nos convém uma salutar reação de autocrítica".[7]

Sua reflexão continua:

> Durante muito tempo, pensamos que, com a simples insistência em questões doutrinais, bioéticas e morais, sem motivar a abertura à graça, já apoiávamos suficientemente as famílias, consolidávamos o vínculo dos esposos e enchíamos de sentido as suas vidas compartilhadas. Temos dificuldade em apresentar o matrimônio mais como um caminho dinâmico de crescimento e realização do que como um fardo a carregar a vida inteira. [8]

Em terceiro lugar é preciso lembrar que a nossa consciência é o lugar privilegiado do discernimento, lugar do encontro com Deus e com o Bem. O Concílio Vaticano II nos coloca diante desta realidade, mas isso nem sempre tem sido devidamente considerado. O Papa Francisco retoma também este dado:

> Também nos custa deixar espaço à consciência dos fiéis, que muitas vezes respondem da melhor forma que podem ao Evangelho no meio dos seus limites e são capazes de realizar o seu próprio discernimen-

---

[6] AL 6.

[7] AL 36.

[8] AL 37.

Pauta ético-teológica à luz do princípio misericórdia

to perante situações em que se rompem todos os esquemas. Somos chamados a formar as consciências, não a pretender substituí-las. [9]

Em quarto lugar, a partir do reconhecimento da dignidade da consciência humana, sabemos que não é possível mais fechar os olhos ou lidar de modo irresponsável ou cruel com as pessoas cujas vidas não se enquadram nos modelos considerados ideais, bons ou corretos.

Retomando ainda a questão da liberdade e da lei, também podemos dizer com Francisco que "é mesquinho deter-se a considerar apenas se o agir de uma pessoa corresponde ou não a uma lei ou norma geral, porque isto não basta para discernir e assegurar uma plena fidelidade a Deus na existência concreta de um ser humano".[10] A esse respeito Francisco adverte àqueles que ocupam um lugar de autoridade:

> Por isso, um pastor não pode sentir-se satisfeito apenas aplicando leis morais aos que vivem em situações "irregulares", como se fossem pedras que se atiram contra a vida das pessoas. É o caso dos corações fechados, que muitas vezes se escondem atrás dos ensinamentos da Igreja "para se sentar na cátedra de Moisés e julgar, às vezes com superioridade e superficialidade, os casos difíceis e as famílias feridas" (...) Lembremo-nos de que "um pequeno passo, no meio de grandes limitações humanas, pode ser mais agradável a Deus do que a vida externamente correta de quem transcorre os seus dias sem enfrentar sérias dificuldades".[11]

---

[9] AL 37.
[10] AL 304.
[11] AL 305.

170   O imperativo ético da misericórdia

Somos, portanto, chamados a ter um olhar que reflita e sinalize para todas as pessoas o olhar de Jesus de Nazaré, um olhar repleto de amor e misericórdia, que se traduz em ações motivadas por um discernimento maduro das questões especiais e pelo acolhimento de todos.

3. Um olhar sobre a ética social

Falar de ética social é assumir, em primeiro lugar, nossa condição de seres relacionais, chamados a nos construirmos conjuntamente.

A Sagrada Escritura narra a história da salvação e, nesta, os acontecimentos nos apontam sempre para a história de um povo na sua relação com Deus e com os outros, e é por isso que os personagens bíblicos são sempre apresentados como figura do povo.

No Antigo Testamento, encontra-se o evento fundante da história de Israel, narrado no livro do Êxodo. O texto nos diz que Deus escuta o clamor de seu povo e o livra da escravidão e da opressão que sofria no Egito. Aqui, a salvação e a libertação são-nos apresentadas como um fato coletivo e relacionado com a realidade concreta do povo hebreu. Deus mesmo se apresenta assim: "Eu sou o Senhor teu Deus, que te tirou do Egito, da casa da escravidão" (Ex 20,2). Portanto, desde já podemos dizer que não faz parte da Sagrada Escritura uma visão intimista, particularista e espiritualista da relação das pessoas com Deus.

No Antigo Testamento encontramos os profetas que, considerados os "guardiões da Aliança", as "sentinelas do povo", são chamados de profetas éticos. "Este tipo de profeta 'ético' cuida da observância do pacto entre Deus e o povo (...). Por isso, denuncia a injustiça quando Israel domina, mas anuncia a sal-

Pauta ético-teológica à luz do princípio misericórdia 171

vação da parte de Deus, quando o povo se encontra em castigo ou sofrimento".[12] Assim, em meio à adversidade, os profetas convergem em dois pontos: a fidelidade à Aliança e a certeza da salvação. Em razão de sua preocupação com a retidão do povo e com a fidelidade à Aliança, eles criticam, de modo até violento, qualquer situação que atente contra a honra de Deus ou contra o bem do povo. Suas fortes censuras aos que dominam e subjugam o povo, seja de que modo for, são bem conhecidas. Podemos recordar o profeta Amós contra a ganância dos comerciantes:

> Escutai, aproveitadores dos indigentes, que excluis os humilhados do país! Vós dizeis (...) Quando vai passar o sábado para expormos o trigo, diminuir as medidas, aumentar o peso, viciar as balanças mentirosas, comprar o fraco por dinheiro, o indigente por um par de sandálias, para negociarmos até o farelo do trigo? Por causa do convencimento de Jacó o Senhor jura: Jamais me esquecerei de tudo o que essa gente faz (Am 8, 4-7).

Em outra situação, ele se pronuncia contra os responsáveis pelo culto: "Sou contra, detesto vossas festas, não sinto o menor prazer nas vossas celebrações! (...) Quero apenas ver o direito brotar como fonte, e correr a justiça qual regato que não seca" (Am 5, 21-24).

O profeta Miquéias segue na mesma direção, quando diz: "Já te foi indicado, ó homem, o que é bom, o que o Senhor exige de ti. É só praticar a justiça, amar a misericórdia e viver humildemente com o teu Deus" (Mq 6,8). Poderíamos citar ainda

---

[12] KONINGS, Johan. "Introdução aos profetas". In: *BIBLIA SAGRADA*. Tradução da CNBB. São Paulo: Loyola/Paulus, 2001, p. 950.

172 O imperativo ético da misericórdia

muitos outros escritos proféticos, mas teríamos que nos estender muito. Por isso, convidamos a uma revisitação à literatura profética e passamos ao Novo Testamento.

No Novo Testamento temos Jesus de Nazaré, o profeta definitivo, que fala e age de modo a confirmar o que havia sido dito anteriormente pelos profetas de Israel.

O cristianismo, na esteira da mesma história da salvação, se realiza comunitariamente, pois começa com o movimento de Jesus que reúne apóstolos, discípulos e seguidores e lhes anuncia o Reino de Deus, um reino de vida para todos.

É por isso que a ética social cristã se fundamenta, prioritariamente, nas palavras e nas ações, na vida de Jesus. Alguns textos são paradigmáticos. Jesus começa sua missão, na visão de Lucas, com uma leitura em um dia de sábado, na Sinagoga de Nazaré:

> Deram-lhe o livro do profeta Isaías. Abrindo o livro encontrou o lugar onde está escrito: 'O Espírito do Senhor está sobre mim, pois ele me consagrou com a unção, para anunciar a Boa-Nova aos pobres: enviou-me para proclamar a libertação dos presos e, aos cegos, a recuperação da vista; para dar liberdade aos oprimidos e proclamar um ano de graça da parte do Senhor. Depois, fechou o livro, entregou-o ao ajudante e sentou-se. Os olhos de todos, na sinagoga, estavam fixos nele. Então começou a dizer-lhes: "Hoje se cumpriu esta passagem da Escritura que acabastes de ouvir" (Lc 4,17- 21).

Não é possível, pois, negar que o amor pelos pobres e necessitados e a libertação dos oprimidos esteja no centro da vida de Jesus, como eixo enucleador da Boa-Nova do Reino de Deus. Muitos outros textos confirmam isto: O Sermão da Montanha

Pauta ético-teológica à luz do princípio misericórdia 173

(Mt 5-7), o encontro de Jesus com o jovem rico (Mt 19,16-26), a resposta à pergunta sobre o principal mandamento e o exemplo do bom samaritano (Lc 10,25-37), a crítica aos escribas e fariseus (Mt 23) e as palavras sobre o julgamento das nações, onde claramente estão postos os critérios para a salvação (Mt 25,31-46). Assim, podemos afirmar sem nenhuma dificuldade que, na ética de Jesus, o outro necessitado é o próximo que deve ser amado e tratado com infinita misericórdia. O Papa Francisco nos ajuda a refletir sobre isso quando diz: "O *querigma* possui um conteúdo inevitavelmente social: no próprio coração do Evangelho, aparece a vida comunitária e o compromisso com os outros. O conteúdo do primeiro anúncio tem uma repercussão moral imediata, cujo centro é a caridade". E continua: "A aceitação do primeiro anúncio, que convida a deixar-se amar por Deus e a amá-Lo com o amor que Ele mesmo nos comunica, provoca na vida da pessoa e nas suas ações uma primeira e fundamental reação: desejar, procurar e ter a peito o bem dos outros".[13] Francisco diz ainda que devemos ser fiéis ao Evangelho para não corrermos em vão e que o imperativo de ouvir o clamor dos pobres deve fazer-se carne em nós, para nos comovermos diante do sofrimento alheio. Fala-nos da misericórdia, recordando-nos alguns textos bíblicos e conclui: "É uma mensagem tão clara, tão direta, tão simples e eloquente que nenhuma hermenêutica eclesial tem o direito de relativizar".[14]

Temos também a Doutrina Social da Igreja (DSI), um conjunto de textos do Magistério dos papas e bispos, que em diversos momentos da história, ao ler a realidade e interpretá-la à

---

[13] EG 177 e 178.
[14] EG 194.

luz das Escrituras, nos aponta princípios e valores que indicam caminhos de ação para a construção de um mundo melhor, que sinalize a presença do Reino de Deus entre nós. No entanto, alguns autores já disseram que a DSI é um dos nossos segredos mais bem escondidos.[15] É necessário que investiguemos seriamente o porquê disto.

Conclusão

No contexto latino-americano, no pós-Concílio, a partir das Conferências Episcopais e dos movimentos populares, surge a Teologia da Libertação, que assume uma aproximação com a realidade social dos pobres e necessitados do continente e busca luzes para uma vivência evangélica. Muitas foram as dificuldades enfrentadas, as incompreensões, as ideologizações, os desencontros vividos desde então. No momento atual, a Igreja, governada e animada pelo Papa Francisco, retoma a prioridade de uma ética social, reveladora do verdadeiro rosto de Deus e da verdadeira vocação humano-cristã para a fraternidade.

Assim, percebemos que, também em relação à moral social, precisamos modificar o nosso olhar e o nosso modo de fazer teologia. Com Jesus e com Francisco podemos dizer que a confissão de fé comporta obrigatoriamente um compromisso social. "Confessar que Jesus deu o seu sangue por nós impede-nos de ter qualquer dúvida acerca do amor sem limites que enobrece todo ser humano".[16]

---

[15] HENRIOT, P. J et al. *Nosso grande segredo: Ensino Social da Igreja.* Herança e compromisso. Petrópolis:Vozes, 1993, p. 19.

[16] EG 178.

Pauta ético-teológica à luz do princípio misericórdia   175

Assim, em primeiro lugar precisamos dizer sim às relações novas geradas por Jesus tornando-nos "pessoas-cântaro para dar de beber aos outros".[17] Precisamos também estar certos de que nossas teorias, sem uma vida que as corrobore, se configurarão em palavras ao vento.

Precisamos reassumir, com coragem, ousadia e criatividade, a evangélica opção preferencial pelos pobres. Diz-nos Francisco: "A própria beleza do Evangelho nem sempre a conseguimos manifestar adequadamente, mas há um sinal que nunca deve faltar: a opção pelos últimos, por aqueles que a sociedade descarta e lança fora".[18]

Precisamos escutar, de novo, muitas vezes, a palavra de Jesus dita aos fariseus: "Ide, pois, aprender o que significa: Eu quero a misericórdia e não sacrifícios" (Mt 9,13). Não nos façamos de distraídos! Não façamos como os fariseus e os doutores da lei que amarravam pesados fardos sobre os ombros das pessoas quando eles não os podiam carregar sequer com um dedo. Francisco nos lembra que o "o apelo à observância da lei não pode obstaculizar a atenção às necessidades que afetam a dignidade das pessoas".[19]

Essas são apenas algumas indicações de uma pauta ético-teológica à luz do princípio misericórdia. Há muito por fazer. Que o Senhor nos ilumine no caminho!

---

[17] EG 86.

[18] EG 195.

[19] FRANCISCO. *Misericordiae Vultus. O rosto da misericórdia. Bula de proclamação do Jubileu Extraordinário da Misericórdia* (11.04.2015). São Paulo: Paulinas, 2015, § 20.

Referências bibliográficas

BIBLIA SAGRADA. Tradução da CNBB. São Paulo: Paulus/Loyola, 2001.

COMPÊNDIO DO VATICANO II. *Constituições, Decretos, Declarações*. 29 ed. VIER, Frederico (coord.). Petrópolis: Vozes, 2000.

FRANCISCO. *Exortação apostólica* Evangelii Gaudium. *Sobre o anúncio do Evangelho no mundo atual* (24.11.2013). São Paulo: Paulus/Loyola, 2013.

FRANCISCO. *Misericordiae Vultus. O rosto da misericórdia. Bula de proclamação do Jubileu Extraordinário da Misericórdia* (11.04.2015). São Paulo: Paulinas, 2015.

FRANCISCO. *Exortação Apostólica Pós-Sinodal* Amoris Laetitia. *Sobre o amor na família* (19.03.2016). São Paulo: Loyola, 2016.

HÄRING, B. *Teologia moral para o terceiro milênio*. São Paulo: Paulinas, 1991.

HENRIOT, P. J et al. *Nosso grande segredo: Ensino Social da Igreja*. Herança e compromisso. Petrópolis: Vozes, 1993.

8

Exigências para uma ética do cuidado

José Antonio Trasferetti[1]
Cássia Quelho Tavares[2]

Introdução

O cuidado com a "casa comum" tem sido uma grande preocupação do magistério eclesial e, por consequência, da teologia moral. A teologia moral, sendo uma ciência prática, não pode fugir à responsabilidade de desenvolver esforços no sentido de colaborar com o "bem comum". O teólogo João Batista Libânio afirma que todo "pecado pessoal" possui uma "dimensão social".[3] Na verdade, os pecados individuais e os sociais estão interligados, como numa teia, e ferem as pessoas e as sociedades. Mais do que uma "moral de atos" é preciso no momento atual desenvolver uma "moral de atitudes". Quais têm sido nossas

---

[1] José Antonio Trasferetti é Doutor em Teologia Moral (Pontifícia Universidade Lateranense de Roma) e em Filosofia (Pontifícia Universidade Gregoriana de Roma), Professor da Pontifícia Universidade Católica de Campinas, Vice-Presidente da Sociedade Brasileira de Teologia Moral (SBTM) e Avaliador do INEP/MEC; http://lattes.cnpq.br/9600833886185816

[2] Cássia Quelho Tavares é Doutora em Teologia (Pontifícia Universidade Católica do Rio de Janeiro), Professora Adjunta da Universidade Federal do Rio de Janeiro (*Campus* Macaé – Área Saúde da Mulher), Membro do Comitê de Ética em Pesquisas em Seres Humanos – HFSE/MS e Enfermeira Obstétrica; http://lattes.cnpq.br/7800213477782312

[3] LIBÂNIO, J. B. *Pecado e Opção Fundamental*. Vozes, 1975, p. 100-103.

178 O imperativo ético da misericórdia

atitudes em relação ao cuidado com as diversas formas de vida em nosso planeta? Esta é uma preocupação central que atinge a todos. Governo e sociedade civil somos chamados a dar uma resposta plausível, uma vez que a vida no planeta está ameaçada. Este texto objetiva desenvolver uma reflexão sobre as exigências para uma ética do cuidado no contexto da nossa casa comum.

1. Nossa casa: degradação ambiental e ética

Os analistas do mundo atual consideram que nossa casa está sofrendo. É fato que vivemos numa sociedade violenta. A vida do ser humano é ameaçada a cada momento de muitos modos. Nosso cotidiano está repleto de agressões e destruições. Esta violência causa uma angústia moral. O Papa João Paulo II, em sua encíclica *Evangelium Vitae*, afirma:

> "Como não pensar na violência causada à vida de milhões de seres humanos, especialmente crianças, constrangidos à miséria, à subnutrição e à fome, por causa da iníqua distribuição das riquezas entre os povos e entre as classes sociais? Ou na violência inerente às guerras, e ainda antes delas, ao escandaloso comércio das armas, que favorece o torvelinho de tantos conflitos armados que ensanguentam o mundo? Ou então na sementeira de morte que se provoca com a imprudente alteração dos equilíbrios ecológicos, com a criminosa difusão da droga, ou com a promoção do uso da sexualidade segundo modelos que, além de serem moralmente inaceitáveis, acarretam ainda graves riscos para a vida? É impossível registrar de modo completo a vasta gama das ameaças à vida humana, tantas são as formas, abertas ou camufladas, de que se revestem no nosso tempo!".[4]

---

[4] JOÃO PAULO II. *Carta Encíclica* Evangelium Vitae. *Sobre o valor e a inviolabilidade da vida humana* (25.03.1995). São Paulo: Paulinas, 1995, n. 10.

Exigências para uma ética do cuidado 179

Na verdade, vivemos uma cultura de morte. Essa cultura perpassa o nosso cotidiano e se representa de modo enfático nas estatísticas de morte em nosso país. Além de proteger a vida é preciso trabalhar para encontrar soluções para melhorá-la. A preocupação central de toda ética é sempre com a dignidade da vida do ser humano. A ciência, em todos os âmbitos, não pode se calar. É preciso evoluir, crescer, progredir. As agressões são tantas e de tantos modos que toda forma de vida está em perigo de morte. A mãe terra está em gritos de dor. Nossa morada, nossa casa, nosso lar, nosso aconchego está sofrendo. As dificuldades se entrelaçam no campo da economia, da política, da cultura e da religião. O Papa Francisco, na introdução de sua encíclica *Laudato Si'*, falando sobre a nossa irmã terra afirma categoricamente:

> "Esta irmã clama contra o mal que lhe provocamos por causa do uso irresponsável e do abuso dos bens que Deus nela colocou. Crescemos pensando que éramos seus proprietários e dominadores, autorizados a saqueá-la. A violência, que está no coração humano ferido pelo pecado, vislumbra-se nos sintomas de doença que notamos no solo, na água, no ar e nos seres vivos. Por isso, entre os pobres mais abandonados e maltratados, conta-se a nossa terra oprimida e devastada, que "geme e sofre as dores do parto" (Rm 8,22). Esquecemo-nos de que nós mesmos somos terra (Gn 2,7). O nosso corpo é constituído pelos elementos do planeta; o seu ar permite-nos respirar, e a sua água vivifica-nos e restaura-nos".[5]

---

[5] FRANCISCO. *Carta Encíclica* Laudato Si'. *Sobre o cuidado da casa comum* (24.05.2015). São Paulo: Paulus/Loyola, 2015, n. 2. (daqui em diante = LS)

Segundo o Papa Francisco é preciso encontrar meios para proteger a nossa casa comum que está ameaçada. Na verdade, ele faz um apelo: "o urgente desafio de proteger a nossa casa comum inclui a preocupação de unir toda a família humana na busca de um desenvolvimento sustentável e integral, pois sabemos que as coisas podem mudar".[6]

Esta importante encíclica apresenta os seguintes eixos para nossa reflexão e ação:

> "a relação intima entre os pobres e a fragilidade do planeta, a convicção de que tudo está estreitamente interligado no mundo, a crítica do novo paradigma e das formas de poder que derivam da tecnologia, o convite a procurar outras maneiras de entender a economia e o progresso, o valor próprio de cada criatura, o sentido humano da ecologia, a necessidade de debates sinceros e honestos, a grave responsabilidade da política internacional e local, a cultura do descarte e a proposta de um novo estilo de vida".[7]

A teologia moral em seus vários desdobramentos concorda que é preciso mudar o modo como estamos vivendo, os valores que estamos praticando. Se continuarmos a depredar o meio ambiente incentivando o capitalismo de mercado, agressivo e excludente, estaremos cometendo suicídio. O novo modo de vida implica numa ruptura radical com o estilo de vida consumista, caracterizado pelo modo de produção capitalista. Uma nova mentalidade, um novo modo de ser em termos de vida prática deve ser inserido em nosso cotidiano.

---

[6] LS 13.
[7] LS 16.

Exigências para uma ética do cuidado 181

Ao analisar o que está acontecendo com a nossa casa o Papa Francisco apresenta várias dificuldades que assolam o planeta. A globalização, em sua ambivalência letal, tem transformado o planeta num imenso campo de experiências vagas sem controle técnico e ético. O crescimento se dá de forma desordenada e desigual. Para o Papa Francisco são elementos importantes: a questão da poluição e mudanças climáticas, o cuidado com a água, a perda da biodiversidade, a deterioração da qualidade de vida humana a degradação social e moral e ainda, a desigualdade planetária.[8] O Papa aponta ainda para a fraqueza das reações, mostrando que a humanidade assiste acomodada à destruição lenta do planeta.[9]
Afirma Francisco:

> "Entretanto os poderes econômicos continuam a justificar o sistema mundial atual, onde predomina uma especulação e uma busca de receitas financeiras que tendem a ignorar todo o contexto e os efeitos sobre a dignidade humana e sobre o meio ambiente. Assim se manifesta como estão intimamente ligadas a degradação ambiental e a degradação humana e ética".[10]

Para Francisco, a violência e a destruição ocorrem de maneira altamente veloz. Assim diz:

> "Todavia parece notar-se sintomas de um ponto de ruptura, por causa da alta velocidade das mudanças e da degradação, que se manifestam tanto em catástro-

---

[8] LS 17-52.
[9] LS 53.
[10] LS 56.

fes naturais regionais como em crises sociais ou mesmo financeiras, uma vez que os problemas do mundo se podem analisar nem explicar de forma isolada".[11]

Mais do que em questões materiais, estamos sendo afetados em nossa autoestima, em nosso sentido de vida. Como nos ensina o Papa Francisco, a degradação ambiental e a degradação humana e ética se entrecruzam no mesmo caminho da dignidade humana. Para Vidal, "o mundo dos comportamentos, das estimativas e dos valores está passando por uma profunda mudança; pode-se até falar com certa objetividade de uma 'revolução' nos costumes morais, na estimativa ética e na axiologia moral".[12] As consequências mais visíveis retratam uma sociedade desequilibrada, que não encontra o aconchego do lar, mas ameaças, medos e tensões. A casa comum que deveria ser o nosso jardim na intenção do Criador, tornou-se um lugar de destruição e morte. O caos social penetrou na intimidade de todos os seres tirando-lhes a paz do espírito. Todo ser vivo sofre com os transtornos ambientais, climáticos e naturais. De acordo com Vidal, "diante desta situação de 'revolução axiológica' é normal que surja a desorientação moral. Já não servem os velhos modelos. Os novos ainda não despontaram no horizonte. Há uma 'crise de sentido' que se traduz em perda de rumos".[13] O teólogo Clodovis Boff aponta que a questão do sentido da vida é vital para os tempos atuais. Para ele, trata-se de uma questão existencial, vinculada ao mundo de um modo geral: "e não é uma questão de ontem ou de hoje, mas de sempre, porque

---

[11] LS 61.

[12] VIDAL, M. *Nova Moral fundamental:* o lar teológico da Ética. São Paulo: Paulinas, 2003, p. 608.

[13] VIDAL. *Nova Moral fundamental...,* p. 608.

Exigências para uma ética do cuidado 183

humana, existencial. Hoje, contudo, essa questão se coloca de modo frequente e agudo. Isso mostra que as respostas correntes são insuficientes. As causas de tudo isso devem estar ligadas ao nosso horizonte cultural, profundamente modificado".[14]

Na verdade, as relações no planeta foram se transformando com o acontecimento histórico da globalização. O capitalismo venceu em sua versão neoliberal e se impôs como um modelo único de vida e de cultura. Vidal, citando Paulo VI, afirma que a globalização é ambivalente, ou seja, pode servir para o bem e pode ser também utilizada para o mal. Na verdade, depende do movimento das ações e opções estratégicas que pessoas e os povos realizam:

> "A globalização, por ela mesma, não traz a felicidade às pessoas nem organiza maior justiça entre os grupos. Uma globalização deixada a suas próprias leis é uma globalização 'descontrolada'. Os descontroles que pode produzir e que, de fato, produz, advertem-se tanto no terreno econômico como no político, no social e no cultural. A globalização tem de ser pensada e orientada com sensibilidades éticas".[15]

Para Vidal, "o perigo maior que acompanha o fenômeno da globalização é a *perda do sujeito humano*. Daí ser necessária uma contínua reafirmação do valor da pessoa enquanto sujeito decisivo da história".[16]

---

[14] BOFF, C. *O Livro do Sentido*. Crise e Busca de sentido hoje. Parte crítico-analítica. São Paulo: Paulus, 2014, p. 7.

[15] VIDAL, M. *Moral Cristã em tempos de relativismos e fundamentalismos*. Aparecida: Santuário, 2007, p. 20.

[16] VIDAL. *Moral Cristã em tempos...*, p. 21.

184 O imperativo ético da misericórdia

O processo de globalização no qual estamos todos inseridos exige atenção constante às questões morais e ética, pois o predomínio de uma visão mercantilista impregnou a cultura de todos os povos. A potencialidade destrutiva é muito grande, na medida em que ela está centrada nos valores do capitalismo, em sua capacidade de fetiche constante. Os valores nobres que regulamentam a vida em sociedade estão sendo lentamente transformados pelo valor do capital que tudo compra, invade e destrói. Os agentes morais e éticos não podem se ausentar neste momento, pois são eles os primeiros a desenvolver o comportamento crítico diante dos poderes destrutivos do capital. Para Vidal, "é óbvio que a globalização origina processos destrutivos para o indivíduo, para as relações inter-humanas, para o ambiente. Para evitar essas potencialidades destrutivas é preciso introduzir na globalização o 'alerta ético', da afirmação axiológica do sujeito humano".[17]

A teologia moral como ciência prática deve aprimorar seus trabalhos e ações no sentido de valorizar cada vez mais as potencialidades humanas, o respeito às diferenças de gênero, raça e identidade cultural. Todos os seres vivos estão em íntima comunhão com a natureza, num processo de constante interligação. A natureza carrega a alma do ser humano em seu colo produtor. Cada respiro da mãe terra está conectado com o sorriso de cada irmão ou irmã que se debruça sobre a natureza íngreme da selva ou da grande cidade grande. Afirma Manfredo Araújo de Oliveira:

> "nosso universo, para a ciência contemporânea, é uma totalidade feita de diversidades organicamente interligadas, o que significa dizer que todos os seres constituem uma teia de relações de tal modo que só

---

[17] VIDAL. *Moral Cristã em tempos...*, p. 22.

Exigências para uma ética do cuidado 185

podemos entender uma parte em relação às outras. Matéria, energia, espaço e tempo coexistem numa teia de relacionamentos".[18]

O ser humano, em sua presença ontológica na essência da mãe terra, se faz um com o todo do universo. Destruir a terra, maltratar o planeta é ferir de morte o semelhante que retira dela o seu suco de amor. As relações humanas destrutivas e exploradoras se refazem na mesma medida em que se perdem as relações de amor com a materialidade da terra em sua ordem cosmológica. O mundo deve ser pensado como totalidade e com razão de sentido para a vida de todos. Quando um é destruído todas as entranhas da terra sofrem o abalo e as mazelas da violência. Para Manfredo,

"essa totalidade é pensada como síntese: onda-partícula, energia-matéria, ordem-desordem, caos-cosmos. No universo pensado pela mecânica quântica e a teoria da relatividade, ser é estar em sinergia com o universo inteiro: tudo de alguma forma está ligado a tudo. Assim, para a nova ciência, há uma continuidade fundamental entre todos os seres, já que, no fundo, todos têm uma origem comum, são constituídos dos mesmos elementos básicos e tudo está nesse processo de expansão, a dinâmica cosmogênica, cuja tendência básica é a contemplação.[19]

Portanto, a globalização, com seu desenvolvimento desordenado, tem gerado uma situação de ambivalência que fere o ser humano em sua dignidade corporal. Para Vidal, "a afirma-

---

[18] OLIVEIRA, M.A. de. *A religião na sociedade urbana e pluralista*. São Paulo: Paulus, 2013, p. 51.
[19] OLIVEIRA. *A religião na sociedade urbana e pluralista...*, p. 51.

186 O imperativo ético da misericórdia

ção ética do sujeito humano exige duas coisas do processo de globalização: - que nos benefícios desse processo sejam contemplados "todos os homens", - que na retomada e na execução da globalização tenha-se em conta a "todo homem", isto é, todos os significados e potencialidades do sujeito humano".[20]

Mais ainda, para Vidal,

> "A recuperação axiológica do sujeito humano exige uma globalização solidária. A partir do sul da humanidade é preciso reivindicar o princípio de solidariedade como estrutura ética da globalização. Hoje, o princípio de solidariedade está ocupando um posto central nos delineamentos e nas propostas da ética social. Também tem de orientar o fenômeno da globalização".[21]
>
> (...)
>
> "Diante da globalização excludente, é necessário instaurar uma globalização includente. Um dos males maiores que padece a humanidade atual é a tendência a excluir o "outro" o "distinto", o "não eu". Esta cultura de morte ou "caínica" manifesta-se nos fundamentalismos religiosos, nas guerras inter-étnicas, nas atitudes racistas e xenófobas, na rejeição aos imigrantes, no fosso cada vez mais profundo entre ricos e pobres (sejam indivíduos, grupos, classes ou nações). Atrevo-me a dizer que o rosto mais obscuro da humanidade atual encontra-se aqui: na tendência a criar *sistemas* (econômicos, políticos, culturais e religiosos) *de exclusão*".[22]

---

[20] VIDAL. *Moral Cristã em tempos...*, p. 22.
[21] VIDAL. *Moral Cristã em tempos...*, p. 23.
[22] VIDAL. *Moral Cristã em tempos...*, p. 25-26.

Exigências para uma ética do cuidado

Em nosso cotidiano podemos encontrar muitas políticas sociais e práticas inclusivas que visam a proteção e o cuidado com a mãe terra. Trata-se, então, de evidenciar algumas dessas ações que se desdobram em exigências para uma ética do cuidado.

2. Ética do cuidado: questões práticas

A teologia moral, como uma ciência da práxis, ao assumir sua responsabilidade diante do ser humano amplia seu horizonte de sentido e seus esforços a serviço da casa comum. Desejamos refletir sobre as exigências para uma ética do cuidado no contexto da nossa casa comum. A encíclica *Laudato Sí'* contribui de maneira singular para a elaboração de uma ética do cuidado, iluminando caminhos urgentes a se percorrer.

> "Toda a pretensão de cuidar e melhorar o mundo requer mudanças profundas 'nos estilos de vida, nos modelos de produção e de consumo, nas estruturas consolidadas de poder, que hoje regem as sociedades'".[23]

A ética do "cuidado" a que nos referimos pode ser compreendida a partir do Mistério da Encarnação. Mistério que aponta para um cuidado profundo da pessoa e de tudo aquilo que a envolve, isto é, sua existência e suas relações fundamentais. O Amor, no seu extremo significado, assume, cuida e salva a pessoa humana e sua "casa". A ética do cuidado é entendida como

---

[23] LS 5.

um princípio fundamental capaz de acolher e cuidar de todos os espaços e realidades que constituem a casa comum. Uma casa que, ao mesmo tempo, se revela portentosa e vulnerável. A "ética do cuidado" enquanto processo envolve todo o ser humano nas suas diversas realidades e circunstâncias. Envolve a casa comum. Cuidar implica não apenas ter conhecimento técnico-científico, mas uma postura de abertura à vida e ao outro. Cuidar é abrir-se à alteridade, isto é, perceber o outro enquanto outro, distinto de mim, e entrar em relação com ele, comprometendo-se com as suas dores e angústias, alegrias e tristezas. É sempre uma relação dialética entre o Eu-Tu. Cuidar traduz-se em desvelo, solicitude, diligência, atenção, zelo e bom trato. Cuidar é educar para o amor e para a vida em plenitude (Jo 10,10). O cuidado se opõe ao descuido e ao descaso. Segundo Boff, cuidar é mais que um ato; é uma atitude de ocupação, de preocupação, de responsabilidade e de envolvimento afetivo com o outro.[24]

A ética do cuidado é uma via indispensável para a humanização da pessoa e a ressignificação do sentido de sua existência e de todo o seu redor - o planeta, a casa comum. É um convite a uma nova maneira de viver, uma forma de ressignificação do ser e de ver a si mesmo e ao mundo por meio de uma visão integradora e humanizada, na qual todos os homens e mulheres são chamados a viver e a reconstruir suas próprias vidas e a vida dos demais. O Evangelho de Jesus Cristo, *Evangelho da Vida e da Alegria,* transforma as estruturas existenciais e todas as dimensões da vida humana. É Caminho e Força para que sejam rompidas as correntes que aprisionam e destroem.

---

[24] BOFF, L. *Saber Cuidar.* Ética do humano. Compaixão pela terra. Petrópolis:Vozes, 1999.

Exigências para uma ética do cuidado 189

A casa comum, para o seu resgate, depende que o ser humano cresça pessoal, social e estruturalmente, assumindo o outro com responsabilidade, como "sujeito" singular e irredutível. Somente o ser humano, homem e mulher, seres de abertura e relacionais, são capazes de conduzir um projeto ético, realizando a complexa tarefa de transformação do meio onde vivem e da sociedade em sua extensão. Muitos passam pela vida de maneira indiferente, com certa apatia em relação ao indispensável engajamento com o mundo. Os apelos desordenados, os contra valores e a falta de sentido da vida, rouba-lhes o bom senso. Podem passar a vida sobrevivendo sem exercerem uma crítica e uma práxis transformadora das realidades. Não percebem o "poder" que possuem e o quanto é possível modificar as situações. Ignoram a si mesmos e aos outros, ignoram o grito da terra. No entanto, "a lucidez sobre o fato da existência, do dom de existir, é o 'passaporte' para o rompimento das aderências que prendem os seres humanos em estagnações e em imobilidades".[25] Tem razão Paulo Freire quando afirma que "existir é, assim, um modo de vida que é próprio ao ser capaz de transformar, de produzir, de decidir, de criar, de recriar, de comunicar-se".[26]

A Encíclica *Laudato Si'* chama a atenção para algumas iniciativas de ordem particular e de ordem global e aponta caminhos importantes que vale a pena destacar:

---

[25] TAVARES, C. Q. "A voz das mulheres como interpelação à Teologia Moral: A "Igreja em saída". In: PESSINI, Leo – ZACHARIAS, Ronaldo. *Teologia Moral. Fundamentos, desafios, perspectivas.* Aparecida: Santuário, 2015, p. 236. Ver também: TAVARES, C. Q. "Contornos éticos na *Evangelii Gaudium*: 'Primeirear, envolver-se, acompanhar, frutificar e festejar'". In: PORTELLA AMADO, J. - FERNANDES, L. A. *Evangelii Gaudium em Questão.* Rio de Janeiro/São Paulo: PUC/Paulinas, 2014, p. 216.

[26] FREIRE, P. *Ação Cultural para a Liberdade e outros escritos.* 5 ed. Rio de Janeiro: Paz e Terra, 1981, p. 66.

O imperativo ético da misericórdia

✓ A constituição de uma *cultura ecológica* que verdadeiramente tenha um "olhar diferente, um pensamento, uma política, um programa educativo, um estilo de vida e uma espiritualidade"[27] como contraponto ao avanço do paradigma tecnocrático e que não restrinja as respostas urgentes e parciais em torno da degradação ambiental. Tendo a liberdade e a inteligência humana como "aliadas" no processo de delimitação da técnica colocando-a a serviço do progresso. Esse novo paradigma privilegia integralmente o humano na sua amplitude social;[28]

✓ Da cultura ecológica a uma *revolução cultural*, entendendo que a ciência e a tecnologia não são neutras e trazem diferentes intenções e possibilidades no processo de desenvolvimento, exigindo transparência e critérios éticos em vista do bem comum;[29]

✓ Uma nova relação com a natureza a partir de uma antropologia adequada, em que o ser humano seja considerado e assumido na sua integralidade. Francisco recorda que:

> "Se a crise ecológica é uma expressão ou uma manifestação externa da crise ética, cultural e espiritual da modernidade, não podemos iludir-nos de sanar a nossa relação com a natureza e o meio ambiente, sem curar todas as relações humanas fundamentais. Quando o pensamento cristão reivindica, para o ser

---

[27] LS 111.
[28] LS. 112.
[29] LS 114.

Exigências para uma ética do cuidado

> humano, um valor peculiar acima das outras criaturas, suscita a valorização de cada pessoa humana e, assim, estimula o reconhecimento do outro. A abertura a um «tu» capaz de conhecer, amar e dialogar continua a ser a grande nobreza da pessoa humana".[30]

✓ Nesse sentido entram algumas necessidades fundamentais para a pessoa humana, que gritam por justiça e pela intervenção em nome dos direitos humanos, como o valor e direito ao trabalho humano, moradia, qualidade de vida nos vários aspectos da saúde e da educação. A criação anseia por mãos humanas que favoreçam o seu desenvolvimento enquanto instrumento do Deus Criador;

✓ Sobre o trabalho humano, a *Laudato Si'* recorda a Constituição Pastoral *Gaudium et Spes* (63) ao afirmar "que o homem é o protagonista, o centro e o fim de toda a vida econômico-social" e recorre à *Centesimus Annus* (37) de João Paulo II para afirmar que "apesar disso, quando no ser humano se deteriora a capacidade de contemplar e respeitar, criam-se as condições para se desfigurar o sentido do trabalho".[31] O trabalho, retirado de milhares de famílias, é uma necessidade existencial humana, é caminho para o sentido da vida e realização pessoal;

✓ Sobre a qualidade de vida humana, Francisco sugere uma nova reestruturação da *ecologia da vida quotidiana*, na intenção de se refletir e melhorar

---

[30] LS 119.
[31] LS 127.

os espaços onde a vida humana nasce e cresce. Os variados ambientes onde vivemos influenciam e sofrem influências "sobre a nossa maneira de ver a vida, sentir e agir. Ao mesmo tempo, no nosso quarto, na nossa casa, no nosso lugar de trabalho e no nosso bairro, usamos o ambiente para exprimir a nossa identidade";[32]

✓ Outro drama humano diz respeito à falta de habitação. São milhares e milhares de pessoas sem terra, sem casa, sem teto, sem lar. A casa mãe grita por dar terra aos seus filhos, mas as empreitadas perversas, fincadas na corrupção, nas injustiças e cruéis desigualdades não permitem que os filhos da terra encontrem seu lugar. A falta de habitação é muito grave:

> "E não só os pobres, mas uma grande parte da sociedade encontra sérias dificuldades para ter uma casa própria. A propriedade da casa tem muita importância para a dignidade das pessoas e o desenvolvimento das famílias. Trata-se de uma questão central da ecologia humana. Se num lugar concreto já se desenvolveram aglomerados caóticos de casas precárias, trata-se primariamente de urbanizar estes bairros, não de erradicar e expulsar os habitantes. Mas, quando os pobres vivem em subúrbios poluídos ou aglomerados perigosos, 'no caso de ter de se proceder à sua deslocação, para não acrescentar mais sofrimento aos que já padecem, é necessário fornecer-lhes uma adequada e prévia informação, oferecer-lhes alternativas de alojamentos dignos e envolver diretamente os interessados'".[33]

---

[32] LS 147.
[33] LS 152.

Exigências para uma ética do cuidado

193

✓ O apelo à solidariedade deve ser contínuo a fim de sensibilizar os povos, as nações, a política internacional, os poderes nacionais e locais, nas suas diversas instâncias governamentais, fomentando e ampliando o diálogo e as decisões transparentes que sejam cabíveis para o desenvolvimento humano. Conforme Francisco, é fundamental "delinear grandes percursos de diálogo que nos ajudem a sair da espiral de autodestruição onde estamos afundando";[34]

✓ Urgem acordos internacionais que partam de uma decisão ética fundada na solidariedade de todos os povos. Que sejam discussões científicas e políticas pautadas na verdade, na solidariedade e sem conflitos de interesses. E para Francisco, em todas as discussões que visem empreendimentos para um desenvolvimento integral, algumas perguntas fundamentais devem ser feitas, tais como: "Para que fim? Por qual motivo? Onde? Quando? De que maneira? A quem ajuda? Quais são os riscos? A que preço? Quem paga as despesas e como o fará?";[35]

✓ Outro grito que a mãe terra lança é o da *erradicação da miséria* e do *real desenvolvimento social:*

> "Nas condições atuais da sociedade mundial, onde há tantas desigualdades e são cada vez mais numerosas as pessoas descartadas, privadas dos direitos humanos fundamentais, o princípio do bem comum torna-se imediatamente, como consequência lógica

[34] LS 163.
[35] LS 185.

O imperativo ético da misericórdia

e inevitável, um apelo à solidariedade e uma opção preferencial pelos mais pobres".[36]

✓ A dimensão política deve estar articulada e, segundo Francisco:

> "Precisamos de uma política que pense com visão ampla e leve adiante uma reformulação integral, abrangendo num diálogo interdisciplinar os vários aspectos da crise. Muitas vezes, a própria política é responsável pelo seu descrédito, graças à corrupção e à falta de boas políticas públicas.[37]

Todas as áreas sociais, através de seus eixos estruturantes como: *Emprego e Trabalho, Assistência Social e Combate à Pobreza, Direitos Incondicionais de Saúde, Educação, Cidadania Social com Igualdade Racial e de Gênero e Infraestrutura Social*, precisam ser cuidadas acima de qualquer interesse político ou inconstância econômica. Estas, se bem constituídas, refletem o desenvolvimento da nação e sua maturidade ética.

✓ Outra ferida a ser tratada é a questão da intolerância religiosa. O Papa Francisco adverte e convida as religiões a dialogarem com as ciências e a combaterem todo tipo de discriminação religiosa:

> "A maior parte dos habitantes do planeta declara-se

---

[36] LS 158.
[37] LS 197.

Exigências para uma ética do cuidado

crente, e isso deveria levar as religiões a estabelecer diálogo entre si, visando o cuidado da natureza, a defesa dos pobres, a construção de uma trama de respeito e fraternidade. De igual modo, é indispensável um diálogo entre as próprias ciências, porque cada uma costuma fechar-se nos limites da sua própria linguagem, e a especialização tende a converter-se em isolamento e absolutização do próprio saber. Isso impede de enfrentar adequadamente os problemas do meio ambiente".[38]

✓ O Papa convoca também para que haja um diálogo aberto e respeitador entre os diversos movimentos ecologistas, entre os quais estão as lutas ideológicas: "A gravidade da crise ecológica obriga-nos, a todos, a pensar no bem comum e a prosseguir pelo caminho do diálogo que requer paciência, ascese e generosidade".[39]

Apesar de o retrato da humanidade revelar dor, segregação, guerras, infortúnios e inquestionáveis sinais de miséria e desalento humano, acreditamos, como Francisco, que há sinais de esperança cristã, que existem saídas e possibilidades de superação: "nem tudo está perdido, porque os seres humanos, capazes de tocar o fundo da degradação, podem também superar-se, voltar a escolher o bem e regenerar-se, para além de qualquer condicionalismo psicológico e social que lhes seja imposto".[40]

---

[38] LS 201.
[39] LS 143.
[40] LS 205.

Os seres humanos são capazes de olhar a si mesmos com verdade, de exteriorizar o próprio pesar e de investir em novos caminhos de liberdade:

> "Não há sistemas que anulem, por completo, a abertura ao bem, à verdade e à beleza, nem a capacidade de reagir que Deus continua a animar no mais fundo dos nossos corações. A cada pessoa deste mundo, peço para não esquecer esta sua dignidade que ninguém tem o direito de lhe tirar".[41]

O que fazer de maneira concreta? Quais são as saídas emergenciais que podem se transformar em novas semeaduras de esperança e de novos tempos? A encíclica *Laudato Si'* propõe caminhos para uma Educação Ambiental e para uma Conversão Ecológica que abarque os vários âmbitos educativos como a escola, a família, os meios de comunicação social, a catequese e a pastoral e outros âmbitos possíveis. Esses lugares são privilegiados para o crescimento humano, onde a cultura da vida deve combater a cultura de morte.

Conclusão

Nossa tarefa como cristãos é de colaboração efetiva no processo de desenvolvimento humano. Estamos no mundo e nossa responsabilidade impõe-se de maneira ética. A Igreja, em sua missão, tem uma tarefa inquestionável de educar a pessoa na fé e para a vida, formá-la para o amor e para a solidariedade, dar condições de o ser humano voltar a acreditar no infinito amor

---

[41] LS 205.

Exigências para uma ética do cuidado 197

de Deus, através do seguimento de Jesus e no abraço ao outro. Precisamos voltar a sentir que necessitamos uns dos outros, que somos responsáveis para com os outros e o mundo, que vale a pena a bondade e a honestidade. É chegado o momento de reconhecer que o amor, através de pequenos gestos de cuidado mútuo, "é também civil e político, manifestando-se em todas as ações que procuram construir um mundo melhor. O amor à sociedade e o compromisso pelo bem comum são uma forma eminente de caridade".[42]

E, por fim, não nos esquecermos de que a nossa Igreja é uma Igreja "em saída". "A Igreja 'em saída' é uma Igreja com as portas abertas. Sair em direção aos outros para chegar às periferias humanas não significa correr pelo mundo sem direção nem sentido".[43]

Referências Bibliográficas

BOFF, C. *O Livro do Sentido*. Crise e Busca de sentido hoje. Parte crítico-analítica. São Paulo: Paulus, 2014.

BOFF, L. *Saber Cuidar*. Ética do humano. Compaixão pela terra. Petrópolis: Vozes, 1999.

FRANCISCO. *Exortação Apostólica* Evangelii Gaudium. *Sobre o anúncio do Evangelho no mundo atual* 24.11.2013). São Paulo: Paulus/Loyola, 2013.

FRANCISCO. *Carta Encíclica* Laudato Si'. *Sobre o cuidado da casa comum* (24.05.2015). São Paulo: Paulus/Loyola, 2015.

---

[42] LS 231.

[43] FRANCISCO. *Exortação Apostólica* Evangelii Gaudium. *Sobre o anúncio do Evangelho no mundo atual* 24.11.2013), n. 46. São Paulo: Paulus/Loyola, 2013.

FREIRE, P. *Ação Cultural para a Liberdade e outros escritos.* 5 ed. Rio de Janeiro: Paz e Terra, 1981.

JOÃO PAULO II. *Carta Encíclica* Evangelium Vitae. *Sobre o valor e a inviolabilidade da vida humana* (25.03.1995). São Paulo: Paulinas, 1995.

LIBÂNIO, J. B. *Pecado e Opção Fundamental.* Vozes, 1975.

OLIVEIRA, M. A. de. *A religião na sociedade urbana e Pluralista.* São Paulo: Paulus, 2013.

PESSINI, Leo – ZACHARIAS, Ronaldo. *Teologia Moral. Fundamentos, desafios, perspectivas.* Aparecida: Santuário, 2015.

PONTIFÍCIO CONSELHO "JUSTIÇA E PAZ". *Compêndio da Doutrina Social da Igreja.* São Paulo, Paulinas, 2005.

TAVARES, C. Q. "Contornos Éticos na Evangelii Gaudium: 'Primeirear, envolver-se, acompanhar, frutificar e festejar'. In: AMADO, J. P. – FERNANDES, L. A. *Evangelii Gaudium em Questão: Aspectos bíblicos, teológicos e pastorais.* Rio de Janeiro/São Paulo: PUC/Paulinas, 2014, p. 209-223.

TAVARES, C. Q. "A voz das mulheres como interpelação à teologia moral: a Igreja 'em saída'". In: PESSINI, Leo – ZACHARIAS, Ronaldo. *Teologia Moral. Fundamentos, desafios, perspectivas.* Aparecida: Santuário, 2015, p. 223-252.

VIDAL, M. *Nova Moral Fundamental. O lar teológico da ética.* São Paulo: Paulinas/Santuário, 2003.

VIDAL, M. *Moral Cristã em tempos de Relativismos e Fundamentalismos.* Aparecida: Santuário, 2007.

Exigências para uma bioética inclusiva

Leo Pessini[1]

> *"Em nossa compreensão, e na sua forma mais simples, solidariedade significa práticas compartilhadas que refletem um compromisso coletivo para assumir os 'custos' (entre outros, os custos financeiros, sociais e emocionais) para assistir os outros. (...) a solidariedade é entendida aqui como uma prática e não meramente como um sentimento interior ou um valor abstrato".*
>
> **Solidarity: reflections on an emerging concept in bioethics**
> **Nuffield Council on Bioethics**

> *"Ao aplicar e avançar o conhecimento científico, as práticas médicas e tecnologias associadas, a vulnerabilidade humana deve ser levada em consideração. Indivíduos e grupos com vulnerabilidades especiais devem ser protegidos e a integridade pessoal de tais indivíduos ser protegida (Art. 8)."*
>
> **Declaração Universal de Bioética e Direitos Humanos (2005)**
> **UNESCO**

---

[1] Leocir Pessini é Doutor em Teologia Moral (Pontifícia Faculdade Nossa Senhora da Assunção - São Paulo), Especialista em *Clinical Pastoral Education and Bioethics* (Saint Luke´s Medical Center – Milwaukee/WI – USA) e Superior Geral dos Camilianos; http://lattes.cnpq.br/9706932162215780

O imperativo ético da misericórdia

> *"Princípio da Precaução: quando as atividades humanas podem causar danos moralmente inaceitáveis que, sejam cientificamente plausíveis, mas incertos, estas ações, devem der evitadas ou diminuídas".*
>
> **UNESCO**

Introdução

Na medida em que a bioética foi se tornando conhecida e, consequentemente, se expandindo para além do contexto norte-americano, ela foi adquirindo, de forma mais ou menos crítica, o colorido cultural de onde chegou. Foi assim que começamos a falar de uma bioética de cunho Europeu, Asiático, Africano e Latino-Americano. À medida em que os países ditos "em desenvolvimento" foram entrando em cena, começaram a surgir outros paradigmas de bioéticas, cujos conceitos e valores respondem mais apropriadamente aos novos contextos sociopolíticos e econômicos, para além do chamado *"principialismo"* norte-americano.[2] Na medida em que a bioética se torna mais global, ela passa a se apresentar em paradigmas diferentes (por exemplo, bioética da intervenção, bioética da proteção, bioética da libertação, somente para mencionar as mais visíveis na América Latina), com conceitos e valores éticos, tais como a solidariedade, a vulnerabilidade e a precaução, entre outros referenciais éticos, para guiar visões, ações e/ou intervenções, para além do contexto "micro" da bioética clínica, abraçando o contexto "macro" da sociedade como um todo, mas delimi-

---

[2] Marco histórico foi a obra de BEAUCHAMP, T. L - CHILDRESS, J. F. *Princípios de Ética Biomédica*. 4 ed. São Paulo: Loyola, 2002.

Exigências para uma bioética inclusiva 201

tada prioritariamente pelo âmbito das ciências da vida e da saúde. É nesse contexto que a UNESCO, o braço educacional das Nações Unidas, tem prestado um inestimável serviço com seu atuante comitê internacional de bioética e a publicação do histórico documento 2005, intitulado Declaração Universal de Bioética e Direitos Humanos, dando definitivamente à bioética uma perspectiva mais global. Na verdade, esta perspectiva recupera a intuição pioneira de Van Rensselaer Potter,[3] de uma bioética cósmica e ecológica, global, praticamente ignorada pelos norte-americanos na época. É dentro desse contexto que podemos entender melhor os novos referenciais da solidariedade, vulnerabilidade e precaução, recém-incorporados à reflexão bioética contemporânea.

Comecemos por procurar entender o que significa o referencial bioético da solidariedade no contexto da bioética. A solidariedade como um conceito, um valor e uma ideia teve um importante papel nos campos da sociologia e filosofia social desde o final do século XIX, mas praticamente foi ignorada no âmbito da bioética até os primeiros anos deste século. Trata-se de um conceito de difícil compreensão no contexto da cultura anglo-americana, berço da bioética, construída a partir da ótica do indivíduo. O contexto comunitário sugeria que o termo solidariedade não combinava com a ideologia liberal autonomista, então hegemônica. A crítica aos modelos liberal e autonomista de bioética feita por bioeticistas, principalmente do sul do planeta (América Latina, África e Ásia), juntamente com a

---

[3] Van Rensselaer Potter, da Universidade de Wisconsin (Madison, WI), foi um dos precursores de um novo conceito interdisciplinar, o qual correlaciona ética e ciência, a bioética. Ver: PESSINI, L. "As origens da bioética: do credo bioético de Potter ao imperativo bioético de Fritz Jahr". In: *Bioethikós* 21/1 (2013): 9-19.

crescente ênfase em abordagens de cunho relacional e socio-político, colocaram o conceito de solidariedade no centro dos debates bioéticos contemporâneos. Várias filósofos e publicações na perspectiva do comunitarismo ajudaram neste sentido.

Ainda são escassas as citações e o uso da expressão solidariedade, mas aos poucos este cenário vai mudando e este conceito vai se tornando um importante tópico de discussão nos textos, congressos e eventos de bioética, como os conceitos de autonomia, justiça, privacidade, direitos entre outros. Esta novidade está ligada ao surgimento de questões que enfocam problemas sociais e coletivos da humanidade e evidenciam a necessidade de uma linguagem que vá para além das relações meramente interpessoais e englobe os desafios sociais e globais.

A bioética, desde o seu nascedouro, priorizou o respeito pela autonomia individual e pela proteção da privacidade. Embora a proteção dos direitos individuais seja importante na prática clínica e na pesquisa com os seres humanos, políticas públicas de saúde e de pesquisa enfocam os interesses da comunidade como um todo e a proteção de grupos de pessoas que estão em risco por causas de doenças infecciosas, epidemias, precárias condições de saúde, tais como idosos, grupos vulneráveis e minorias étnicas (SARS, HIV/AIDS, EBOLA etc.).

O conceito de solidariedade nos últimos tempos aparece ligado a quatro contextos específicos e diferentes na literatura bioética: 1) no âmbito da saúde pública, em que é discutido como um valor capaz de justificar o crescente envolvimento do Estado em garantir saúde pública para a população; 2) no contexto de justiça e equidade dos sistemas de saúde (questões de acesso aos serviços e alocação de escassos recursos); 3) no contexto da saúde global, quando é invocada normativamente em

Exigências para uma bioética inclusiva 203

conexão com a provisão de assistência para sociedades e países pobres; 4) como um valor europeu, oposto a um valor norte--americano. No contexto europeu, a solidariedade está estritamente ligada aos processos que levam ao estado de bem-estar da sociedade. Na sociedade europeia, o conceito de solidariedade é amplamente aceito como um valor público, diferentemente do contexto anglo-saxônico, o que faz com que esses quatro contextos, antes considerados marginais, passassem para o coração dos debates bioéticos, engajando tanto acadêmicos quanto aqueles que elaboram políticas públicas.

Em tempos de globalização econômica excludente e de globalização da indiferença, urge resgatar o horizonte utópico da possibilidade da globalização da solidariedade. A bioética, ao abraçar este conceito, converte-se naquela reserva de esperança capaz de mobilizar forças e recursos para os segmentos menos privilegiados da sociedade, bem como a construção de garantias comunitárias e legais de direitos fundamentais que garantem um viver digno e feliz.

1. O significado de solidariedade como um dos referenciais da bioética

Na importante *Declaração Universal sobre Bioética e Direitos Humanos,* da UNESCO, publicada em 2005, a expressão solidariedade é mencionada três vezes; é apresentada como um princípio de bioética, mas curiosamente não é definida. Por duas vezes é mencionada no artigo 13 (uma no título e outra no texto: "Solidariedade e cooperação: A Solidariedade entre os seres humanos e a cooperação internacional para este fim devem ser encorajadas") e uma vez no artigo 22c ("os Estados devem res-

204 O imperativo ético da misericórdia

peitar e promover a solidariedade entre Estados, bem como entre indivíduos, famílias, grupos e comunidades, com atenção especial para aqueles tornados vulneráveis por doença ou incapacidade ou por outras condições individuais, sociais ou ambientais e aqueles indivíduos com maior limitação de recursos".[4]

O que entendemos por solidariedade? O senso comum identifica solidariedade como sendo ajuda para alguém em situação de vulnerabilidade social. Muitos até a identificam como caridade que se faz com uma pessoa pobre, que pede algo e em retribuição, damos uma esmola. Se olharmos o Dicionário Houaiss, entre outros significados deste conceito, temos: *"sentimento de simpatia, ternura ou piedade pelos pobrres, pelos desprotegidos, pelos que sofrem, pelos injustiçados etc.; manifestação desse sentimento, com o intuito de confortar, consolar, oferecer ajuda etc; cooperação ou assistência moral que se manifesta ou testemunha a alguém, em quaisquer circunstâncias".*[5]

Uma definição de solidariedade do relatório encomendado pelo Conselho Britânico de Bioética Nuffield, afirma que "solidariedade são práticas compartilhadas que refletem um compromisso coletivo de assumir os custos (financeiros, sociais, emocionais ou outros), para assistir os outros".[6] É importante ressaltar que solidariedade é entendida aqui como uma prática e não meramente como um sentimento interior ou um valor abstrato, e como tal exi-

---

[4] ORGANIZAÇÃO DAS NAÇÕES UNIDAS PARA A EDUCAÇÃO, CIÊNCIA E CULTURA. *Declaração Universal sobre Bioética e Direitos Humanos*. Lisboa: UNESCO, 2006. (Comissão Nacional da UNESCO – Portugal). Disponível em: http://unesdoc.unesco.org/images/0014/001461/146180por.pdf

[5] HOUAISS, Antônio – VILLAS, Mauro de Salles – FRANCO, Francisco Manoel de Mello. *Dicionário Houaiss da Língua Portuguesa*. Rio de Janeiro: Objetiva, 2001, p. 2602.

[6] PRAINSACK, Barbara - BUYX, Alena. *Solidarity: Reflections on an Emerging Concept in Bioethics*. Swindon, Wiltshire: ESP Colour Ltd, 2011, n. 30. Disponível em: http://nuffieldbioethics.org/wp-content/uploads/2014/07/Solidarity_report_FINAL.pdf

Exigências para uma bioética inclusiva   205

ge ações. Motivações, sentimentos tais como sensibilidade e empatia frente à condição miserável e/ou ao sofrimento do outro, não traduzem plenamente o sentido de "solidariedade", a não ser que se manifestem em atos. O termo "custo" é entendido como significando uma ampla gama de contribuições que os grupos ou pessoas fazem para assistir os outros. No documento sobre *Demência: questões éticas*, deste mesmo Conselho Britânico de Bioética Nuffield, solidariedade é definida como "a ideia de que que somos todos parceiros-viajantes e que temos o dever de nos apoiar e ajudar uns aos outros, em particular aqueles que não têm condições de ajudar-se a si próprios". A solidariedade, chama atenção para "as pessoas mais vulneráveis da sociedade, lembrando-nos que partilhamos da mesma condição 'humana' e de vida e que aqueles que são os mais vulneráveis necessitam de atenção especial".[7]

A solidariedade é um conceito relacional associado à intersubjetividade, às ações comuns e às obrigações mútuas. Ele se fundamenta na nossa condição antropológica de interdependência de uns para com os outros e representa uma obrigação positiva de agir em favor do outro. Esse significado de solidariedade representa uma abordagem diferente da perspectiva individualista e da "liberdade negativa" (o direito de não sofrer interferências). O conceito de solidariedade é adotado pelos filósofos comunitários que veem nele uma alternativa para o individualismo reinante na sociedade e a falta de interesse pelos compromissos sociais e políticos. A solidariedade como obrigação mútua, de um lado, e a liberdade individual, de outro, podem andar juntas, sendo que uma não exclui a outra. A contraposição entre a dimensão individual e comunitária

---

[7] NUFFIELD COUNCIL ON BIOETHICS. *Dementia: Ethical Issues*. London: Nufflield Council on Bioethics, 2009, n. 2.43. Disponível em: http://nuffieldbioethics.org/wp-content/uploads/2014/07/Dementia-report-Oct-09.pdf

não significa negação de um ou de outro, mas faz parte do quadro maior de sermos sociais, comunitários e interdependentes.

No âmbito da bioética, a solidariedade tem uma relevância toda especial em situações em que as pessoas dependem umas das outras, tais como saúde pública, assistência à saúde, cuidados de longa duração e questões ligadas à assistência social. A solidariedade não pode substituir a necessidade de proteção dos direitos e interesses individuais, mas deve fornecer uma importante ênfase dialógica e complementar a respeito das obrigações positivas que todos nós temos em relação aos outros, particularmente em relação àquelas pessoas que, destituídas do mínimo necessário para se ter uma vida digna, necessitam de nosso apoio e cuidado. Nesta perspectiva, a solidariedade tem tudo a ver com o resgate da cidadania e os direitos fundamentais de vida.

Após estas reflexões sobre a solidariedade como sendo um dos referenciais da bioética, passamos à análise do que entendemos por vulnerabilidade.

2. O significado de vulnerabilidade como um dos referenciais da bioética

O conceito de vulnerabilidade tornou-se chave em vários contextos e discursos, tais como na área da assistência à saúde, na esfera da saúde pública e no âmbito das ciências sociais. Também está sendo utilizado em novos campos de estudo relacionados com HIV/AIDS, desastres, degradação ambiental, mudanças climáticas, bioterrorismo, pesquisa em seres humanos e segurança humana. O fato de o mundo ter-se tornado interconectado e interdependente gerou um senso de vulnerabilidade mútua. Ser vulnerável é frequentemente o resultado de uma série de condições sociais, econômicas

Exigências para uma bioética inclusiva 207

e políticas. Trata-se, portanto, de algo que está para além da possibilidade de controle das pessoas. Uma vez que está relacionado com a globalização, um conceito mais abrangente de vulnerabilidade se faz necessário. Os processos de globalização resultaram num mundo que não somente apresenta mais e novas ameaças, mas eles também minaram os mecanismos tradicionais de proteção (segurança social, sistemas de saúde e de suporte familiar), de modo que as habilidades das pessoas e comunidades de lidar com os novos valores foi profundamente enfraquecida. Hoje, temos no mundo povos inteiros completamente vulnerados e sem voz. Temos de focar a vulnerabilidade a partir deste fenômeno global.

A vulnerabilidade é uma palavra latina, que deriva de *vulnus* (eris), cujo significado é *"ferida"*. Pode ser definida como a possibilidade de ser ferido. No âmbito da reflexão bioética, hoje o conceito de vulnerabilidade é discutido a partir de três perspectivas, todas elas importantes e fundamentais. Vejamos sinteticamente cada uma dessas visões:

A vulnerabilidade como condição humana universal. O ser humano é vulnerável, como todo ser vivo. O animal é vulnerável em sua biologia, enquanto que o ser humano o é não somente em seu organismo e em seus fenômenos vitais, mas também na construção de sua vida, no seu projeto existencial. Além disso, o ser humano sabe de sua vulnerabilidade e a compartilha com todos os viventes. Diferentemente de todos os outros animais que vão morrer, o ser humano é o único que reflete sobre o seu próprio fim. O caráter antropológico da vulnerabilidade foi aprofundado pelo filósofo francês Paul Ricoeur ao descrever a existência humana como uma "síntese frágil".[8]

---

[8] Ver: RICOEUR, P. *Finitud y culpabilidad*. Madrid: Taurus, 1982.

A vulnerabilidade como característica particular de pessoas e grupos. Especialmente no âmbito da pesquisa biomédica envolvendo seres humanos, a qualificação de pessoas como vulneráveis impõe a obrigatoriedade ética de sua defesa e proteção para que não sejam maltratadas, abusadas, feridas e transformadas em cobaias. Por exemplo, nas "Diretrizes Éticas Internacionais para a Pesquisa Biomédica em Seres Humanos" - 2002, do CIOMS - Conselho de Organizações Internacionais de Ciências Médicas, definem-se indivíduos vulneráveis como sendo "aqueles com capacidade ou liberdade diminuída para consentir ou abster-se de consentir". Incluem-se aqui as crianças (Diretriz 14) e pessoas que, por causa de transtornos mentais ou de comportamento (Diretriz 15), são incapazes de dar o adequado consentimento livre e esclarecido.[9]

A vulnerabilidade como princípio ético internacional. Na "Declaração Universal de Bioética e Direitos Humanos" da UNESCO (2005) o artigo 8, enuncia a obrigatoriedade do respeito pela vulnerabilidade humana e pela integridade pessoal. Este artigo afirma que na "vulnerabilidade humana deve ser levada em consideração, o que corresponde a reconhecê-la como traço indelével da condição humana, na sua irredutível finitude e fragilidade como exposição permanente a ser ferida, não podendo jamais ser suprimida" e acrescenta que "indivíduos e grupos especialmente vulneráveis devem ser protegidos" sempre que a inerente vulnerabilidade humana se encontra agravada por circunstâncias várias, devendo aqueles ser adequada-

---

[9] CONSELHO DE ORGANIZAÇÕES INTERNACIONAIS DE CIÊNCIAS MÉDICAS (CIOMS). "Diretrizes éticas internacionais para pesquisas biomédicas envolvendo seres humanos". In: *Bioética* 3 (1995): 95-136.

Exigências para uma bioética inclusiva 209

mente protegidos".[10] A vulnerabilidade elevada à condição de princípio visa garantir o respeito pela dignidade humana nas situações em relação às quais a autonomia e o consentimento se manifestam insuficientes.

Quanto maior a vulnerabilidade maior há que ser a proteção. O resgate da dignidade e cuidado integral das pessoas vulneráveis, frente a crianças, pessoas portadoras de transtornos mentais, idosos, doentes em fase terminal, em estado vegetativo persistente, entre tantas outras situações, em que estamos frente à consciência e liberdade diminuídas, deve ser garantido através da proteção. O que fazer com os vulneráveis, numa cultura que exige de nós sermos fortes, capazes, produtivos e competitivos? Não podemos nos esquecer de que a vida não deixa de ser a passagem constante de uma vulnerabilidade a outra vulnerabilidade. O sentido profundo do ser humano é o acolhimento e a proteção da sua vulnerabilidade.

Numa visão universal, ser vulnerável é ser frágil e susceptível de ser ferido e sofrer. Esta fragilidade é uma condição ontológica de nossa humanidade, um aspecto inevitável e permanente da nossa condição humana. A vulnerabilidade surge de nossa condição humana, a partir da possibilidade de o corpo humano ser ferido e da inevitabilidade da fragilidade da velhice e morte. Por outro lado, nossa vulnerabilidade corporal liga-se à natureza social da vida humana. Como seres sociais somos vulneráveis às ações dos outros e dependentes do cuidado e do apoio dos outros, em graus diversos em vários momentos de nossas vidas. A vulnerabilidade universal desafia a ênfase que muitos debates põem sobre a autonomia e sugere que a

---

[10] Disponível em: http://unesdoc.unesco.org/images/0014/001461/146180por.pdf

bioética deve focar as necessidades e a proteção das pessoas vulneráveis.

Contrastando com esta visão do conceito de vulnerabilidade como condição humana, existe outro tipo de vulnerabilidade que é essencialmente relacional: uma determinada pessoa é vulnerável em relação a agentes que a ameaçam. Embora todos sejam potencialmente expostos a ameaças, algumas pessoas ou grupos têm a capacidade de se proteger diminuída, ou simplesmente não têm nenhuma condição de se proteger (crianças, idosos, pessoas com doenças crônico-degenerativas, deficientes etc.). Para superarmos esta situação de vulnerabilidade é necessário que priorizemos o cuidado e a assistência em nossas ações.

A visão política de vulnerabilidade a considera como um componente do contexto social. A existência humana é precária, uma vez que vivemos juntos com os outros em condições de vida que podem se deteriorar. Em certas condições socioeconômicas e políticas, alguns seres humanos são mais vulneráveis que outros. Hoje, temos uma consciência crescente de que a vulnerabilidade se liga aos processos sociais de globalização. Estes processos produziram mais riscos e ameaças para mais pessoas no mundo e, ao mesmo tempo, enfraqueceram os mecanismos sociais de como lidar com esta realidade. Este contexto exige muito mais do que uma resposta individual; o necessário é uma ação sociopolítica.

No contexto hodierno da globalização a vulnerabilidade cresceu e é alimentada pelas mudanças econômicas e políticas associadas com ela. O discurso da bioética foca no desafio de "empoderar" as pessoas em face do crescente poder da ciência e da tecnologia. Confrontado com a globalização e enfrentando os desafios da pobreza, desigualdade, degradação ambiental,

Exigências para uma bioética inclusiva 211

fome, pandemias e tráfico de órgãos, tal discurso ficou insuficiente para conhecer, interpretar e superar esta realidade. De aqui nasce a necessidade de se trabalhar a partir de um paradigma ampliado, que apresenta uma ampla gama de princípios éticos. Esta perspectiva vai além de diretrizes e princípios éticos que privilegiam uma perspectiva individual, para incluir o referencial ético da vulnerabilidade humana, que inevitavelmente abarca a dimensão relacional e social da existência humana. Dar uma resposta à vulnerabilidade inclui ações de incentivar a autonomia, sem cair no autonomismo e evitar a discriminação e o paternalismo que frequentemente acompanham as ações que tentam responder às situações de vulnerabilidade.

A humanidade enquanto tal é vulnerável, mas existem indivíduos, grupos e situações que exigem maior atenção. O artigo 8 da Declaração da UNESCO aborda a *"vulnerabilidade especial"* de pessoas e grupos, enquanto estes são receptores potenciais de terapias, participantes em pesquisa científica ou receptores potenciais de produtos ou tecnologias que derivam do avanço e da aplicação do conhecimento científico.

Existem duas categorias relevantes para estas responsabilidades especiais e obrigações: 1) deficiências especiais (temporárias ou permanentes), doenças e limitações impostas pelos diversos estágios da vida humana; 2) determinantes sociais, políticos e ambientais, como por exemplo, cultura, economia, relações de poder e desastres naturais.

Quanto à primeira categoria, as crianças são vulneráveis independentemente de suas condições sociais. Os idosos podem ser mais vulneráveis devido à redução de suas capacidades físicas e algumas vezes mentais (doenças crônico-degenerativas). Pessoas com deficiências necessitam de ajuda para avaliar e sustentar o exercício de sua determinação. As pessoas com desordens mentais podem não ser capazes de se autodefender ou de exigir seus direitos. Todas estas situações podem ser "consideradas" como determinantes "naturais" de vulnerabilidades especiais individuais.

As situações de vulnerabilidade social normalmente interferem na autodeterminação das pessoas e conduz a um aumento significante dos riscos causados pela exclusão social. A vulnerabilidade é causada ou exacerbada pela falta de meios e da capacidade de proteger-se a si próprio, como nos seguintes exemplos: pobreza, condições sociais, educação e acesso à informação (pessoas desempregadas, sem casa, analfabetos etc.); discriminação de gênero (falta de acesso equitativo aos serviços de saúde); situações de privação de liberdade (prisioneiros); marginalização em vários âmbitos da sociedade (imigrantes, nômades, minorias raciais e étnicas); exploração de recursos em países em desenvolvimento; situações de guerras e impacto dos desastres naturais tais como, terremotos, tufões e tsunamis.

O conceito de vulnerabilidade tem desafiado a bioética a se desenvolver e expandir sua perspectiva conceitual teórica para além dos princípios e abordagens estabelecidas no início dos anos 1970 nos EUA (*principialismo*). Muita reflexão teórica está em curso hoje no sentido de ampliar o modelo teórico da bioética para a questão dos direitos humanos, da justiça social e da ética do cuidado, entre outras áreas. Na era da globalização, enfrentamos novos desafios e problemas tais como pobreza, corrupção, iniquidade, comércio internacional de órgãos, turismo médico, questões ecológicas ambientais etc., para os quais as respostas da bioética tradicional *principialista* são inadequadas. O objetivo e a agenda da bioética ampliaram-se inevitavelmente para incluir a realidade maior da globalização para

Exigências para uma bioética inclusiva 213

além das questões de tecnologia médica. É precisamente o conceito de vulnerabilidade que provoca tal abertura.[11] Este redirecionamento do conceito de bioética a partir do conceito de vulnerabilidade tem duas implicações fundamentais. A primeira implica numa visão das pessoas humanas como seres sociais. Vulnerabilidade significa que estamos abertos para o mundo, que nos engajamos em relações com os outros, que podemos interagir com o mundo. Isto é um fenômeno positivo, pois é a base para a reciprocidade entre os seres humanos. O conceito de vulnerabilidade, portanto, refere-se à solidariedade e à mutualidade em relação às necessidades de grupos e comunidades e não somente em relação às necessidades individuais. A segunda implicação é que o conceito de vulnerabilidade mobiliza uma resposta diferente: se a vulnerabilidade é um sintoma da crescente precariedade da existência humana e é exacerbada em determinadas condições, o contexto social não pode mais ser ignorado pela análise bioética. Pelo contrário, a bioética deve focar na distribuição e alocação da vulnerabilidade em nível global, ao invés de focar numa análise de déficits individuais. Esta análise bioética deve criticar os determinantes externos que expõem as pessoas a danos. Isto também significa que respostas individuais são insuficientes; faz-se necessária uma resposta coletiva, em outras palavras, uma ação social e política

Após essas reflexões em torno dos referenciais da solidariedade e vulnerabilidade, fica mais fácil compreender a importância do referencial da precaução: evitar danos à biosfera e proteger os seres vivos, em especial o ser humano, de danos potenciais.

---

[11] TEN HAVE, H. "Vulnerabilidad como antidoto al neoliberalismo en bioética". In: *Redbioética* (UNESCO). Red Latinoamericana y del Caribe de Bioética/UNESCO Ano 5, 1/9 (2014): 87-92.

3. O significado de precaução como um dos referenciais da bioética

A vida humana é, e sempre tem sido, e sempre será repleta de riscos. Enfrentar riscos é uma condição básica de nossa existência. Os marinheiros navegam em barcos com salva-vidas, não porque eles esperam naufragar, mas porque sabem que seria irracional não estar preparados frente a riscos potenciais de naufrágio que poderiam enfrentar durante a viagem. A ciência e a tecnologia não somente eliminaram muitos riscos de vida, mas também contribuíram para evitar ou diminuir alguns dos riscos mais ameaçadores da natureza. A história recente nos dá amplos exemplos dos efeitos benéficos do progresso científico e tecnológico. A expectativa de vida aumentou significativamente nos últimos anos e muitas ameaças contra a vida humana pertencem ao passado. Mas, não obstante esse lado positivo, cresceu a consciência mundial de que a ciência e a tecnologia também contribuíram para o surgimento de novas ameaças e riscos para a existência humana ou para a qualidade de vida. O desenvolvimento humano atingiu um ponto em que seus efeitos sobre a biosfera, que é a base de toda existência humana, devem ser controlados. É nesse contexto que surge o referencial da precaução. Nem tudo o que é científica e tecnicamente possível pode ser realizado. Temos de utilizar um critério ético de avaliação em relação à preservação e proteção da vida humana e da qualidade de vida.

Vivemos hoje num mundo de rápido desenvolvimento científico e tecnológico que nos seduz e encanta e, ao mesmo tempo, nos inquieta. Infelizmente, este progresso não tem beneficiado parcelas significativas da população, que continua sendo excluída das benesses dos avanços da tecnociência. Além

Exigências para uma bioética inclusiva 215

do mais, este progresso nem sempre é acompanhado de valores éticos, promotores de vida e respeitadores da dignidade humana. Inovações são constantemente introduzidas na vida humana, que se apresentam como novos desafios e possibilidades de se viver melhor. Contudo, nem sempre é o que ocorre. Com o aumento do poder de escolhas em todos os sentidos, cresce também a possibilidade de manipulação e de riscos potenciais geradores de danos eticamente inaceitáveis para a humanidade. Este contexto faz com que aumente muito a responsabilidade humana. Estamos frente a um cenário "cinza" de múltiplas incertezas, em que precisamos de luz para um discernimento em relação ao que deveríamos incentivar em termos de avanço científico, bem como exigir uma moratória no desenvolvimento se necessário. A prudência ética deve ser uma aliada da ousadia científica.

É neste contexto que a UNESCO invoca o chamado "Princípio de Precaução", que nós denominamos de "referencial". Quando existem incertezas científicas consideráveis sobre causas, probabilidade de possíveis danos, ou seja, quando determinadas atividades humanas podem ser cientificamente plausíveis e interessantes, mas provocam danos moralmente inaceitáveis, deve-se agir para evitar ou diminuir tais danos. Aplicar o "referencial da precaução" é agir procurando evitar ou diminuir "danos moralmente inaceitáveis" por sua seriedade e irreversibilidade e que afetam a vida dos seres humanos e do meio ambiente. Estes se apresentam como verdadeiras ameaças à vida e à saúde humanas; impostos de "cima para baixo" pelo poder científico hostil aos valores éticos, sem considerar os direitos humanos dos atingidos pelas pesquisas, acabam comprometendo a vida das futuras gerações no planeta.

216 O imperativo ético da misericórdia

Vejamos a definição de precaução na perspectiva da Comissão Mundial de Ética do Conhecimento Científico e Tecnológico da UNESCO: "Quando as atividades humanas podem causar um dano moralmente inaceitável que seja cientificamente plausível, mas incerto, devem ser adotadas medidas para evitar ou diminuir esse dano. O dano moralmente inaceitável consiste naquele infligido a seres humanos ou ao meio ambiente que seja: uma ameaça à saúde ou à vida humanas, ou grave e efetivamente irreversível, ou injusto para as gerações presentes ou futuras, ou imposto sem levar devidamente em conta os direitos humanos dos afetados. O juízo de plausibilidade deverá fundamentar-se numa análise científica. A análise deverá ser permanente de modo que as medidas tomadas possam ser revistas. A incerteza poderá referir-se à capacidade e aos limites do possível dano, mas não se reduzirá necessariamente a esses elementos. As medidas constituem intervenções tomadas antes que o dano ocorra e que procuram evitá-lo ou diminuí-lo. As medidas devem ser escolhidas proporcionalmente em relação à gravidade do dano potencial, consideradas suas consequências positivas e negativas e avaliadas quanto às repercussões morais tanto da ação como da não ação. A escolha da ação deverá ser o resultado de um processo de participação".[12]

Conclusão

No fascinante mundo da pesquisa científica faz-se necessário ter sabedoria ética, bem como controle social (políticas

---

[12] UNESCO-COMEST. *Informe del grupo de expertos sobre el principio precautorio* (Paris, 25 de marzo de 2005). Paris: ONU, 2005, p. 14. Disponível em: http://unesdoc.unesco.org/images/0013/001395/139578s.pdf

Exigências para uma bioética inclusiva 217

públicas). Essas são as ferramentas necessárias para discernir as ações proporcionalmente em relação à seriedade do dano potencial, levando-se em conta as consequências positivas e negativas, avaliando-se as implicações morais das intervenções. O Princípio de Precaução aplica-se a todos os produtos da biotecnologia, bem como à nanotecnologia que constituem hoje áreas de inovações que até pouco tempo eram consideradas meramente ficção científica.

Hans Jonas, notável filósofo alemão que refletiu muito sobre as interfaces da tecnologia com a vida humana, introduz a "heurística do medo", centrada no mal a evitar, e que deveria no futuro alimentar uma ética da esperança. A representação de uma catástrofe possível, ainda que longínqua, deveria ser o principal fundamento daquilo que ele denominou "princípio de responsabilidade". Ele reformula o imperativo Kantiano ao afirmar: "Aja de modo que os efeitos de tua ação sejam compatíveis com a permanência de uma vida autenticamente humana na terra (...) e de modo que os efeitos da tua ação não sejam destruidores da possibilidade futura de tal vida".[13]

Desta forma, proteger a vida, prevenir e precaver riscos e agravos e promover a saúde humana, tornam-se pilares éticos da sustentabilidade. Enfim, o futuro da vida é uma esperança concreta, quando precaução, cuidado e responsabilidade andarem juntas com a ousadia científica.

---

[13] Ver: JONAS, Hans. *O princípio responsabilidade: ensaio de uma ética para uma civilização tecnológica.* Rio de Janeiro: PUC/Rio, 2006; JONAS, Hans. *Técnica, medicina e ética: sobre a prática do princípio responsabilidade.* São Paulo: Paulus, 2013.

Referências bibliográficas

CONSELHO DE ORGANIZAÇÕES INTERNACIONAIS DE CIÊNCIAS MÉDICAS (CIOMS). "Diretrizes éticas internacionais para pesquisas biomédicas envolvendo seres humanos". In: *Bioética* 3 (1995): 95-136.

NUFFIELD COUNCIL ON BIOETHICS. *Dementia: Ethical Issues*. London: Nufflield Council on Bioethics, 2009.

ORGANIZAÇÃO DAS NAÇÕES UNIDAS PARA A EDUCAÇÃO, CIÊNCIA E CULTURA. *Declaração Universal sobre Bioética e Direitos Humanos*. Lisboa: UNESCO, 2006. (Comissão Nacional da UNESCO – Portugal)

PESSINI, L. "As origens da bioética: do credo bioético de Potter ao imperativo bioético de Fritz Jahr". In: *Bioethikós* 21/1 (2013): 9-19.

PESSINI, L. "Bioética: das origens à prospecção de alguns desafios contemporâneos". In: PESSINI, L. - BARCHIFONTAINE, C.de P. *Bioética de Longevidade Humana*. São Paulo: Loyola/Centro Universitário São Camilo, 2006.

PRAINSACK, Barbara - BUYX, Alena. *Solidarity: Reflections on an Emerging Concept in Bioethics*. Swindon, Wiltshire: ESP Colour Ltd, 2011 (Nuffield Council on Bioethics).

TEN HAVE, Henk. "Vulnerabilidad como antidoto al neoliberalismo en bioética". In: *Redbioética* (UNESCO). Red Latinoamericana y del Caribe de Bioética/UNESCO. Ano 5, 1/9 (2014): 87-92.

THAM, J. - GARCIA, Alberto - MIRANDA, Gonzalo (eds). *Religious Perspectives on Human Vulnerability in Bioethics*. Dordrecht: Springer, 2014 (Advancing Global Bioethics 2).

Exigências para uma bioética inclusiva 219

UNESCO – UNITED NATIONS EDUCATIONAL, SCIENTI-FIC AND CULTURAL ORGANIZATION. World Commission of the Ethics of Scientific Knowledge and Technology (CO-MEST). *The Precautionary Principle*. Paris: UNESCO, 2005.

UNESCO-COMEST. *Informe del grupo de expertos sobre el principio precautorio* (Paris, 25 de marzo de 2005). Paris: ONU, 2005.

UNESCO – UNITED NATIONS EDUCATIONAL, SCIEN-TIFIC AND CULTURAL ORGANIZATION. INTERNATIO-NAL BIOETHICS COMMITTEE (IBC). *The Principle of Respect for Human Vulnerability and Personal Integrity*. Report of the International Bioethics Committee of UNESCO (IBC). Paris: UNESCO, 2013.

10

Exigências para uma moral sexual inclusiva

Ronaldo Zacharias[1]

Introdução

Para o Magistério da Igreja, a sexualidade é "um modo de ser, de se manifestar, de comunicar com os outros, de sentir, de expressar e de viver o amor humano"[2] e o corpo humano, sempre um corpo sexuado, "contribui a revelar Deus e o seu amor criador, enquanto manifesta a criaturalidade do homem, a sua dependência de um dom fundamental, que é o dom de amor".[3] À luz desse ensinamento é que me proponho a articular uma reflexão sobre a sexualidade em duas perspectivas: do desejo de Deus por nós e do nosso desejo por Ele.[4]

---

[1] Ronaldo Zacharias é Doutor em Teologia Moral (Weston Jesuit School of Theology - Cambridge/USA), Reitor do Centro Universitário Salesiano de São Paulo (UNISAL) e Secretário da Sociedade Brasileira de Teologia Moral (SBTM); http://lattes.cnpq.br/3151031277743196

[2] CONGREGAÇÃO PARA A EDUCAÇÃO CATÓLICA. *Orientações educativas sobre o amor humano. Linhas gerais para uma educação sexual* (1.º.11.1983). São Paulo: Salesiana Dom Bosco, 1984, n. 4. (daqui em diante = OEAH)

[3] OEAH 23.

[4] Inspiro-me na chave de leitura proposta por BARTON, Stephen C. "'Glorify God in your Body' (1 Corinthians 6,20): Thinking Theologically About Sexuality". In: HAYES, M.A. – PORTER, W. – TOMBS, D. *Religion and Sexuality*. 4 ed. Studies in Theology and Sexuality 2. Roehampton Institute London Papers, 4. Sheffield: Sheffield Academic Press, 1998, p. 366-379.

Focalizarei minha atenção, primeiro, no significado da comunhão com Deus e em Deus e, segundo, nas implicações que derivam de participação e vivência no contexto dessa comunhão. Nessa perspectiva, não vou aproximar-me de Deus como natureza abstrata, existindo isolado de qualquer outra coisa que não seja Ele mesmo, mas de um Deus que é amor transbordante e que, por isso, sai de si mesmo para ir ao encontro das suas criaturas onde elas se encontram, permite que elas O experienciem como próximo e solidário e não se cansa de manifestar o seu desejo de íntima união com tudo o que por Ele mesmo foi criado e, sobretudo, com as criaturas que Ele quis para si mesmo.[5] Assumo como própria a convicção de Germain Grisez: "a fé não nos diz quem Deus é; pelo contrário, ela nos capacita a tornarmo-nos pessoalmente familiarizados com Ele".[6]

1. O desejo de Deus por nós

Segundo o Novo Testamento, Deus e seu amor fizeram-se visíveis por meio da presença física de Jesus. Se, até antes da encarnação, Deus tinha sido experimentado como Criador transcendente, quando o "Verbo se fez carne" (Jo 1,1), "o monoteísmo judaico se coloriu de uma nova e radical experiência de amor como fonte, presença e provedor".[7] Jesus tornou-se o paradigma para aqueles que desejam entender em que consiste o amor de Deus, visto ser Ele

---

[5] Pode-se argumentar que esse tipo de abordagem "de cima para baixo" arrisca não levar em conta a experiência e ser, portanto, muito idealista. Para evitar esse risco, basearei minha reflexão na compreensão da Trindade que surgiu da experiência histórica e que, ao mesmo tempo, valida nossa experiência.

[6] GRISEZ, Germain. "The Doctrine of God and the Ultimate Meaning of Life". In: TORRANCE, Alan J. – BANNER, Michael (eds.). The Doctrine of God and Theological Ethics. London/New York: T & T Clark International, 2006, p. 131.

[7] DONOVAN, William T. "The Trinity: Love Seeking Articulation". In: New Theology Review 12/4 (1999): 40.

Exigências para uma moral sexual inclusiva 223

mesmo a autorrevelação que Deus faz de si próprio.[8] Por meio de suas palavras e ações, Jesus confirma o amor de Deus como amor inclusivo e salvífico, amor que visa à cura, à realização, à reintegração e à libertação de todos, especialmente dos mais vulneráveis à exclusão e marginalização. E, na época de Jesus, os mais pobres e vulneráveis eram sempre aqueles cujas necessidades corporais não estavam incluídas na hierarquia convencional de valores do tempo em que viviam. É nesse contexto que Jesus propõe a experiência de um Deus que transcende os critérios convencionais não apenas para ir ao encontro das vítimas de um sistema injusto e excludente, mas também para ajudá-las a se reencontrarem com sua dignidade e resgatarem sua liberdade como filhos e filhas amados pelo Pai.[9]

1.1 Um amor transformado em vida

Um olhar mais atento ao ministério de Jesus, especialmente ao da sua prática de cura, pode ajudar-nos a compreender melhor o amor inclusivo e salvífico de Deus.[10] Voltada para o sofrimento

---

[8] Ver: GOFFI, Tullo. *Etica Cristiana trinataria.* Bologna: Dehoniane, 1995, p. 9-20.

[9] É importante considerar, por exemplo, como as teologias da libertação introduziram na discussão teológica um novo sujeito, os oprimidos pela privação das necessidades corporais e pela discriminação baseada no gênero ou na raça. Ao dar voz a esse sujeito, os teólogos da libertação declararam a opção preferencial pelos pobres como uma opção evangélica e afirmaram que libertação e salvação são duas fases interdependentes do mesmo processo. Ver, por exemplo, a síntese feita por REJÓN, Francisco Moreno. *Teologia Moral a Partir dos Pobres. A Moral na Reflexão da América Latina.* Aparecida: Santuário, 1987 (Teologia Moral na América Latina I).

[10] Embora nesta reflexão focalize minha atenção na pessoa de Jesus, reconheço que a experiência que os primeiros crentes tiveram d'Ele nunca esteve separada da experiência que tiveram do Pai e do Espírito. Assumindo a teologia não tanto como "fé que busca compreender", mas como "*amor que busca articulação*", Donovam oferece-nos um modo inspirador de observar a experiência dessas primeiras comunidades. Elas começaram a falar do único Deus com base no modo como O experienciaram: como Pai, Filho e Espírito. Por meio da experiência, os primeiros crentes entenderam que "amor, unidade e companheirismo eram a essência de Deus, a quem vieram a conhecer por três diferentes maneiras salvíficas". Ver: DONOVAN. "The Trinity...", p. 40.

e o alívio corporal, a prática de cura de Jesus atesta que, aos olhos de Deus, "os corpos *contam*".[11] Mais do que apenas revelar o poder de Deus n'Ele, os feitos de cura de Jesus visavam restaurar funções corporais a fim de que as pessoas marginalizadas pudessem ser reintegradas na sociedade. Se forem reduzidos a meros milagres - entendidos como ações voltadas a simplesmente demonstrar o poder divino sobre a realidade humana - o significado simbólico da prática de cura de Jesus, que aponta para aquilo que conta para Deus, não pode ser apreciado justamente. Ao mesmo tempo em que a prática de Jesus servia como crítica ao *status quo*, servia também como proposta alternativa a ele: a cura e a reintegração dos marginalizados poderiam ser vistas como um desafio para formar uma sociedade que se distinga pela inclusão, compaixão e solidariedade e, consequentemente, avessa a toda forma de preconceito, discriminação, intolerância. Em outras palavras, podemos dizer que tal prática, sempre expressão de um amor salvífico e inclusivo, indicam que o anúncio do evangelho de que "o Verbo se fez carne" é tão importante quanto "a forma particular tomada pela carne" ao se tornar evangelho.[12] Se o aspecto distintivo da concepção cristã de encarnação é a so-

---

[11] Sirvo-me, aqui, de uma expressão de Sallie McFague. Ver: McFAGUE, Sallie. *The Body of God: An Ecological Theology.* Minneapolis: Fortress Press, 1993, p. 168. Ao servir-me da expressão de McFague tenho presente que, na visão cristã, o corpo não é algo que a pessoa tem, mas é o seu modo específico de existir a ponto de revelar quem a pessoa é e ser "a primeira mensagem de Deus ao próprio homem, quase uma espécie de 'primordial sacramento, entendido como sinal que transmite eficazmente no mundo visível o mistério invisível escondido em Deus desde a eternidade'" (OEAH 19). Dizer que "os corpos contam" significa dizer que as pessoas, como elas são, na sua totalidade e integridade, são importantes para Deus.

[12] McFAGUE. *The Body of God...*, p. 167. Os feitos de Jesus devem ser vistos à luz do que Ele ensinou: consciente de que a opressão era resultado de um sistema cultural, social, político e religioso, Jesus, por meio de parábolas, colocou Deus no meio daqueles que "foram feitos" pobres.

Exigências para uma moral sexual inclusiva

lidariedade com todos os humanos, especialmente com os mais marginalizados, então a solidariedade se torna central para uma antropologia que pretende ser afirmativa do corpo.[13] Nessa perspectiva, a prática de Jesus sugere que as necessidades físicas são básicas e devem ser satisfeitas. Tomada como metáfora, a prática de cura de Jesus representa a realização de todos os desejos e aspirações humanas. Ou, dizendo de outra maneira, ao assumir a unidade psicossomática da pessoa, sua prática serve como símbolo da realização escatológica pela qual todos nós ansiamos. Infelizmente, ao "espiritualizar" demais os feitos de Jesus, nossa tradição esqueceu-se de que a fonte da metáfora eram, basicamente, as necessidades do corpo.[14]

Jesus é o paradigma daqueles que querem responder ao chamado de Deus. Consequentemente, a solidariedade com os marginalizados - a radical inclusão que está no âmago da fé cristã - exigirá a cruz daqueles que O seguem, exatamente como a prática

---

[13] As teologias da libertação ajudaram-nos a compreender que, ao concentrarmos nossa atenção de forma quase exclusiva no significado de "o Verbo se fez carne", não levando em consideração o significado de "e habitou entre nós", priorizamos a compreensão do ser de Jesus, deixando em segundo plano suas ações e relacionamentos. O significado profundo de "o Verbo se fez carne" é revelado pela vida e pela opção concreta de que a "carne", Jesus, fez. É somente nessa perspectiva que se entende o significado de *seguir* Jesus como compromisso de "pro-seguir sua obra, per-seguir sua causa e con-seguir sua plenitude". BOFF, Leonardo. *Jesus Cristo libertador. Ensaio de Cristologia Crítica para o nosso tempo.* 13 ed. Petrópolis: Vozes, 1991, p. 35. Vale a pena considerar, aqui, a obra de NOVOA, Carlos. *El seguimiento histórico de Jesús según el Espíritu. Formación de la conciencia moral.* 3 ed. Bogotá: Pontificia Universidad Javeriana, 2003.

[14] Por meio de uma rigorosa análise antropológico-religiosa de um fenômeno presente nas liturgias pascais barrocas, na Europa do Norte, chamado *Il risus paschalis*, Maria Jacobelli demonstra existir há muito tempo, na vivência concreta de algumas comunidades cristãs, um sinal de apreçamento da corporeidade, do prazer sexual e da sua dimensão teológica. O estudo de Caroline Bynum sobre gênero e corpo humano na religião medieval também nos estimula a repensar essa tradição. Da mesma maneira, o estudo de James Nelson sobre a teologia da encarnação motiva-nos a superar qualquer tipo de dualismo ou fragmentação e a afirmar o corpo como a pessoa toda no seu relacionamento com Deus e com os outros. Ver: JACOBELLI, Maria C. *IL RISUS PASCHALIS e il fondamento teologico del piacere sessuale.* 3 ed. Brescia: Queriniana, 1991; BYNUM. Caroline W. *Fragmentation and Redemption: Essays on Gende and the Human Body in Medieval Religion.* New York: Zone Books, 1992; NELSON, James B. *Body Thec gy.* Louisville: Westminster/John Knox Press, 1992.

226 O imperativo ético da misericórdia

do seu ministério provocou a sua própria morte. Como muito bem diz William Spohn, "o 'indicativo' da história de Jesus fundamenta o 'imperativo' do que os cristãos são chamados a ser e a fazer."[15]

1.2 A vida transformada em amor eterno

A solidariedade com os oprimidos provocou a total exclusão de Jesus da sociedade e o conduziu à morte. Mas aqueles que O excluíram jamais poderiam pensar que seria pela sua exclusão que Deus manifestaria a mais radical solidariedade com seu povo. Ao ressuscitar Jesus da morte, Deus Pai assumiu a carne em que o Verbo se tornara na sua comunhão de vida e amor com o Espírito. A carne tornou-se parte de Deus. A ressurreição confirma e manifesta radicalmente que, para Deus, os *corpos contam*. Isso implica uma nova condição do corpo. Segundo João Paulo II, "a participação na natureza divina, a participação na vida interior de Deus, penetração e permeação daquilo que é essencialmente humano por parte do que é essencialmente divino, atingirá, então, o seu auge, pelo qual a vida do espírito humano chegará a tal plenitude que antes lhe era absolutamente inacessível. Esta nova espiritualização será, portanto, *fruto da graça*, isto é, de Deus *se comunicar, na sua mesma divindade*, não só à alma, mas *a toda a subjetividade psicossomática do homem*".[16] Como bem sintetiza Eugene Rogers, "a salvação é

---

[15] SPOHN, William C. *Go and Do Likewise. Jesus and Ethics*. New York: Continuum, 1999, p. 25.

[16] JOÃO PAULO II. *Homem e mulher o criou. Catequeses sobre o amor humano*. Bauru: EDUSC, 2005, p. 294 (Catequese LXVII – A ressurreição realiza perfeitamente a pessoa, n. 3). Ao enfatizar a subjetividade, João Paulo II tenta superar a tradicional compreensão da divinização como ver Deus face a face. Para ele, o que está em questão é a formação de toda a subjetividade da pessoa "à medida da união com Deus no Seu mistério trinitário e da intimidade com Ele na perfeita comunhão das pessoas" (idem).

Exigências para uma moral sexual inclusiva   227

ela mesma corporal".[17] Implica a inclusão do humano na vida de Deus: "não há outra forma de união com Deus se não pela incorporação de seus corpos físicos no de Deus."[18]

Embora o ser humano traga em si mesmo, desde o princípio, a imagem e semelhança de Deus, é só mediante a ressurreição que experimentará o dom do próprio Deus a ele. Deus se dará, dará sua própria divindade ao ser humano. Essa participação na vida interior de Deus na realidade Trinitária resulta em duas implicações interdependentes; primeira: à resposta ao dom que Deus faz de si mesmo ao ser humano corresponderá "o recíproco dom de si mesmo a Deus"; segunda: ao se dar a Deus, o ser humano redescobrirá a profundidade de sua própria pessoa exatamente na comunhão de pessoas.[19] Nessa perspectiva, a ressurreição, mais do que apenas um poder da vida sobre a morte, é, sobretudo, "revelação dos últimos destinos do homem em toda a plenitude da sua natureza psicossomática e da sua subjetividade pessoal».[20]

Sendo a plena manifestação do desejo de Deus por nós, a morte e a ressurreição de Jesus não podem ser reduzidas a um ato isolado, mas devem ser vistas como o ponto mais alto de uma vida de total doação de si. O mistério pascal é a expressão concreta de que, em Jesus, Deus nos salva do pecado e da morte e, pelo poder do Espírito, continua totalmente presente para nós, buscando eterna comunhão conosco. Em outras palavras, o mistério pascal não

---

[17] ROGERS Jr., Eugene F. *Sexuality and Christian Body:Their Way into the Triune God*. Oxford/ Malden: Blackwell, 1999, p. 240.

[18] ROGERS. *Sexuality...*, p. 240.

[19] JOÃO PAULO II. *Homem e Mulher o criou...*, p. 296-298 (Catequese LXVIII – As palavras de Cristo sobre a ressurreição completam a revelação do corpo, n. 1-6).

[20] JOÃO PAULO II. *Homem e mulher o criou...*, p. 305 (Catequese LXXI – A concepção paulina da humanidade na interpretação da ressurreição, n. 1).

228   O imperativo ético da misericórdia

só revela a íntima comunhão de Deus conosco por intermédio do Espírito, mas também revela o que significa participar do amor trinitário. Por isso Robert Sears não hesita em afirmar a "centralidade de Cristo na revelação do amor de Deus" e, também, "na interpretação do amor da Trindade que é dom de si".[21] Ao revelar seu desejo por nós, Deus revela a sua própria essência: ao "dar do que é seu",[22] Deus vem ao nosso encontro e nos transforma de modo que, nas palavras de Catherine LaCugna, "nós nos tornamos, pela graça, o que Deus é por natureza", isto é, "pessoa em plena comunhão com Deus e com todas as criaturas".[23]

A atitude de autoesvaziamento de Deus para vir ao encontro de suas criaturas também revela as qualidades de seu amor por nós.[24] É um amor gratuitamente oferecido a todos nós; um amor que permanece fiel, mesmo quando rejeitado; um amor que tem o poder de nos transformar em novas criaturas. Além de não estar condicionado ao fato de ser ou não correspondido, o amor de Deus por nós constitui «o fundamento da nossa capacidade de retribuir».[25] Além de não romper sua aliança conosco, Deus nos dá o seu Espírito e, ao fazê-lo, constrói uma nova comunidade de aliança e nos convoca, através da comunhão e do amor de um pelo outro, a darmos testemunho da sua própria unidade. A revelação e ação permanentes de Deus testemunham que Ele encontra sempre novas maneiras de vir a nós. Como

---

[21] SEARS, Robert T. "Trinitarian Love as Ground of the Church". In: *Theological Studies* **37** (1976): 657.

[22] SEARS. "Trinitarian Love...", p. 659.

[23] LaCUGNA, Catherine M. *God for Us: The Trinity and Christian Life*. San Francisco: Harper, 1991, p. 1. Vale a pena considerar o excelente artigo de VOLF, Miroslav. "'The Trinity is Our Social Programma': The Doctrine of the Trinity and the Shape of Social Engagement". In: TORRANCE – BANNER. *The Doctrine of God and Theological Ethics...*, p. 105-124.

[24] Devo a Sears a especificação dessas qualidades. Ver: SEARS. "Trinitarian Love...", p. 660-663.

[25] SEARS. "Trinitarian Love...", p. 660.

Exigências para uma moral sexual inclusiva   229

escreve LaCugna, porque a vida de Deus «não pertence somente a Deus ... se diz que Deus é essencialmente relacional, extasiado, fecundo, vivo, como um amor apaixonado».[26]

2. Nosso desejo de Deus

Devido às narrativas bíblicas da criação, assumimos que a imagem de Deus "tem de ser" uma díade – masculino e feminino– e, consequentemente, elaboramos uma teoria de complementaridade, segundo a qual nenhum ser humano representa essa imagem a menos que se una a alguém do sexo oposto. Além disso, vinculamos casamento e procriação à diferença sexual. Se os nossos corpos contam para Deus e, por isso, temos de levá-los a sério, precisamos considerar o que segue.

2.1 Um amor que acolhe na comunhão

O fato de Jesus ter sido revelado como "a perfeita" imagem do Pai significa que "a verdadeira semelhança de Deus não se encontra no princípio, mas no objetivo da história de Deus com a humanidade e como objetivo, está presente naquele começo e

---

[26] LaCUGNA. *God for Us...*, p. 1. Não é o propósito desta reflexão retraçar a história da doutrina trinitária, nem a sua conexão com as controvérsias cristológicas. Para uma história geral dessas controvérsias, ver: KASPER, Walter. *The God of Jesus Christ.* New York: Crossroads, 1987; GRILLMEIER, Aloys. *Christ in Christian Tradition.* Atlanta: John Knox Press, 1975; RUSCH, William G. (ed.). *The Trinitarian Controversy.* Philadelphia: Fortress Press, 1980. Mas convém notar que, na perspectiva acima, precisamente porque explora "os mistérios de amor, relacionamento e comunhão dentro da estrutura da auto-revelação de Deus na pessoa de Cristo e da atividade do Espírito" ... a teologia trinitária pode ser descrita como "uma teologia do relacionamento" (LaCUGNA. *God for Us...*, p. 1) e, por isso, torna-se uma fonte para a reflexão sobre a ética sexual. Infelizmente, não foi essa a direção que tomou a história do dogma. Porque o mistério de Deus foi separado do mistério da salvação, a especulação sobre gerações e relações tornou-se central na discussão sobre Ele. No esforço de traduzir a doxologia em ortodoxia, perdeu-se a experiência do amor. Ver, por exemplo: DONOVAN. "The Trinity".

230 O imperativo ético da misericórdia

em cada momento desta história".[27] Em outras palavras, a imagem de Deus não precisa, "necessariamente", ser uma díade.[28] Quando "o Verbo se fez carne", Ele se tornou o protótipo por excelência da aliança entre Deus e os seres humanos. Não há problema algum em representar essa aliança pela imagem da união entre um homem e uma mulher, até mesmo considerando--os como uma só carne. O problema surge quando assumimos que "todos" precisam representar essa união da "mesma" maneira. Se, por um lado, por exemplo, o casamento heterossexual pode simbolizar, até mesmo de forma privilegiada, a aliança de Deus com seu povo, por outro, seria enganoso assumir que o casamento heterossexual esgota todo o simbolismo dessa aliança.[29] Assim como *os corpos contam* para Deus, conta também o empenho em reproduzir as qualidades do amor de Deus nos relacionamentos em que esses *corpos* se envolvem.

Em uma de suas Catequeses, João Paulo II afirma que "o significado original e fundamental *de ser corpo*, como também de ser, como corpo, masculino e feminino (...), *está unido ao homem ser criado como pessoa e chamado à vida 'in communione personarum'"*. Consequentemente, continua, "o matrimônio e a procriação em si mesma não determinam defi-

---

[27] MOLTMANN, Jürgen. *Deus na criação. Doutrina ecológica da criação*. Petrópolis: Vozes, 1993, p. 324.

[28] Devo esse *insight* a Rogers. Ver: Rogers. *Sexuality...*, p. 242. Afirmar que a imagem de Deus não precisa "necessariamente" ser uma díade não implica negar o fato de que o ser humano é "também" imagem de Deus na diferenciação sexual entre masculinidade e feminilidade. Para um outro ponto de vista para o qual a diferença sexual representa a semelhança fundamental de Deus, ver: BEATTIE, Tina. "Sexuality and the Resurrection of the Body: Reflections in a Hall of Mirrors". In: D´COSTA, Gavin. (ed.). *Resurrection Reconsidered*. Oxford: Oneworld, 1996, p. 135-149.

[29] ROGERS. *Sexuality...*, p. 243. Vale a pena notar que, para Rogers, casais de *gays* e de lésbicas podem ser assumidos na relação entre Cristo e a Igreja.

Exigências para uma moral sexual inclusiva 231

nitivamente o significado original e fundamental do ser corpo nem do ser, como corpo, masculino e feminino. O matrimônio e a procriação dão só realidade concreta àquele significado nas dimensões da história.»[30] Embora para João Paulo II o ser humano torna-se a imagem e semelhança de Deus, não somente por sua própria humanidade, mas também pela comunhão de pessoas, está implícito no seu ensinamento que, por comunhão de pessoas, ele quer dizer a comunhão entre um homem e uma mulher. Nessa perspectiva, o exercício da sexualidade humana fica confinado ao contexto em que a diferenciação sexual seja a base da comunhão. Essa abordagem leva à conclusão de que, objetivamente, há uma sexualidade certa e uma errada, dependendo de haver ou não um contexto lícito que a legitime, como a relação conjugal heterossexual. Não deveríamos considerar que a imagem e a semelhança de Deus não são apenas um dado de fato, mas constituem também um desafio, uma vocação? Não é por meio do esforço de construir a comunhão que nos *tornamos* imagem de Deus?[31]

Sarah Coakley, no esforço de buscar uma visão do desejo divino que possa prover uma estrutura orientadora para uma teologia renovada da sexualidade humana, enraizada nas relações divinas trinitárias e analogamente relacionada com elas, parte do pressuposto de que "precisamos entender o sexo como algo realmente relaciona-

---

[30] JOÃO PAULO II. *Homem e mulher o criou...* .p. 300 (Catequese LXIX – As palavras de Cristo sobre o matrimônio, novo limiar da verdade integral do homem", n. 4).

[31] Ver: JONES, Gareth. "God's Passionate Embrace: Notes for a Christian Understanding of Sexuality". In: *Studies in Christian Ethics* 5/2 (1992): 37-40 e MOLTMANN. *Deus na criação...*, p. 327:"A semelhança de Deus da pessoa aparece na luz messiânica do Evangelho como um processo histórico com final escatológico, e não como uma situação estática. Ser-pessoa é tornar-se pessoa nesse processo. Imagem de Deus é, também aqui, a pessoa toda, a pessoa corporal, a pessoa comunitária, porque na comunhão messiânica de Jesus, as pessoas se tornam totais, corporais e comunitárias".

do com Deus e com o profundo desejo que temos de Deus."[32] Sendo Deus essencialmente autodoação e relação, Ele não poderia ter deixado de imprimir sua essência nas suas criaturas. Se fomos criados como somos, é porque Deus nos quis dar a capacidade de descobrir nossa própria essência pelas relações com os outros, nas quais nos esforçamos por dar-receber-partilhar amor. Em outras palavras, nossos amores humanos "trazem a marca trinitária".[33] Por isso, "nossa reflexão sobre sexualidade ... tem de começar com Deus: a visão cristã de Deus como uma Trindade de amor, na qual o amor entre as Pessoas da Trindade é caracterizado pelo desejo de união de uma com a outra, um amor caracterizado, também, por fidelidade, mútua habitação, interdependência e confiança, transbordando na criação e na redenção do mundo".[34] Isso significa que "o desejo que temos de união (ou deveríamos dizer de unidade?) com o outro - seja a união de solidariedade, ou de amizade, ou de intimidade, ou de relação sexual - é um desejo que expressa a natureza divina em nós e corresponde a como fomos criados"[35]. Assim como nossos amores humanos deveriam trazer a marca trinitária, assim também nossos amores sexuais, no dizer de Coakley, "deveriam espelhar a imagem trinitária", pelo menos no que concerne ao "respeito fundamental de um pelo outro, igualdade de troca, e o mútuo *ekstasis* de atender ao desejo do outro como distinto, *como outro*".[36]

---

[32] COAKLEY, Sarah. "Living into the Mystery of the Holy Trinity: Trinity, Prayer and Sexuality". In: *Anglican Theological Review* LXXX/2 (1998): 230.

[33] COAKLEY. "Living into the Mystery...", p. 231.

[34] BARTON. "Glorify God...", p. 372.

[35] BARTON. "Glorify God...", p. 372. Ana Márcia Guilhermina de Jesus e José Lisboa Moreira de Oliveira, num estudo sobre a dimensão teológica do prazer, belamente sintetizam o que Barton, com outras palavras, afirma: "o prazer, enquanto humano, é também divino". *Teologia do prazer*. São Paulo: Paulus, 2014, p. 34.

[36] COAKLEY. "Living into the Mystery...", p. 231.

Exigências para uma moral sexual inclusiva 233

2.2 Uma comunhão que se expressa em múltiplas formas de amar

Relações íntimas estão no âmago do nosso desejo de Deus e dos nossos desejos sexuais. Por isso, assim como o Deus Trino cria espaço para acolher a humanidade na sua comunhão de amor, assim devíamos imitá-Lo, criando espaço um para o outro, homem e/ou mulher. Gareth Jones, refletindo sobre o apaixonado abraço do mundo, dado por Deus no simbolismo dos braços de Jesus estendidos na cruz, admite que, nesse abraço, «os seres humanos são trazidos de volta ao calor e à vitalidade do abraço da Trindade».[37] Isso significa que, se Deus revelou sua essência como um amor que abraça e que, ao abraçar, torna-se vulnerável,[38] então não se pode ter medo de se abrir ao outro e tampouco de ser influenciado por ele.[39] Considerando que o espaço aberto ao outro pode também envolver intimidade e que a intimidade encontra o outro na sua vulnerabilidade, ao mesmo tempo em que se expõe a própria,[40] é difícil aceitar que as relações de antemão esperadas ou planejadas como "episódicas" sejam respeitosas do mistério do outro. Da mesma forma,

---

[37] JONES. "God's Passionate Embrace...", p. 42.

[38] Partilho da convicção de Vacek de que Deus "se torna vulnerável ao assumir a nossa vulnerabilidade". Ver: VACEK, Edward C. *Love, Human and Divine: The Heart of Christian Ethics.* Washington: Georgetown University Press, 1994, p. 124. Ver também: HARTWIG, Michael J. *The Poetics of Intimacy and the Problem of Sexual Abstinence.* New York: Peter Lang, 2000, p. 80: "Deus se torna vulnerável por partilhar de nossa própria existência"; SPONHEIM, Paul R. *The Pulse of Creation. God and the Transformation of the World.* Minneapolis Fortress Press, 1999, p. 4: ao criar e entrar em relação com suas criaturas - formas finitas de liberdade - Deus se arrisca.

[39] Essa é uma outra maneira de afirmar que a essência da fé cristã é a inclusão.

[40] Ver o estudo de Lebacqz sobre a vulnerabilidade como o contexto para a genuína mutualidade: LEBACQZ, Karen Lebacqz. "Appropriate Vulnerability: A Sexual Ethic for Singles". In: *The Christian Century* 104/15 (1987): 435-438.

234 O imperativo ético da misericórdia

também é difícil concluir "gratuitamente" que as relações que não se conformam a determinado padrão de compromisso não tenham um significado positivo. Embora referindo-se à fidelidade sexual, Rowan Williams chama-nos a atenção para o fato de que é importante criar «um contexto no qual possa abundar a graça, porque há um compromisso de não fugir da percepção do outro».[41] Uma vez "abraçado" pelo outro, precisamos de tempo para amadurecer. Precisamos de tempo para revelar quem somos e ser transformados pela relação com o outro. Só quem ama dá esse tempo. Não podemos negar, porém, que é possível descobrir, segundo Williams, «uma graça em encontros marcados pela transitoriedade e sem muita «promessa»: pode ser que exatamente isso os incite a querer a completude e prolongar a exploração da graça do corpo que a fidelidade proporciona».[42]

Se, como foi dito, o que conta é a disposição de dar sentido aos nossos relacionamentos, não podemos ignorar que o desejo de união com os outros significa que é próprio do ser humano assumir compromisso com alguém. Não estar ligado a nada e a ninguém é algo que dói e, para escapar a essa dor, muitas pessoas se envolvem em relacionamentos nos quais amor, cuidado e pertença se expressam por meio de diferentes arranjos. Como observa Kathy Rudy, "a questão pertinente não é que parceiro ou padrão é o único ético, mas que tipos de intervenções sexuais mudam nossa vida e nos fazem parte um do outro, que atos nos unem em um só corpo, que contextos se opõem à falta de sentido".[43] Se somos

---

[41] WILLIAMS, Rowam. "The Body's Grace". In: HEFLING, Charles (ed.). *Our Selves, Our Souls and Bodies: Sexuality and the Household of God.* Cambridge: Cowley, 1996, p. 63. Ver também: HARTWIG. *The Poetics of Intimacy...*, p. 89.

[42] WILLIAMNS. "The Body's Grace"..., p. 63.

[43] RUDY, Kathy. "'Where Two or More are Gathered': using Gay Communities as a Model

Exigências para uma moral sexual inclusiva 235

chamados a descobrir "quem somos por meio da mutualidade",[44] se a atração sexual é implícita ou explicitamente parte de nossos relacionamentos, se "amar alguém é uma ação inteiramente relacional" e ações relacionais "são claras expressões da vida física da qual todos participam"[45], então as decisões sobre como responder à atração sexual têm muita relação com o que Williams chama de «a questão moral», isto é, o que tais relações significam nos contextos em vivemos, se são mais ou menos expressão dos significados positivos da sexualidade (tais como: amor, diálogo, comunhão, abertura, fidelidade, reciprocidade, fecundidade etc.) e/ou negativos (tais como: egoísmo, abuso, uso, poder, exploração, violência, infidelidade etc.). As decisões sobre a nossa vida sexual, ainda segundo Williams, são «decisões sobre o que queremos dizer com a nossa vida corporal, como nossos corpos devem entrar no projeto todo de 'dar sentido humano' a nós mesmos e um ao outro ... o quanto queremos que o nosso 'self' corporal signifique, decisões mais importantes do que saber que necessidades emocionais estamos satisfazendo, ou a que leis estamos obedecendo».[46] Embora eu discorde da segunda parte da afirmação de Williams - acredito que contam, e muito, o que ele considera secundário - trata-se de uma perspectiva que não nos permite menosprezar, por exemplo, a decisão tomada por muitas pessoas de pôr os seus corpos inteiramente nas mãos de Deus, escolhendo a vida celibatária. Não podemos dizer que seja uma decisão mais arriscada do que o compromisso com a

---

for Christian Sexual Ethics". In: *Theology and Sexuality* 4 (1996): 98.

[44] HARTWIG. *The Poetics of Intimacy...*, p. 24. Como diz Williams, "nossa identidade está sendo feita nas relações de corpos".Ver:WILLIAMS."The Body's Grace...'", p. 64.

[45] JONES."God's Passionate Embrace...", p. 35.

[46] WILLIAMS."The Body's Grace"..., p. 61.64.

236 O imperativo ético da misericórdia

fidelidade sexual, por exemplo. O que realmente conta é se essas pessoas, conscientes de que o desejo sexual sempre fará parte de suas vidas, têm a maturidade psíquica suficiente para lidar com ele e integrá-lo no próprio projeto de vida. O fato de muitas dessas pessoas apenas espiritualizarem a entrega que fazem de si mesmas constitui, não raras vezes, ameaças significativas à autorrealização, à integridade psíquica, à capacidade relacional e, consequentemente, a própria opção feita. O fato de que renunciarão a algumas expressões da vivência sexual - intimidade sexual e paternidade/maternidade biológica) exigirá, ainda com maior intensidade, a capacidade de estabelecer relações significativas com as pessoas de ambos os sexos, relações em que a reciprocidade favoreça a experiência do amor e da amizade.[47]

Se a essência de nossa fé é a inclusão,[48] não há nada de errado com o nosso desejo de sermos queridos. Como sugere Helen Oppenheimer, os relacionamentos são o lugar em que as pessoas podem ser capazes de cuidar umas das outras, dar e receber atenção, acolher e serem acolhidas. São também o lugar em que as pessoas revelam o seu desejo de serem queridas.[49] Portanto o critério para avaliar a bondade moral das relações sexuais não pode ser meramente o fato de serem relações entre pessoas heterossexuais casadas. Também conta a disposição de responder às exigências derivadas de relacionamentos que querem ser significativos para os que neles estão envolvi-

---

[47] Ver a excelente reflexão proposta por LÓPEZ AZPITARTE, Eduardo. Ética da sexualidade e do matrimônio. 2 ed. São Paulo: Paulus, 2006, p. 409-449.

[48] É isso que podemos supor se olharmos como Deus derramou o seu amor na criação e na história de Israel, se considerarmos as implicações da encarnação do Verbo, se tomarmos a prática de cura de Jesus como uma metáfora do que é importante para Deus, se reconhecermos o mistério pascal como a suprema manifestação do amor de Deus incorporando-nos na sua comunhão de vida e de amor.

[49] OPPENHEIMER, Helen. Incarnation and Immanence. London: Hodder and Stoughton, 1973, p. 10.

Exigências para uma moral sexual inclusiva   237

dos. Quando Williams afirma que "graça, para o fiel cristão, é uma transformação que depende em grande parte de saber que está sendo visto de uma determinada maneira: como importante, querido",[50] ele está dando sentido teológico ao nosso desejo de sermos queridos. Esse desejo, por sermos seres humanos encarnados, manifesta-se por meio do desejo sexual, e somente a habitação do Espírito Santo em nós pode explicar-nos o que ele significa. Como observa, com razão, Rogers, nosso desejo de sermos queridos é plenamente satisfeito apenas pelo desejo de Deus por nós.[51]

Conclusão

As reflexões propostas suscitam vários dilemas importantes, diretamente concernentes ao fato de sermos "seres-em-relação", especialmente quando essa relação envolve intimidade sexual. Se, por meio da graça, somos acolhidos na comunhão de vida e de amor do Deus Trino e se, por meio de uma resposta vocacional, somos chamados a viver essa realidade nos nossos relacionamentos, então precisamos, à luz da essência de Deus, indagar como poderia essa essência informar-moldar nossas relações, inclusive as sexuais.

Na sua reflexão sobre os novos padrões de relacionamento - focalizada no significado de personalidade à luz da doutrina da Trindade - Margaret Farley explorou a possibilidade de fazer do *ágape* e da teologia trinitária o fundamento de uma comunhão interpessoal

---

[50] WILLIAMS. "The Body's Grace"..., p. 59.

[51] ROGERS. *Sexuality*..., p. 83. É muito importante considerar o esforço de Heyward e de Gudorf para redimir o sentido positivo do desejo sexual e dos prazeres corporais. Ver: HEYWARD, Carter. *Touching our Strength: The Erotic as Power and the Love of God*. San Francisco: Harper & Row, 1989; GUDORF, Christine E. *Body, Sex and Pleasure: Reconstructing Christian Sexual Ethics*. Cleveland: Pilgrim Press, 1994.

238 O imperativo ético da misericórdia

caracterizada por igualdade, mutualidade e reciprocidade. Segundo ela, esse tipo de comunhão interpessoal "pode servir não só como norma pela qual se pode medir qualquer padrão de relacionamento, mas como meta para a qual se orienta todo tipo de relacionamento".[52] Empenhada em discernir os imperativos morais que resultam de uma nova compreensão do indicativo a propósito das relações entre as pessoas, Farley acredita que os princípios cristãos do amor e da justiça são os que devem iluminar e regular todos os relacionamentos: "O que se requer do cristão é um amor justo, um amor que de fato corresponda à realidade dos que são amados".[53] Considerando que o amor favorece a plena mutualidade entre as pessoas, Farley propõe a doutrina da Trindade como modelo de mutualidade. No respeito à diversidade das Pessoas e na promoção da unidade entre Elas, a Trindade é ativamente receptiva, a ponto de inserir na vida d'Ela a humanidade. Trata-se de um "modelo" a ser reproduzido entre as pessoas humanas ou, no mínimo, um ideal para o qual deveriam tender.

Na opinião de LaCugna, o argumento de Farley seria ainda mais forte "se a igualdade e a mutualidade das pessoas divinas fossem enraizadas mais na economia da salvação do que nas categorias de vida intradivina".[54] Por isso, LaCugna propõe Jesus Cristo como "a base para pensar as pessoas como 'ativamente receptivas'".[55] Para ela, podemos ser plenamente mútuos, recíprocos e iguais porque somos chamados a fazer o que Jesus fez. Como sugere Vacek, imitamos Je-

---

[52] FARLEY, Margaret A. "New Patterns of Relationship: Belongings of a Moral Revolution". In: *Theological Studies* 36 (1975): 646. Ver também: FARLEY, Margaret A. *Just Love. A Framework for Christian Sexual Ethics.* New York/London: Continuum, 2006.

[53] FARLEY. "New Patterns...", p. 643.

[54] LaCUGNA. *God for Us...*, p. 281.

[55] LaCUGNA. *God for Us...*, p. 282.

Exigências para uma moral sexual inclusiva 239

sus "não só porque suas ações são o que é correto fazer, mas também porque esse é o nosso modo de estar em relação com Ele".[56] A vida de Jesus é um convite a transcender todas as condições opressivas, tais como as causadas pelo gênero, pelas necessidades corporais, pela orientação afetivo-sexual. Como já vimos, Jesus nos revelou um modo de vida caracterizado pelo total dom de si como suprema expressão de amor, de modo que o que conta é "como" amamos os outros e não tanto "quem" amamos. Afinal de contas, o "como" responde a um imperativo da própria existência: buscar constantemente a realização e a felicidade na comunhão com o outro.

Se a comunidade divina pode ser o modelo de nossos relacionamentos, não podemos esquecer-nos de que ela deveria ser, acima de tudo, sua força animadora. Isso significa que não teria sentido meramente projetar numa esfera intradivina o que esperamos ser verdadeiro entre nós. Assumir a comunidade divina como uma força animadora de nossos relacionamentos implica reconhecer que a Trindade pode informar e animar tudo o que fazemos, além do que somos. Em outras palavras, trata-se de um chamado a construir a comunidade humana à imagem da divina.[57] Como bem afirma Barton, "ao

---

[56] VACEK. *Love, Human and Divine...*, p. 140.

[57] O trabalho feito por Henry Jansen é muito útil. Ele vê os modelos relacionais de Deus, propostos por Jürgen Moltmann e Wolfhart Pannemberg, como uma lente para analisar as vantagens e desvantagens do conceito relacional de Deus. Inspirando-se nos modelos relacionais ao discutir o conceito de Deus, Jansen quer mostrar que um conceito não é somente um modelo "de", mas também um modelo "para", isto é, não só reflete uma realidade, mas também modela nossa experiência dela. Ver: JANSEN, Henry. *Relationality and the Concept of God.* Currents of Encounter, vol. 10. Amsterdam/Atlanta: Rodopi, 1995. Nessa perspectiva se poderia ver a reflexão de Boff sobre a comunhão divina como fonte e inspiração de justiça no mundo. Boff aponta para a unidade na diversidade como a essência da Trindade. Segundo ele, a Trindade "serve de modelo para a sociedade integrada". Ela pode ser o critério para a crítica das estruturas sociais, e a precursora de uma comunidade humana baseada no poder partilhado e igual dignidade. Ver: BOFF, Leonardo. *A Trindade, a Sociedade e a Libertação.* Petrópolis: Vozes, 1986, p. 152 (para a citação) e p. 156-192 (para suas reflexões sobre a comunhão da Trindade como base para uma libertação social e integral).

240 O imperativo ético da misericórdia

aprendermos com Deus e com o povo de Deus as disciplinas, virtudes e habilidades para expressar adequadamente nossa sexualidade, construímo-nos uns aos outros no amor. E ao nos construirmos uns aos outros, damos testemunho de que pertencemos a Deus e participamos todos da sua atividade criadora, redentora e santificadora".[58] O que significa *expressar adequadamente* a própria sexualidade é, no entanto, uma questão para a qual não existe uma resposta pronta. Ela dependerá sempre do esforço para, animados pelo amor de um Deus que nos deseja e pelo amor que nos atrai a Ele, discernirmos, em cada situação concreta e em cada relacionamento, as exigências que derivam desse amor.[59]

Referências bibliográficas

BARTON, Stephen C. "'Glorify God in your Body' (1 Corinthians 6, 20): Thinking Theologically About Sexuality". In: HAYES, M. A. – PORTER, W. – TOMBS, D. *Religion and Sexuality.* 4 ed. Studies in Theology and Sexuality 2. Roehampton Institute London Papers, 4. Sheffield: Sheffield Academic Press, 1998, p. 366-379.

BOFF, Leonardo. *A Trindade, a Sociedade e a Libertação.* Petrópolis: Vozes, 1986.

BOFF, Leonardo. *Jesus Cristo libertador. Ensaio de Cristologia Crítica para o nosso tempo.* 13 ed. Petrópolis: Vozes, 1991.

---

[58] BARTON. "Glorify God...", p. 379.

[59] Ver: ZACHARIAS, Ronaldo. "Educação sexual: entre o direito à intimidade e o dever da obediência". In: PESSINI, Leo – ZACHARIAS, Ronaldo. Ética Teológica e Juventudes II: interpelações recíprocas (sexualidade-drogas-redes sociais virtuais). Aparecida: Santuário, 2014, p. 149-168. A reflexão proposta pode ser vista como uma tentativa de interpretação do que significa *expressar adequadamente* a própria sexualidade.

Exigências para uma moral sexual inclusiva

COAKLEY, Sarah. "Living into the Mystery of the Holy Trinity: Trinity, Prayer and Sexuality". In: *Anglican Theological Review* LXXX/2 (1998): 223-232.

CONGREGAÇÃO PARA A EDUCAÇÃO CATÓLICA. Orientações educativas sobre o amor humano. *Linhas gerais para uma educação sexual* (1.º.11.1983). São Paulo: Salesiana Dom Bosco, 1984.

DONOVAN, William T. "The Trinity: Love Seeking Articulation". In: *New Theology Review* 12/4 (1999): 38-48.

FARLEY, Margaret A. *Just Love. A Framework for Christian Sexual Ethics.* New York/London: Continuum, 2006.

FARLEY, Margaret. "New Patterns of Relationship: Belongings of a Moral Revolution". In: *Theological Studies* 36 (1975): 627-646.

GOFFI, Tullo. *Etica Cristiana trinataria.* Bologna: Dehoniane, 1995.

GRISEZ, Germain. "The Doctrine of God and the Ultimate Meaning of Human Life". In: TORRANCE, Alan J. – BANNER, Michael (eds.). *The Doctrine of God and Theological Ethics.* London/New York: T & T Clark International, 2006, p. 125-137.

GUDORF, Christine E. *Body, Sex and Pleasure: Reconstructing Christian Sexual Ethics.* Cleveland: Pilgrim Press, 1994.

HARTWIG, Michael J. *The Poetics of Intimacy and the Problem of Sexual Abstinence.* New York: Peter Lang, 2000.

HEYWARD, Carter. *Touching our Strength: The Erotic as Power and the Love of God.* San Francisco: Harper & Row, 1989.

JACOBELLI, Maria C. *IL RISUS PASCHALIS e il fondamento teologico del piacere sessuale.* 3 ed. Brescia: Queriniana, 1991.

JANSEN, Henry. *Relationality and the Concept of God.* Currents of Encounter, vol.10. Amsterdam/Atlanta: Rodopi, 1995.

242 O imperativo ético da misericórdia

JESUS, Ana Márcia Guilhermina de – OLIVEIRA, José Lisboa Moreira de. *Teologia do prazer*. São Paulo: Paulus, 2014.

JOÃO PAULO II. *Homem e mulher o criou. Catequeses sobre o amor humano*. Bauru: EDUSC, 2005.

JONES, Gareth. "God's Passionate Embrace: Notes for a Christian Understanding of Sexuality". In: *Studies in Christian Ethics* 5/2 (1992): 32-45.

KEENAN, James F. "Christian Perspectives on the Human Body". In: *Theological Studies* 55 (1994): 330-346.

LaCUGNA, Catherine M. *God for Us: The Trinity and Christian Life*. San Francisco: Harper, 1991.

LEBACQZ, Karen Lebacqz. "Appropriate Vulnerability: A Sexual Ethic for Singles". In: *The Christian Century* 104/15 (1987): 435-438.

LÓPEZ AZPITARTE. *Ética da sexualidade e do matrimônio*. 2 ed. São Paulo: Paulus, 2006.

McFAGUE, Sallie. *The Body of God: An Ecological Theology*. Minneapolis: Fortress Press, 1993.

MOLTMANN, Jürgen. *Deus na criação. Doutrina ecológica da criação*. Petrópolis: Vozes, 1993.

NELSON, James B. *Body Theology*. Louisville: Westminster/ John Knox Press, 1992.

NOVOA, Carlos. *El seguimiento histórico de Jesús según el Espíritu. Formación de la conciencia moral*. 3 ed. Bogotá: Pontificia Universidad Javeriana, 2003.

OPPENHEIMER, Helen. *Incarnation and Immanence*. London: Hodder and Stoughton, 1973.

REJÓN, Francisco Moreno. *Teologia Moral a Partir dos Pobres. A Moral na Reflexão da América Latina*. Aparecida: Santuário, 1987 (Teologia Moral na América Latina 1).

ROGERS JR., Eugene F. *Sexuality and Christian Body: Their Way into the Triune God*. Oxford/Malden: Blackwell, 1999.

Exigências para uma moral sexual inclusiva 243

RUDY, Kathy. "'Where Two or More are Gathered': using Gay Communities as a Model for Christian Sexual Ethics". In: *Theology and Sexuality* 4 (1996): 81-99.

SPOHN, William C. *Go and Do Likewise. Jesus and Ethics.* New York: Continuum, 1999.

SEARS, Robert T. "Trinitarian Love as Ground of the Church". In: *Theological Studies* 37 (1976): 652-679.

SPONHEIM, Paul R. *The Pulse of Creation. God and the Transformation of the World.* Minneapolis Fortress Press, 1999.

TOMITA, Luiza Etsuko – BARROS, Marcelo – VIGIL, José Maria (orgs.). *Teologia latino-americana pluralista da libertação.* São Paulo: Paulinas, 2006.

TORRANCE, Alan J. – BANNER, Michael (eds.). *The Doctrine of God and Theological Ethics.* London/New York: T & T Clark International, 2006.

VACEK, Edward C. *Love, Human and Divine: The Heart of Christian Ethics.* Washington: Georgetown University Press, 1994.

VOLF, Miroslav. "'The Trinity is Our Social Programma': The Doctrine of the Trinity and the Shape of Social Engagement". In: TORRANCE, Alan J. – BANNER, Michael (eds.). *The Doctrine of God and Theological Ethics.* London/New York: T & T Clark International, 2006, p. 105-124.

WILLIAMS, Rowam. "The Body's Grace". In: HEFLING, Charles (ed.). *Our Selves, Our Souls and Bodies: Sexuality and the Household of God.* Cambridge: Cowley, 1996, p. 58-68.

ZACHARIAS, Ronaldo. "Educação sexual: entre o direito à intimidade e o dever da obediencia". In: PESSINI, Leo – ZACHARIAS, Ronaldo. *Ética Teológica e Juventudes II: interpelações recíprocas (sexualidade-drogas-redes sociais virtuais).* Aparecida: Santuário, 2014, p. 149-168.

III
IGREJA E MISERICÓRDIA

11

Ética e evangelização: em busca da fidelidade evangélica

Oton da Silva Araújo Júnior[1]

Introdução

A preocupação pelo modo como a Boa Notícia é anunciada ao mundo nunca sairá de moda. Afinal cada época traz consigo suas particularidades, favoráveis ou desafiadoras, no encontro com o Evangelho de Cristo. Manter-se fiel ao Evangelho é saber que em nossos tempos, alguns cenários deverão ser considerados de um modo particular. Condimentar o anúncio do Reino com a reflexão ética nos fará perceber que o Evangelho traz consigo certas exigências, as quais não poderão ser outras que aquelas do Mestre e Senhor.

O presente percurso quer ser um início de reflexão e não propriamente um *vade-mécum* sobre a evangelização, dada a complexidade do tema, nossas limitações pessoais e as exigências da presente publicação. Aqui, vale o enunciado de que as boas perguntas valem mais do que as boas respostas.

---

[1] Oton da Silva Araújo Júnior é Doutor em Teologia Moral (Academia Alfonsiana – Roma) e Professor no Instituto Santo Tomás de Aquino de Belo Horizonte; http://lattes.cnpq.br/4743429231573859

248 O imperativo ético da misericórdia

A evangelização constitui o próprio ser da Igreja, impressa em seu DNA. Ao longo dos tempos, com experiências felizes ou sofridas, em contextos adversos ou favoráveis, a Igreja se empenhou no anúncio de seu Mestre e Senhor.

Em nossos dias, cunhou-se a expressão Nova Evangelização, sinalizando uma nova etapa, não para corrigir a evangelização empreendida, mas por reconhecer a complexidade do atual contexto, no qual já não valem velhos esquemas, mas augura-se suscitar nas pessoas a capacidade de assumir a coragem e a força dos primeiros cristãos. Enfim, um processo de discernimento acerca do estado de saúde do cristianismo, o reconhecimento das medidas tomadas e das dificuldades encontradas.[2]

No processo preparatório ao Sínodo dos Bispos sobre a Nova Evangelização foram indicados cinco cenários a serem aprofundados: o ambiente da cultura sob a influência da secularização, o fenômeno migratório, os meios de comunicação, a influência da economia e da ciência e tecnologia.

Da parte do CELAM, já em 1992, a Conferência realizada em Santo Domingo teve como tema: "Nova Evangelização, promoção humana e cultura cristã". Na ocasião, deu-se grande ênfase à inculturação da fé. Mais próxima de nós, a Conferência de Aparecida (2007) trouxe a terminologia dos 'discípulos-missionários', conclamando a todos os batizados a tomarem parte de numa missão continental.

Nesse percurso, não distinguimos os evangelizadores entre aqueles que chegam de fora e aqueles que evangelizam na própria terra. A empreitada é de todos os batizados. Há diversidade de dons, mas o Espírito é o mesmo.

---

[2] SÍNODO DOS BISPOS. *A Nova evangelização para a transmissão da fé cristã. XIII Assembleia Geral Ordinária* (2011). *Lineamenta* 5. Dsiponível em: http://www.vatican.va/roman_curia/synod/documents/rc_synod_doc_20110202_lineamenta-xiii-assembly_po.html

1. O tempo presente, os homens presentes, a vida presente

Durante a história da Igreja, o diálogo entre fé e cultura foi alvo de diversas reflexões. Em nosso tempo não é diferente. Estamos cercados pela influência midiática, por grandes centros urbanos, relações familiares diversas, pluralismo religioso e cultural. Mesmo ainda havendo a necessidade de apresentar o Evangelho às populações indígenas afastadas, ao meio rural, lugares com poucos acessos e recursos, em nossos tempos urge pensar a evangelização em novos cenários.

O modo como o Evangelho deve ser anunciado também é um elemento a ser considerado, afinal, uma pregação moralista, combativa, distribuidora de castigos e severidades afasta-se do ideal proposto por Jesus e que o Papa Francisco tem insistido em evitar. O Evangelho é por antonomásia uma boa notícia, que alegra, ergue, inspira. O critério ético fundamental da ação evangelizadora é promover o bem integral das pessoas, cuidar do florescimento de sua humanidade, que busca dar resposta 'ao anseio de infinito que existe em todo o coração humano', o que exige que o evangelizador esteja próximo, aberto ao diálogo, com paciência, no acolhimento cordial que não condena.[3]

Infelizmente, na história cristã recordamos com tristeza e preocupação os vários episódios em que o Evangelho significou ameaça à cultura local, violência às pessoas. Dizemos preocupação por que volta e meia o Deus anunciado na mídia também não corresponde ao Pai misericordioso revelado na pessoa de

---

[3] FRANCISCO. *Exortação Apostólica* Evangelii Gaudium. *Sobre o anúncio do Evangelho no mundo atual.* São Paulo: Paulus/Loyola, 2013, n. 165. (daqui em diante = EG)

Jesus. Volta à cena um Deus ensanguentado, implacável, retribuidor e capaz de operar milagres a três por quatro, ligado, sobretudo, à experiência individual (*'faz um milagre em mim...'*).

Se a experiência cristã faz uma síntese feliz entre a dimensão pessoal e comunitária, vale pensar como estas duas dimensões são apresentadas nas experiências religiosas vinculadas pela mídia. Anunciar uma fé vivida comunitariamente é um desafio sempre maior.

Se "evangelizar é tornar o Reino de Deus presente no mundo",[4] resta-nos perguntar qual mundo. Certamente não o mundo no qual viveram nossos pais e avós ou os fundadores das congregações religiosas, mas o mundo presente aos nossos olhos. "O tempo presente, os homens presentes, a vida presente", como dizia o poeta itabirano.

2. Alto lá, quem chega!

Senhor dono da casa, o cantador pede licença para entrar em vossa casa...

Inspirados neste verso da cultura popular, alertamos para outra atitude fundamental do evangelizador: a humildade de reconhecer a grandeza de onde agora estão seus pés. Reconhecer a dignidade do outro, da sua história e das suas tradições fará com que o recém-chegado seja acolhido com mais simpatia e disposição. Aqui, duas outras recordações são ilustrativas. A primeira refere-se a Moisés, que ao se aproximar da sarça que não se consumia recebeu a recomendação de tirar as sandálias, pois aquele lugar era santo (Ex 3,5). Outra, agora mais perto

---

[4] EG 176.

Ética e evangelização: em busca da fidelidade evangélica 251

de nós, refere-se ao gesto de João Paulo II de beijar o chão dos países aonde chegava, ainda no aeroporto.

O contrário dessas posturas indicará arrogância, desprezo das pessoas e seus contextos: 'de agora em diante, tudo vai ser diferente'. Infelizmente, não raras vezes, a evangelização se deu e ainda se dá com certo messianismo da parte de quem chega. Se for assim aclamado pela população local, resultará um casamento perfeito, tristemente celebrado.

As atitudes apressadas, os olhares rasteiros tenderão a ignorar o contexto concreto das pessoas. Antes que o evangelizador ali chegasse, muita coisa foi construída, muitas relações foram firmadas, muitos sonhos, esperanças, frustrações e rivalidades fizeram parte da caminhada, mas na pressa de logo mostrar a que veio, corre o risco de ignorar todas essas situações.

O evangelizador deverá aprender a girar o pescoço, olhar de todos os ângulos, tentar ouvir os silêncios, interpretar as relações, tocar os corações pulsantes. Antes de tudo, silenciar-se, ter a postura de um aprendiz, um discípulo atento, descer de seu alazão, dono da verdade, como se tudo até agora estivesse equivocado, porque finalmente recebeu a luz e a salvação por meio de sua chegada.

Dessa forma, é possível perceber que a evangelização não é uma via de mão única. Não há *tabula rasa* de um lado e discípulos irrepreensíveis do outro. O Espírito do Ressuscitado já havia passado muito antes que o missionário ali chegasse. E sobre isso a Igreja insistiu desde muito cedo.[5]

---

[5] Desde a Patrística já havia pensadores que alertavam para a presença de Deus no mundo - como a doutrina de Justino, Irineu, Clemente de Alexandria, Eusébio sobre o *Logos Spermatikó* e *Semina Verbi* - difundida em todas as partes do mundo e que leva os povos a serem e agirem sob a influência de Cristo e de seu Espírito e as suas tradições religioso-culturais vistas de certa forma como cristãs. SARAIVA MARTINS, José. "L'evangelo e le culture nell'ultimo Sinodo dei Vescovi". In: *Evangelizzazione e Culture*. Atti del Congresso Internazionale Scientifico di Missiologia I (Roma, 5-12 ottobre 1975). Roma: Pontifica Università Urbaniana, 1976, p. 59.

A observação da realidade fará emergir situações que pedirão discernimento à luz da experiência cristã. Afinal, não há cultura em consonância plena com o Evangelho. Haverá sempre elementos a serem aprofundados, uma conversão a ser proposta. Todos estão a caminho.

3. A Linguagem, um desafio sempre atual

Um dos primeiros elementos éticos que deve ser levado em conta é a maneira pela qual nos aproximamos do universo das pessoas. Se antes, o desafio estava ancorado propriamente no idioma, o campo semântico atual também não dá tréguas. Recuemos aos primórdios da evangelização no Brasil e acompanhemos uma das primeiras experiências de aproximação cultural. No caso, trata-se de um relato do esforço do Pe. José de Anchieta (Sermão da Epifania, proclamado em 1622) para se comunicar com um indígena. Num segundo momento, procuraremos atualizar tal empreitada.

> É necessário tomar o bárbaro à parte e estar com ele muito tempo, sozinhos, e por muitas horas e muitos dias; é necessário trabalhar com os dedos, escrever, anotar, e interpretar por sinais aquilo que não se consegue alcançar com as palavras; é necessário trabalhar com língua, curvando-a, retorcendo-a e fazendo mil tentativas para conseguir pronunciar os acentos tão duros e estranhos; é necessário voltar o olhar ao céu, uma, duas, mil vezes, em oração e outras vezes quase com desespero; é necessário, enfim, gemer e gemer com toda a alma: gemer com o entendimento, por não ver saída em tal obscuridade; gemer e gemer com a memória, que em tanta variedade não

Ética e evangelização: em busca da fidelidade evangélica 253

> encontra firmeza; e gemer enfim com a vontade, que embora seja constante, perante a estreita dificuldade quase desiste e diminui. Finalmente, com a insistência da laboriosidade e com a ajuda da graça divina, os mudos falam e os surdos escutam.[6]

Para entrar no universo do outro, seu campo semântico, sua mundivisão, há que gemer, insistir, tentar entendê-lo de todas as formas. Nenhum esforço será demasiado quando o objetivo é entender o outro, ver o mundo segundo seu ponto de vista. Se no passado o desafio era enorme, não podemos comemorar a facilidade que temos atualmente. Os recursos técnicos que aparentemente facilitariam nossa comunicação dão provas de que por vezes estamos próximos dos distantes e distantes de quem está próximo.

Pensemos na linguagem da juventude, que sempre trouxe consigo elementos inovadores e desestruturantes de formas e normas. Hoje, entender as gerações mais jovens é saber da linguagem dos *games*, filmes de super-heróis, mídias digitais. Uma linguagem analógica para quem está num universo digital soa como 'aprender japonês em braile' (Djavan).

A linguagem cristã conservou as características rurais. O campo de atuação de Jesus é interiorano, como diríamos hoje; ao contrário de Paulo, cuja referência é a realidade urbana, como atestam suas cartas. As parábolas dos Evangelhos falam de pássaros, sementes, peixes e campos.

Na catequese, por exemplo, há uma grande dificuldade de traduzir para o mundo da criança aquilo que no ambiente bíblico servia para ajudar a compreensão. Agora devemos traduzir

---

[6] MASSIMI, Marina. *Il potere e la Croce: colonizzazione dei Gesuiti in Brasile*. Torino: San Paolo, 2008, p.114.

254 O imperativo ético da misericórdia

a parábola, o que soa como contradição. (*"O reino de Deus é semelhante a um grão de mostarda, mas a mostarda que conheço é um sachê de passar no cachorro quente"* – dirá um adolescente).

O Papa Francisco mostra-se ciente do desafio da linguagem. Em sua exortação sobre a Nova Evangelização, Francisco alerta que nem sempre a linguagem corresponde ao Evangelho.[7] A cultura do povo deverá ser a fonte inesgotável para adequar a linguagem de modo que as pessoas entendam a mensagem anunciada,[8] evitando assim, repetir as belas palavras aprendidas no curso de teologia, mas incompreensíveis para quem as escuta.[9] O compromisso evangelizador, admite o Papa, move-se entre as limitações da linguagem e das circunstâncias.[10] Sobre a evangelização da juventude, o Papa alerta para que os adultos aprendam a linguagem dos jovens, para assim compreender suas preocupações e reivindicações.[11]

Ao se referir à hermenêutica bíblica, Francisco alerta que não basta saber o significado preciso das palavras traduzidas, mas é preciso perceber a mensagem principal. "Se o pregador não faz este esforço, é possível que também a sua pregação não tenha unidade nem ordem; o seu discurso será apenas uma súmula de várias ideias desarticuladas que não conseguirão mobilizar os outros".[12] Por fim, ao se referir à experiência conciliar, o Papa recorda que "os Padres, reunidos no Concílio, tinham

---

[7] EG 41.
[8] EG 139.
[9] EG 158.
[10] EG 45.
[11] EG 105.
[12] EG 147.

Ética e evangelização: em busca da fidelidade evangélica   255

sentido forte, como um verdadeiro sopro do Espírito, a exigência de falar de Deus aos homens do seu tempo de modo mais compreensível".[13]

Se o outro é um personagem fundamental para a ética, a linguagem com a qual as pessoas se encontram não pode ser um dado secundário. Uma linguagem respeitosa, que eleve a pessoa, que lhe possibilite acesso ao Evangelho de Cristo, deverá ser uma preocupação constante na evangelização.

4. O areópago digital

Não é mais possível considerar a realidade atual sem ter em conta as novas mídias de comunicação. Os dados revelam um crescimento vertiginoso das redes sociais e das pessoas nelas inscritas. Não entraremos no mérito de aspectos éticos relacionados ao ambiente digital, mas o consideraremos somente como espaço de evangelização.

Aos poucos, as entidades e grupos religiosos vão se familiarizando com os novos recursos da era digital e tentando cada vez mais encontrar espaço nessa nova linguagem. A facilidade da comunicação na palma da mão tornou-se um hábito comum, e aplicativos diversos mantêm as pessoas *online* praticamente o tempo todo. A oferta religiosa é facilmente percebida num simples *zapping* na tv, a qualquer hora do dia.

Os questionamentos que podem e devem ser feitos sobre a evangelização na era digital não são, no nosso ponto de vista, muito diferentes dos que fazemos normalmente no cotidiano

---

[13] FRANCISCO. *Misericordiae Vultus. O rosto da misericórdia. Bula de proclamação do Jubileu Extraordinário da Misericórdia.* São Paulo: Paulinas, 2015, n. 4.

de nossas pastorais e movimentos: como levar a pessoa a ter um encontro com o Ressuscitado? O que de cristão há nessa vivência? E algo que a nosso ver é o grande complicador: como a experiência cristã comunitária é vivida no ambiente digital? Há um sério risco de descaracterizar o Evangelho, concebendo-o meramente como algo que acalma, apazigua, faz sentir bem, quando, na verdade, o Evangelho não raras vezes nos faz 'sentir mal', por nos apontar que não estamos em consonância com a proposta de Jesus Cristo.

Bento XVI, em 2011, já questionava: "Temos tempo para refletir criticamente sobre as nossas opções e alimentar relações humanas que sejam verdadeiramente profundas e duradouras?" (...) "É importante nunca esquecer que o contato virtual não pode nem deve substituir o contato humano direto com as pessoas, em todos os níveis da nossa vida".[14] Nessa direção, podemos dizer: acompanhar as celebrações pela TV ou pelo rádio e interagir de diversas formas na internet não deve substituir o contato físico numa comunidade de fé.

Na tentativa de entender o ambiente digital e sua relação com a evangelização, devemos atentar: "quando um novo fator é adicionado a um velho ambiente, como o ambiente das religiões estabelecidas, não temos um velho ambiente acrescido de um novo fator, mas um novo ambiente".[15] Isso faz com que o ambiente religioso digital tenda a ser mais sincrético, aberto

---

[14] BENTO XVI. *Verdade, anúncio e autenticidade de vida, na era digital.* Mensagem do Papa Bento XVI para o 45°. Dia Mundial das Comunicações Sociais – 05.06.2011). Disponível em: https://w2.vatican.va/content/benedict-xvi/pt/messages/communications/documents/hf_ben-xvi_mes_20110124_45th-world-communications-day.html

[15] SOUZA AGUIAR, Carlos Eduardo. "Da ciber-religião para a ciber-religiosidade". In: SILVEIRA, Emerson J. Sena da - AVELLAR, Valter Luis de. (orgs.). *Espiritualidade e Sagrado no mundo cibernético.* São Paulo: Loyola, 2014, p. 73.

Ética e evangelização: em busca da fidelidade evangélica   257

a novas considerações. Mas esse fenômeno traz consigo algo positivo, uma vez que torna possível conhecer melhor outras correntes, ter acesso a outras opiniões, aproximar-se de pessoas de diferentes crenças, "possibilitando a percepção de que os indivíduos cristãos e não-cristãos são, de forma geral, gentis, honestos e solícitos com as outras pessoas e honrados, amorosos e compassivos".[16]

Perante toda oferta religiosa, que arrisca reduzir a experiência cristã ao alcance do *mouse*, de ofertas sempre maiores de atrativos religiosos, Spadaro diz, como em conclusão, da necessidade que temos de reconhecer Deus dentro das mensagens que nos chegam, identificar quais respostas dão sentido à existência, "e necessitamos encontrar em nós mesmos um centro espiritual forte capaz de dar unidade à fragmentação das mensagens que nos atingem profundamente".[17] Para o referido autor, "hoje em dia é necessário considerar que existem realidades capazes de escapar sempre e de qualquer maneira da lógica do 'programa de busca' e que a *googlelização* da fé é impossível porque é falsa".[18]

5. Tocar o Senhor e testemunhar sua vida

Uma desvantagem do mundo digital é a ausência do toque entre as pessoas. Se a prática de Jesus tem uma profunda consideração pelo tato, pela aproximação real, o universo digital tende a

---

[16] AVELLAR, Valter Luis de. "Cibercultura e religiosidade: interfaces". In: SILVEIRA, Emerson J. Sena da - AVELLAR, Valter Luis de (orgs.). *Espiritualidade e Sagrado no mundo cibernético.* São Paulo: Loyola, 2014, p. 64.

[17] SPADARO, Antonio. *Ciberteologia: pensar o cristianismo nos tempos da rede.* São Paulo: Paulinas, 2012, p. 52.

[18] SPADARO. *Ciberteologia.* , p. 53.

manter relações em que as pessoas não se tocam; basta teclar, no computador ou no *smartfone*. A religião de Jesus é artesanal, assumida caso a caso, tocando e deixando-se tocar (Lc 8,46). Após a ressurreição, Jesus impõe limite ao toque de Madalena (Jo 20,17), mas permite o de Tomé (Jo 20,27), para que confesse sua fé em seu Senhor e Deus. Se nos encontrarmos com o Senhor a ponto de poder tocá-lo, devemos, pois, anunciar essa feliz experiência.

Em sua homilia no segundo domingo da Páscoa de 2016, denominado Domingo da Divina Misericórdia, Francisco, inspirado nessa passagem de Tomé propõe: "Ser *apóstolos de misericórdia* significa tocar e acariciar as suas chagas, presentes hoje também no corpo e na alma de muitos dos seus irmãos e irmãs. Ao cuidar destas chagas, professamos Jesus, tornamo-Lo presente e vivo; permitimos a outros que palpem a sua misericórdia, e O reconheçam 'Senhor e Deus' (Jo 20, 28), como fez o apóstolo Tomé".[19]

Após tocar as chagas do Senhor, os discípulos professaram sua fé e partiram para anunciar a Boa Nova de que a morte já não mata mais, sendo testemunhas alegres dessa feliz esperança. Hoje, parece não haver dúvida de que o primeiro modo de evangelizar seja o testemunho. "As palavras comovem e os exemplos arrastam", diz o ditado popular. Nas palavras de Paulo VI: "O homem contemporâneo escuta com melhor boa vontade as testemunhas do que os mestres (...), ou então se escuta os mestres, é porque eles são testemunhas".[20] Uma vida honesta, doada, feliz, harmoniosa, mesmo nas dificuldades, é facilmente percebida pelos que estão à

---

[19] FRANCISCO. Homilia proferida na Praça São Pedro, no segundo domingo de Páscoa, em 03.04.16. Disponível em: https://w2.vatican.va/content/francesco/pt/homilies/2016/documents/papa-francesco_20160403_omelia-giubileo-divina-misericordia.pdf

[20] PAULO VI. *Exortação Apostólica* Evangelii Nuntiandi. *Sobre a evangelização no mundo contemporâneo* (08.12.1975). 6 ed. São Paulo: Paulinas, 1978, n. 41. (daqui em diante = EN)

Ética e evangelização: em busca da fidelidade evangélica   259

volta. Parece que estamos enfarados de palavras; já ouvimos por demais discursos e propostas belas e românticas; precisamos de testemunhos! Queremos olhar para pessoas que nos inspirem ao seguimento de nosso Mestre e Senhor no caminho do Santo Evangelho. Continua o Papa Montini: "o homem moderno, saturado de discursos, se demonstra muitas vezes cansado de ouvir e, pior ainda, como que imunizado contra a palavra".[21]

Notemos que as testemunhas eleitas por nós, na maioria das vezes, não o quiseram ser. Dispuseram-se como discípulos, e sua vida começou a exalar um perfume diferenciado, beirando à santidade de vida. Verdadeiros discípulos, homens e mulheres, jovens e idosos que, na simplicidade, nos apontam para um mundo diferente, integrado e feliz, entre Deus e as pessoas.

Professar a fé no Deus ressuscitado é levar uma vida condizente à sua vontade. Uma vida doada, despojada, empenhada pela paz, defensora da justiça. Nesses casos, não se nota uma separação entre fé professada e vida vivida. Conforme a velha máxima, uma ligação frutífera entre fé e vida.

Mediante a fé, somos constantemente confrontados pelas exigências do Evangelho para saber se nossas atitudes cotidianas são balizadas por esta referência; ou ao contrário, se a fé se mostra meramente como práticas devocionais, sem grande efeito prático e visível. Uma fé que dá frutos, capaz de fazer maravilhas, renascer os sonhos, fortalecer os desanimados: "Uma fé autêntica – que nunca é cômoda nem individualista – comporta sempre um profundo desejo de mudar o mundo, transmitir valores, deixar a terra um pouco melhor depois da nossa passagem por ela".[22]

---

[21] EN 42.
[22] EG 183.

Na carta de João, o apóstolo esclarece: "aquilo que nossas mãos tocaram, nossos olhos viram, isso vos anunciamos" (1Jo 1,1-5). Para uma evangelização autêntica há que se ter este contato próximo com o Senhor. Do contrário, falaremos do que não ouvimos, diremos do que não tocamos e, consequentemente, anunciaremos uma mera teoria.

Logo no início de sua exortação sobre a nova evangelização, Francisco ressalta: "Todos os cristãos, em qualquer lugar e situação que se encontrem, estão convidados a renovar hoje mesmo o seu encontro pessoal com Jesus Cristo ou, pelo menos, a tomar a decisão de se deixar encontrar por Ele, de procurá-Lo dia a dia, sem cessar".[23]

6. Lembra-te de Jesus Cristo (2Tm 2,8)

Por mais que possa parecer uma obviedade, é preciso insistir que a evangelização visa apresentar a pessoa e o projeto de Jesus.[24] Na dinâmica religiosa atual, comparada a um 'mercado religioso', pode-se encontrar 'Jesus' de várias marcas, formas e sabores, nem sempre fiéis ao Homem de Nazaré, comprometido em erguer as pessoas caídas à margem do caminho e dar-lhes novo sentido, abrilhantando sua esperança, unindo-as pelo dom do Espírito.

Nas palavras do Concílio, aquele que seguir Jesus, "o Homem perfeito, torna-se ele também mais homem".[25] Com isso, aproxi-

---

[23] EG 3.

[24] EN 22.

[25] COMPÊNDIO DO VATICANO II. *Constituições, Decretos, Declarações*. 29ª ed. VIER, Frederico (coord.). Petrópolis: Vozes, 2000. "Constituição Pastoral *Gaudium et Spes*. Sobre a Igreja no mundo atual", n. 41. (daqui em diante = GS)

Ética e evangelização: em busca da fidelidade evangélica   261

mar-se do mistério do Verbo Encarnado representará um salto em direção a uma evangelização humanizada e humanizadora.

Eticamente, aproximar nossa vida a Jesus significará um salto de qualidade em nossa humanidade, potencializando-a, e nos fará condescender com os que estão por ser apedrejados, famintos ou sepultados. Toda essa esperança é renovada pela presença de Deus, para anunciar na madrugada do primeiro dia da semana a grata surpresa do túmulo vazio.

A humanidade de Jesus convida a reverenciar o mistério de Deus, capaz de não se apegar ciosamente à sua natureza divina, mas de se fazer homem (Fl 2,6-11), unindo-se a cada homem. O Concílio insiste ainda que Jesus "trabalhou com mãos humanas, pensou com inteligência humana, agiu com vontade humana, amou com coração humano. Nascido da Virgem Maria, tornou-Se verdadeiramente um de nós, semelhante a nós em tudo, exceto no pecado".[26]

Anunciar Jesus é querer viver a sua vida, suas opções, que comportam, a um só tempo, ternura e profecia, docilidade e firmeza, uma vida capaz de dar a vida pelos seus, entregar-se plenamente nas mãos do Pai e ressuscitar ao terceiro dia. Enfim, de forma resumida, 'passar pelo mundo fazendo o bem' (At 10,38), conforme o testemunho de Pedro na casa de Cornélio.

Esses enfoques por nada obscurecem o poder de Jesus, sua capacidade multiplicadora, suas mãos capazes de curar. Inspirados na encarnação do Verbo de Deus, os cristãos têm uma síntese feliz entre a vida divina e a vida terrena, não como realidades rivais e incongruentes, mas harmônicas e integradas.

---

[26] GS 22.

"A revelação divina nunca se separa da experiência total do homem. Não podemos separar a plena consciência que Jesus Cristo tinha de ser Filho bem-amado, enviado pelo Pai, da experiência humana que possui de si mesmo e do mundo circunstante. Toda forma e modos de conhecimento de Deus, sobretudo os expressos em palavras, são de certo modo, condicionados pela experiência humana".[27]

Manter os pés fixados no chão, remetendo-nos à nossa dimensão adâmica, e elevar os olhos e o coração aos céus, mantendo viva a esperança em novos céus e nova terra. Desse conhecimento da pessoa e do projeto de Jesus Cristo "derivarão opções, valores, atitudes e comportamentos capazes de orientar e definir nossa vida cristã e de criar homens novos e, portanto, uma humanidade nova pela conversão da consciência individual e social".[28]

7. Conversão e empenho no mundo

Aproximar-se de Jesus é fazer um constante exame de consciência para conformar-se à Sua vida: quais passos foram dados, quais são ainda necessários. Um convite constante à conversão, à mudança de rota. Porém, a palavra 'conversão' em nossos dias vem sendo interpretada como uma passagem brusca de vida, referindo-se a deixar de participar desse grupo religioso para participar daquele, às vezes de forma sucessiva.

---

[27] HAERING, Bernhard. *Moral e Evangelização hoje.* São Paulo: Paulinas, 1977, p. 14.
[28] CONFERÊNCIA GERAL DO EPISCOPADO LATINO-AMERICANO. *Evangelização no presente e no futuro da América Latina. Conclusões da III Conferência Geral do Episcopado Latino-Americano (Puebla de los Angeles, México, 27-1 a 13-2 de 1979).* 10 ed. São Paulo: Paulinas, 1996, n. 12.

Ética e evangelização: em busca da fidelidade evangélica 263

Tenhamos por princípio: converter-se não tem a ver com posturas e mentalidades rasas, adquiridas da noite para o dia. Não tem implicações somente sobre o modo de pensar, mas, sobretudo, no conjunto de ser e agir, "na disposição básica de si mesmo, na orientação de sua vida, no delineamento de suas relações com os outros, no modo de levar a cabo seus compromissos".[29]

Bento XVI, ao se referir à dimensão ecumênica, - mas que pode e deve ser interpretada num sentido mais amplo - faz uma chamada importante: "Não são suficientes as manifestações de bons sentimentos. São necessários gestos concretos que entrem nos corações e despertem as consciências, enternecendo cada um àquela conversão interior que é o pressuposto de qualquer progresso pelo caminho do ecumenismo".[30]

Para a Igreja, a palavra 'conversão' não indica somente uma mudança de mentalidade e comportamento em nível individual-espiritual, mas também eclesial, coletivo.

Numa primeira acepção, fala-se de *conversão pastoral*, capaz de renovar as estruturas internas da Igreja, por vezes mais preocupada com assuntos burocráticos, normativos que propriamente agir com pena das ovelhas que não têm pastor. A conversão pastoral "requer que as comunidades eclesiais sejam comunidades de discípulos missionários ao redor de Jesus Cristo, Mestre e Pastor",[31] ou seja, que se passa de uma pastoral de conservação,

---

[29] HERRÁEZ, Fidel. "Conversão". In: FLORISTAN SAMANES, C. – TAMAYO-ACOSTA, J. J. *Dicionário de Conceitos Fundamentais do Cristianismo*. São Paulo: Paulus, 1999, p. 136.

[30] BENTO XVI. Primeira mensagem no final da concelebração eucarística com os cardeais eleitores na Capela Sistina (20.04.2005), n. 5. Disponível em: https://w2.vatican.va/content/benedict-xvi/pt/messages/pont-messages/2005/documents/hf_ben-xvi_mes_20050420_missa-pro-ecclesia.html

[31] CONSELHO EPISCOPAL LATINO-AMERICANO. *Documento de Aparecida*. Texto conclusivo da V Conferência Geral do Episcopado Latino-Americano e do Caribe. Brasília: Edições CNBB, 2007, n. 368. (daqui em diante = DA)

264 O imperativo ético da misericórdia

de manutenção das práticas eclesiais, para o anúncio do Reino, vivenciando a experiência cristã como missionariedade que atinge a todos os batizados, fazendo com que a Igreja "se manifeste como mãe que vai ao encontro, uma casa acolhedora, uma escola permanente de comunhão missionária".[32]

A segunda acepção é a *conversão ecológica*, justificada pelo Papa Francisco em sua encíclica *Laudato Si'*. Para o Papa, o atual momento global exige um novo olhar para a obra da criação, não mais baseado no modelo explorador antropocêntrico,[33] mas numa convivência harmoniosa entre toda a obra criada, cujo principal defensor e cuidador é o ser humano. Para essa conversão, Francisco vê a necessidade de uma mística ecológica integradora, cuja visão contempla o mundo como Deus o fez e o reconhecimento de que tudo é bom.

> "Convido todos os cristãos a explicitar essa dimensão da sua conversão, permitindo que a força e a luz da graça recebida se estendam também à relação com as outras criaturas e com o mundo que os rodeia, e suscite aquela sublime fraternidade com a criação inteira que viveu, de maneira tão elucidativa, São Francisco de Assis".[34]

---

[32] DA 370.

[33] O paradigma antropocêntrico transparece em várias orações cristãs, como herança de uma mentalidade plasmada no decorrer dos séculos, que pensa o ser humano como um príncipe, cuja criação foi feita para seu desfrute. Pensemos, por exemplo, na oração final da Liturgia das Horas, na Oração da Manhã da IV Semana do Saltério (grifo nosso): "Senhor nosso Deus, que confiastes ao ser humano a missão de guardar e cultivar a terra, e *colocastes o sol a seu serviço*, dai-nos a graça de neste dia trabalhar com ardor pelo bem dos nossos irmãos e irmãs para o louvor de vossa glória".

[34] FRANCISCO. *Carta Encíclica* Laudato Si'. *Sobre o cuidado da casa comum* (24.05.2015). São Paulo: Paulus/Loyola, 2015, n. 221. (daqui em diante = LS)

Ética e evangelização: em busca da fidelidade evangélica 265

Na *Laudato Si'*, Francisco faz referência a uma afirmação desconfortante de Bento XVI: "os desertos exteriores se multiplicam no mundo porque os desertos interiores se tornaram tão amplos".[35] Reflitamos, pois, sobre a relação entre o nível existencial das pessoas e seu engajamento na realidade que as rodeia. Vejamos um exemplo: por que razão as campanhas sanitárias têm tido pouco efeito na realidade brasileira? Apesar das campanhas publicitárias, insistências diversas, as atitudes cotidianas nem sempre se modificam. O inimigo da vez é o mosquito da dengue, que num combo de maledicências, trouxe consigo a Chikungunya e o vírus da Zica. Inspirados na afirmação de *Laudato Si'*, somos tentados a pensar que aquilo que a população passa, em decorrência do descaso dos governantes, é considerado mais grave a seus olhos do que empenhar-se em cuidar da água parada. Consideremos o transporte público, as filas nos postos de saúde, a educação deficitária. Não haverá campanha publicitária capaz de envolver a população se antes os 'desertos interiores' não forem recuperados. Não significa que as práticas externas de ação não devam ser feitas, porém, cuidar do ambiente em que se vive é uma atitude intimamente ligada ao estado de ânimo das pessoas, as quais se empenharão com mais fôlego se virem que tais projetos valem de fato a pena. Converter-se ao empenho no mundo será um segundo passo, depois que as realidades básicas já tiverem sido minimamente encaminhadas.

---

[35] LS 217. Francisco cita uma afirmação feita por Bento XVI na *Homilia no início solene do Ministério Petrino* (24.04.2005). In: *L'Osservatore Romano* (ed. portuguesa de 30.04.2005), p. 5.

8. Uma evangelização integral

Não é raro restringir as palavras evangelização e missão a 'assuntos religiosos', com objetivo proselitista. No entanto, o Papa Francisco, pelo *Twitter*, propôs outra definição: "Que quer dizer evangelizar? Testemunhar com alegria e simplicidade o que somos e aquilo em que acreditamos" (05.05.2014). A este respeito, o capítulo IV da *Evangelii Gaudium* é inspirador ao recordar que há uma dimensão social na evangelização que não pode ser esquecida. Não se pode pensar no anúncio do Evangelho de forma parcial, atingindo áreas específicas das pessoas. Antes, o Evangelho inunda a vida toda, em todas as suas dimensões, ilumina seus passos, mesmo nos caminhos mais sombrios. Evangelizar, segundo Francisco, "é tornar o Reino de Deus presente no mundo"[36] e, se a abordagem social não for devidamente considerada, corre o risco de desfigurar o sentido autêntico e integral da missão evangelizadora.

Há mais tempo a Igreja latino-americana alertava que a pregação do Evangelho não pode se dar sem levar em conta as realidades terrenas. Hoje, no entanto, com certa frequência, o Evangelho tem-se transformado em anunciar um 'Deus *light*', restrito à intimidade das pessoas, especialista em afagar os egos, sem desestabilizar as pessoas e sem tirá-las da própria zona de conforto. Busca de uma cultura sem mal-estar, que ao final se viu sem cultura, mas não sem mal-estar.[37] Ou, como propõe Lipovetsky, uma 'ética indolor', ao dizer de uma sociedade pós-moralista, que repudia a ideia de um dever rígido ao mesmo tempo em que

---

[36] EG 176.
[37] FAUS, José González. *Direitos humanos, deveres meus*. São Paulo: Paulus, 1998, p. 13.

Ética e evangelização: em busca da fidelidade evangélica 267

consagra os direitos individuais à autonomia, às aspirações de ordem pessoal, à felicidade. Uma ética que não exige nenhum sacrifício maior, nenhuma renúncia a si mesmo.[38] Ter fé e comprometer-se por um mundo melhor são, dessa forma, coisas distintas e que não se tocam. Na crise do compromisso comunitário, insistir na dimensão social da evangelização parece soar como voz que clama no deserto. Voltamos assim a um dualismo entre céu e terra, realidades terrenas e espirituais. Eticamente, não é possível pensar uma evangelização que não toque o todo da pessoa. Fragmentar a vida entre realidade espiritual e material seria retornar a um passado que o Concílio Vaticano II tentou superar, referindo-se aos discípulos de Cristo: "não se encontra nada verdadeiramente humano que não lhes ressoe no coração".[39]

Exemplo desse empenho é a defesa dos Direitos Humanos. Após um longo período de desconfiança, por estes terem sido concebidos no ambiente ateu e laicista da Revolução Francesa, a Igreja assume teologicamente sua importância, ressaltando o caráter integral entre fé nas promessas de Deus e concretude da vida.

João XXIII, que representa um marco nessa nova maneira de pensar eclesialmente os direitos, enfatiza que estes estão vinculados aos deveres: "o direito à existência liga-se ao dever de conservar-se em vida, o direito a um condigno teor de vida, à obrigação de viver dignamente".[40] Mas alerta o Papa Roncalli que não basta "reconhecer o direito da pessoa aos bens indispensáveis à

---

[38] LIPOVETSKY, Gilles. *A Sociedade pós-moralista: o crepúsculo do dever e a ética indolor dos novos tempos democráticos.* Barueri: Manole, 2009.

[39] GS 1.

[40] JOÃO XXIII. *Carta Encíclica* Pacem in Terris. *Sobre a paz de todos os povos, na base da verdade, justiça, caridade e liberdade* (11.04.1963). São Paulo: Paulinas, 1963, n. 29. (daqui em diante = PT)

268 O imperativo ético da misericórdia

sua subsistência, se não empenharmos todos os esforços para que cada um disponha desses meios em quantidade suficiente".[41]

A aparição dos Direitos Humanos vincula-se à aparição do sujeito, fazendo com que a subjetividade fosse vista como centro e motor da história, a qual, por sua vez, aparece separada da comunhão. Para o cristianismo, os direitos humanos são, sobretudo, os direitos do outro, mas, se o outro vem recebendo cada vez menos importância, ou se torna uma ameaça ou estorvo, os direitos mais propagados em nossos tempos passam a ser não tanto os 'humanos', mas os dos 'consumidores', uma vez que vivemos sob o regime de uma cultura *ancilla oeconomiae*.[42]

Numa síntese feliz entre evangelização e promoção humana, González Faus propõe uma paráfrase da bem-aventuranças. Segundo o autor, "a prioridade da obrigação e a dimensão de gratuidade com a volta preferencial ao outro e ao fraco, deveriam ser as duas contribuições mais típicas dos cristãos no tema dos direitos humanos: 'vinde, benditos de meu Pai, porque não tinha direitos humanos e mos destes".[43]

9. Atenção a Zaqueu entre as folhas

O olhar de Jesus - e assim deverá ser o de seus discípulos – mostra-se atento não só aos que estão em suas fileiras, mas também aos que, pelos cantos, acompanham seus passos. Por um motivo ou outro, muitos não se aproximam da Boa Notícia de Jesus, às vezes, não por lhe serem contrários, mas por acha-

---

[41] PT 32.
[42] FAUS. *Direitos humanos.*
[43] FAUS. *Direitos humanos...*, p. 36.

Ética e evangelização: em busca da fidelidade evangélica   269

rem a fé algo insignificante, ou porque não encontraram ainda aonde finalmente ancorar suas buscas.

Nos tempos atuais, cresce o número de pessoas distanciadas da fé institucionalizada. Às vezes mostram-se opositoras a qualquer discurso religioso, às vezes o ignoram como quimeras infantis. No Brasil, apesar desse número ser bem mais reduzido que em outros países, é um dado a ser pensado em termos de adesão religiosa e seu significado efetivo na vida das pessoas.

O padre tcheco, Tomáš Halík, em seu livro "Paciência com Deus", utiliza a passagem do Evangelho em que Jesus se encontra com Zaqueu para dizer das pessoas que acompanham os passos do Galileu, mesmo sem ser discípulos (Lc 19,1-10). Jesus identifica Zaqueu entre as folhas. Talvez houvesse outras pessoas com ele, nos galhos, mas a fala de Jesus é direcionada a Zaqueu. "A única pessoa capaz de abordar Zaqueu é alguém para quem essas pessoas escondidas entre os ramos de uma figueira não são estranhas nem desconhecidas - alguém que não as trata com desdém, que se preocupa com elas, alguém que pode responder àquilo que acontece no seu coração e na sua mente".[44]

Tal é igualmente a missão dos seguidores de Jesus: conservar o olhar atento aos que não estão no caminho, não necessariamente caídos, mas por vezes demasiadamente erguidos, mas antes de tudo, buscadores de algo que lhes dê sentido e esperança. "Há muitos Zaqueus entre nós. O destino do nosso mundo, da nossa Igreja e da sociedade depende - mais do que estamos dispostos a admitir - de até que ponto esses Zaqueus serão seduzidos, ou não".[45]

---

[44] HALÍK, Tomáš. *Paciência com Deus. Oportunidade para um encontro.* São Paulo: Paulinas, 2015, p. 27.
[45] HALÍK. *Paciência com Deus...*, p. 27.

Seduzir os Zaqueus talvez seja uma das tarefas mais desafiadoras de nosso tempo. Algo como as 'periferias existenciais' a que se refere o Papa Francisco, ao alertar que a evangelização é muito mais uma preocupação antropológica que propriamente geográfica. O referido autor tcheco, que viveu por décadas sua vocação às escondidas em decorrência do regime comunista de seu país confessa de forma intrigante:

> "Eu não gostaria de ser padre num país onde a fé é tida como um dado adquirido, e faz parte do folclore. A evangelização mais difícil é aquela do ambiente onde as pessoas acham que já sabem tudo, ou quase tudo, sobre Deus (...). Ficam surpresos quando lhes digo que em certos pontos de vista eu estou profundamente de acordo com eles, isto é, que o Deus que eles rejeitam na verdade não existe (...). A evangelização é a aventura de descobrir o Jesus incógnito. E, nesse sentido, os ateus são parceiros mais interessantes que os cristãos tradicionalistas".[46]

Conclusão

O anúncio do Evangelho nunca se dará no piloto automático. Sempre exigirá esforço, planejamento, linguagem, esperança. Certamente outros fatores poderiam ser lembrados aqui. Como dissemos, não nos dispusemos a elencar todos os critérios envolvidos na atualidade da evangelização. Destacamos

---

[46] Ver entrevista publicada pelo IHU, em 28.08.2015: "O relator do Ratzinger Schülerkreis: "Falar de Deus para salvar o homem dos ídolos". Disponível em: http://www.ihu.unisinos.br/noticias/546200-o-relator-do-ratzinger-schuelerkreis-qfalar-de-deus-para-salvar-o-homem-dos-idolosq

Ética e evangelização: em busca da fidelidade evangélica 271

somente aquela relação mais básica e fundamental, o tu-a-tu, expressa de diversas formas. A evangelização visa o anúncio do Reino inaugurado por Jesus. A partir dele somos chamados à conversão, a conformar--nos no cotidiano da vida ao Evangelho de Cristo, o que significará vida plena nos diversos lugares, quer no hipercentro das capitais quer nos lugarejos distantes. Cabe investir nos que estão nas fileiras da Igreja, mas sem deixar de lado os que dos galhos das árvores observam curiosos, com o coração pulsante por ver Jesus e seus sinais. Vale recordar as palavras ainda ricas de significado de Bernhard Haering:

> "A fé é, em primeiro lugar, escuta e abertura, mas também resposta e dom de si. Uma fé desse tipo contém toda a dinâmica de testemunho e de empenho pelo reino de Deus. A escuta inclui necessariamente a atenção para os sinais dos tempos; homens e comunidades que não querem prestar atenção sepultam necessariamente Deus no passado, ao passo que mediante a vigilância pessoal e comunitária o homem vive na presença de Deus, Senhor da história. Integrado, assim, no conjunto da proclamação do Evangelho, o discernimento dos sinais dos tempos e sua comunicação tornam-se evangelização, eficaz à medida que as pessoas e as comunidades estão preparadas para dar uma resposta existencial a esses sinais".[47]

---

[47] HAERING. *Moral e Evangelização hoje...*, p. 20.

Referências bibliográficas

AVELLAR, Valter Luis de. "Cibercultura e religiosidade: interfaces". In: SILVEIRA, Emerson J. Sena da - AVELLAR, Valter Luis de (orgs.). *Espiritualidade e Sagrado no mundo cibernético*. São Paulo: Loyola, 2014, p. 51-72.

BENTO XVI. *Verdade, anúncio e autenticidade de vida, na era digital.* Mensagem do Papa Bento XVI para o 45°. Dia Mundial das Comunicações Sociais – 05.06.2011). Disponível em: https://w2.vatican.va/content/benedict-xvi/pt/messages/communications/documents/hf_ben-xvi_mes_20110124_45th-world-communications-day.html

BENTO XVI. Primeira mensagem no final da concelebração eucarística com os cardeais eleitores na Capela Sistina (20.04.2005). Disponível em: https://w2.vatican.va/content/benedict-xvi/pt/messages/pont-messages/2005/documents/hf_ben-xvi_mes_20050420_missa-pro-ecclesia.html

CONFERÊNCIA GERAL DO EPISCOPADO LATINO-AMERICANO. *Evangelização no presente e no futuro da América Latina. Conclusões da III Conferência Geral do Episcopado Latino-Americano (Puebla de los Angeles, México, 27-1 a 13-2 de 1979).* 10 ed. São Paulo: Paulinas, 1996.

CONSELHO EPISCOPAL LATINO-AMERICANO. *Documento de Aparecida.* Texto conclusivo da V Conferência Geral do Episcopado Latino-Americano e do Caribe. Brasília: Edições CNBB, 2007.

COMPÊNDIO DO VATICANO II. *Constituições. Decretos, Declarações.* VIER, Frederico (coord.). 29 ed. Petrópolis: Vozes, 2000.

Ética e evangelização: em busca da fidelidade evangélica 273

FAUS, José González. *Direitos humanos, deveres meus*. São Paulo: Paulus, 1998.

FRANCISCO. *Carta encíclica "Laudato Si'" sobre o cuidado da casa comum*. São Paulo: Paulinas, 2015 (A Voz do Papa 201).

FRANCISCO. *Exortação apostólica "Evangelii Gaudium"*. São Paulo: Paulinas, 2013 (A Voz do Papa 198).

FRANCISCO. *Misericordiae Vultus. O rosto da misericórdia. Bula de proclamação do Jubileu Extraordinário da Misericórdia*. São Paulo: Paulinas, 2015.

FRANCISCO. Homilia proferida na Praça São Pedro, no segundo domingo de Páscoa, em 03.04.16. Disponível em: https://w2.vatican.va/content/francesco/pt/homilies/2016/documents/papa-francesco_20160403_omelia-giubileo-divina-misericordia.pdf

HAERING, Bernhard. *Moral e Evangelização hoje*. São Paulo: Paulinas, 1977.

HALÍK, Tomáš. *Paciência com Deus. Oportunidade para um encontro*. São Paulo: Paulinas, 2015.

HERRÁEZ, Fidel. "Conversão". In: FLORISTAN SAMANES, C. – TAMAYO-ACOSTA, J. J. *Dicionário de Conceitos Fundamentais do Cristianismo*. São Paulo: Paulus, 1999.

JOÃO XXIII. *Carta Encíclica* Pacem in Terris. *Sobre a paz de todos os povos, na base da verdade, justiça, caridade e liberdade* (11.04.1963). São Paulo: Paulinas, 1963.

LIPOVETSKY, Gilles. *A Sociedade pós-moralista: o crepúsculo do dever e a ética indolor dos novos tempos democráticos*. Barueri: Manole, 2009.

MASSIMI, Marina. *Il potere e la Croce: colonizzazione dei Gesuiti in Brasile*. Torino: San Paolo, 2008.

274 O imperativo ético da misericórdia

PAULO VI. *Exortação Apostólica* Evangelii Nuntiandi. *Sobre a evangelização no mundo contemporâneo* (08.12.1975). 6 ed. São Paulo: Paulinas, 1978.

SARAIVA MARTINS, José. "L'evangelo e le culture nell'ultimo Sinodo dei Vescovi". In: *Evangelizzazione e Culture*. Atti del Congresso Internazionale Scientifico di Missiologia I (Roma, 5-12 ottobre 1975). Roma: Pontifica Università Urbaniana, 1976, p. 58-69.

SÍNODO DOS BISPOS. *A Nova evangelização para a transmissão da fé cristã. XIII Assembleia Geral Ordinária* (2011). *Lineamenta* 5. Disponível em: http://www.vatican.va/roman_curia/synod/documents/rc_synod_doc_20110202_lineamenta--xiii-assembly_po.html

SOUZA AGUIAR, Carlos Eduardo. "Da ciber-religião para a ciber-religiosidade". In: SILVEIRA, Emerson J. Sena da - AVELLAR, Valter Luis de. (orgs.). *Espiritualidade e Sagrado no mundo cibernético*. São Paulo: Loyola, 2014, p. 73-90.

SPADARO, Antonio. *Ciberteologia: pensar o cristianismo nos tempos da rede*. São Paulo: Paulinas, 2012.

12

O compromisso missionário como imperativo moral na eclesiologia de Francisco

Antonio Edson Bantim Oliveira[1]

Introdução

A Igreja, nos últimos decênios, apesar das inúmeras intervenções do magistério oficial acerca do anúncio do Evangelho, tem perdido, consideravelmente, a sua identidade missionária, sobretudo no que concerne à difusão dos valores que emanam da Palavra de Deus e caracterizam a Vida Nova e o Reino anunciado e testemunhado por Jesus Cristo.

O imenso avanço do individualismo e sua incidência sobre a *forma mentis* das novas gerações, bem como das novas formas de fundamentalismo e de "cristianismo gnóstico", fez com que a missão e a salvação cristãs fossem compreendidas de modo intimista e referidas unicamente ao indivíduo, ou seja, desprovidas de um conteúdo social.

---

[1] Antonio Edson Bantim de Oliveira é Doutor em Teologia Moral (Academia Alfonsiana – Roma) e Professor da Faculdade Diocesana de Mossoró (RN); http://lattes.cnpq.br/2295738480693305

276 O imperativo ético da misericórdia

Ademais, ocorre em nossos dias uma forte separação entre anúncio do conteúdo do *kerygma* e vida privada dos cristãos, como se a Boa Nova cristã não fosse mais que uma simples informação, sem algum valor incisivo sobre o comportamento e a perspectiva de vida daqueles e daquelas que se auto identificam como cristãos. Tal situação produz uma profunda crise de sentido nos membros da comunidade cristã ao passo que desprovê de significado para o mundo o próprio Evangelho e a vida que dele emerge.

Aqui procuramos redescobrir, à luz do Magistério da Igreja, a identidade missionária da comunidade cristã, bem como os desafios que a ela se apresentam em nossos dias. Em seguida, tomaremos o ensinamento de Francisco, sobretudo da Exortação Apostólica *Evangelii Gaudium*, acerca da identidade missionária da Igreja e de uma eclesiologia que recupera o horizonte da missão como um verdadeiro imperativo moral eclesial.

1. A identidade missionária da comunidade cristã

A auto compreensão da comunidade cristã como missionária é, quase sempre, entendida como um dado evidente e, portanto, isento da necessidade de reflexão. A negligência da discussão acerca do caráter missionário da comunidade dos discípulos de Jesus Cristo leva a uma compreensão muitas vezes equivocada do conteúdo da afirmação do decreto conciliar *Ad gentes*: "A Igreja peregrina é por sua natureza missionária".[2]

Entende-se a Igreja a partir de sua missão. Todo o conteúdo de sua identidade se encontra marcado pelo mandato do Senhor

---

[2] COMPÊNDIO DO VATICANO II. *Constituições, Decretos, Declarações.* 29ª ed.VIER, Frederico (coord.). Petrópolis:Vozes, 2000."Decreto *Ad gentes.* Sobre a atividade missionária da Igreja (07.12.1965), n. 2. (daqui em diante = AG)

O compromisso missionário como imperativo moral... 277

de anúncio e testemunho do Evangelho (Mt 28, 19-20), de difusão da vida nova que se nos revelou em Jesus Cristo (Jo 1,18), por mandato do Pai (Jo 6, 38) e pela ação do Espírito Santo (Jo 16, 13). Esta compreensão da Igreja como "enviada" por Cristo, o "Enviado do Pai", esteve desde sempre presente na "consciência eclesial". Os relatos bíblicos sobre o envio missionário dos discípulos bem como os diversos testemunhos acerca do empenho missionário dos primeiros cristãos e a radicalidade que os caracterizava, ao ponto de comprometer a própria vida e destemidamente derramar o próprio sangue pela Vida que comunicavam, são provas irrefutáveis da relevância dada à missão por aqueles que puseram as bases do edifício eclesial. Deste modo, pode-se afirmar com Puebla que "a história da Igreja é, fundamentalmente, a história da evangelização de um povo que vive em constante gestação, nasce e se enxerta na existência secular das nações".[3]

O povo que se encontra em gestação é ao mesmo tempo fruto do anúncio do Evangelho e responsável pela sua contínua difusão. Em um círculo vital, a árvore produz frutos e estes produzem a árvore. Trata-se do dinamismo interno do amor de Deus que, num processo contínuo de gestação, reproduz na vida da Igreja a Graça redentora de Cristo, ao mesmo tempo em que a mesma Igreja reverbera e comunica ao mundo inteiro os tesouros de seu Redentor.

A exigência do compromisso missionário se põe desde as raízes do cristianismo como dinamismo interno da vida da comunidade dos discípulos. É a necessidade de anúncio/testemunho

---

[3] CONFERÊNCIA GERAL DO EPISCOPADO LATINO-AMERICANO. *Evangelização no presente e no futuro da América Latina. Conclusões da III Conferência Geral do Episcopado Latino-Americano (Puebla de los Angeles, México, 27-1 a 13-2 de 1979)*. 10 ed. São Paulo: Paulinas, 1996, n. 4.

do Evangelho que determina a cadência da vida cristã, bem como impulsiona, na alegria, a comunhão com Cristo e entre os irmãos.

> A missão cristã pressupõe, por isso, uma experiência tão forte e alegre que deve ser anunciada. É sob essa luz que se compreende como a história dos primórdios do cristianismo é história da missão. A igreja primitiva, enfim, é missionária não porque deva sê-lo, mas simplesmente porque vive. Aliás, quanto mais vive, mais é missionária. O fato de 'ser missionária', portanto, não é uma das 'notas' características que a acompanham, mas é, antes, constitutiva de sua essência de continuar a espalhar o anúncio do Reino.[4]

A Igreja nascente forja, pois, sua identidade através da missão, compreendendo-se sobretudo como discípula, chamada a imitar seu Mestre não somente na pregação, mas principalmente no modelo de vida e no método de comunicação desta mesma vida. Deste modo, os primeiros missionários cristãos se caracterizam pela radicalidade de vida, pela consciência de que a fidelidade a Cristo exigia uma ruptura com o mundo – não um distanciamento das pessoas –, ou seja, uma mudança no que concerne à lógica de compreensão da vida e da história pessoal e social.

Aqui não se trata de uma identidade egocêntrica ou autorreferencial. Os fiéis do cristianismo nascente não deixam de ser homens e mulheres de seu tempo, porém, a fé antropocêntrica da nova religião punha-lhes o desafio de rever a sua compreensão acerca de si mesmos, de sua história e da própria relação com Deus. Fora esta, propriamente, a ruptura radical que a fé

---

[4] PADOVESE, Luigi. *Introdução à teologia patrística*. São Paulo: Loyola, 1999, p. 179.

O compromisso missionário como imperativo moral...　　279

cristã operou na vida das novas comunidades. O dinamismo do amor, como experiência fundamental da práxis dos membros do nascente cristianismo, faz com que a sua vida mesma se torne o principal instrumento de realização do seu mandato missionário. Ao contrário do que ocorre posteriormente, a Igreja se compreende como povo de viandantes, peregrinos resolutos no testemunho, capazes de comprometer a própria vida não para anunciar uma ideia abstrata, mas para tornar conhecida a Vida que receberam e que lhes provocou tamanha alegria que não se podem furtar de anunciá-la com a própria história. A missão, portanto, se impõe não somente como um dever exterior, mas como uma necessidade interior, concernente à própria existência cristã.

O empenho missionário dos primeiros cristãos alicerça-se, sobretudo, em três elementos fundamentais da compreensão que a comunidade tinha de si mesma e da obra redentora de Cristo: em primeiro lugar, se encontra o mandato do Senhor (Jo 20,21), ou seja, a ação missionária, podemos afirmar, possui como primeiro motivo teológico aquele de ser um ato de obediência ao Mestre e Senhor Jesus Cristo e, ao mesmo tempo, expressão da própria identificação dos discípulos com Cristo (*"Sicut misit me Pater..."*); o segundo motivo, também teológico, é aquele que se refere à profissão de fé na universalidade da salvação (Mc 16,15), ou seja, para os discípulos, a missão se põe como um imperativo porque o Evangelho é destinado a todos e cada um dos homens e mulheres pelos quais o Senhor deu a sua vida e que, por terem sido amados por Ele até o extremo (Jo 13,1), são também os destinatários do amor cristão; o terceiro motivo, que não é menos importante, é existencial, ou seja, trata-se da necessidade de realização dos discípulos e discípulas de Cristo que se entendem a partir do anúncio testemunhal

280 O imperativo ético da misericórdia

da Graça que os marcou e regenerou no amor. É nesse sentido que Paulo afirma: "quando prego o evangelho, não posso me orgulhar, pois me é imposta a necessidade de pregar. Ai de mim se não pregar o evangelho" (1Cor 9,16).

O Magistério da Igreja reafirma, ao longo da história, o compromisso missionário e, apesar da diversidade na compreensão sobretudo do método de anúncio do Evangelho, jamais se deixou de lado, como sendo secundário, este que é um dever e uma necessidade da comunidade cristã. Deste modo, além do decreto conciliar *Ad gentes*, Paulo VI, na *Evangelii nuntiandi*, confirma esta qualidade essencial da vida da Igreja de Cristo como sendo um dever irrenunciável.

> Foi com alegria e reconforto que nós ouvimos, no final da grande assembleia de outubro de 1974, estas luminosas palavras: 'Nós queremos confirmar, uma vez mais ainda, que a tarefa de evangelizar todos os homens constitui a missão essencial da Igreja'; tarefa e missão, que as amplas e profundas mudanças da sociedade atual tornam ainda mais urgentes. Evangelizar constitui, de fato, a graça e a vocação própria da Igreja, a sua mais profunda identidade. Ela existe para evangelizar, ou seja, para pregar e ensinar, ser o canal do dom da graça, reconciliar os pecadores com Deus e perpetuar o sacrifício de Cristo na santa missa, que é o memorial da sua morte e gloriosa ressurreição[5].

A apresentação da mensagem evangélica não e para a Igreja uma contribuição facultativa: é um dever que lhe incumbe, por mandato do Senhor Jesus, a fim de que os homens possam acre-

---

[5] PAULO VI. *Exortação Apostólica Evangelii Nuntiandi. Sobre a evangelização no mundo contemporâneo* (08.12.1975). 6 ed, São Paulo: Paulinas, 1978, n. 14. (daqui em diante = EN)

O compromisso missionário como imperativo moral...	281

ditar e ser salvos. Sim, esta mensagem é necessária; ela é única e não poderia ser substituída. Assim, ela não admite indiferença nem sincretismo, nem acomodação. É a salvação dos homens que está em causa; é a beleza da Revelação que ela representa.[6] Por ser a identidade fundamental da existência itinerante da comunidade cristã, a missão de anunciar o Evangelho, principalmente através do testemunho de amor aos seres humanos de modo indistinto, se impõe como uma necessidade existencial da Igreja e como dever fundamental de cada um de seus membros. No cumprimento deste mandato, os homens e as mulheres, filhos e filhas da Igreja, se realizam como discípulos de Jesus Cristo e se fazem, eles mesmos, pela vida e pelo amor dispensado a todos os seres humanos, a Boa Notícia de todos os tempos e lugares, especialmente em tempos de violência e injustiça e nos lugares onde a dor e a desolação gritam mais alto e sobrevêm como uma avalanche que parece sufocar a liberdade e afugentar a esperança.

2. Missão e vida moral: dar frutos de caridade para a vida do mundo

O princípio da caridade é posto em relação com a dimensão do serviço ao mundo, dimensão esta que caracteriza a abertura da comunidade cristã e a comunhão com as "alegrias e as esperanças, as tristezas e as angústias"[7] dos homens e mulheres de seu tempo, ensimesmando-se com o mundo ao qual dirige o anúncio da salvação e da vida nova do Evangelho.

---

[6] EN 5.
[7] COMPÊNDIO DO VATICANO II. *Constituições, Decretos, Declarações*. 29ª ed. VIER, Frederico (coord.). Petrópolis: Vozes, 2000. "Constituição Pastoral *Gaudium et Spes*. Sobre a Igreja no mundo atual" (07.12.1965), n. 1.

282 O imperativo ético da misericórdia

Diversos documentos conciliares evidenciam o princípio/ valor da caridade/amor: como identidade do serviço pastoral do clero;[8] como significado da presença missionária da comunidade cristã no mundo, sobretudo nos ambientes em que a dignidade humana é gravemente ferida pela injustiça social;[9] como princípio orientador da vida consagrada;[10] como fonte e pináculo do apostolado cristão.[11] Enfim, declara o Concílio que "todo o exercício do apostolado deve buscar sua origem e força na caridade".[12]

Desta forma, o Concílio pretende revisar a práxis cristã e eclesial de modo que se possa superar o modelo minimalista, centrado sobre o indivíduo e sua salvação pessoal, no qual a caridade aparece como um mero instrumento, útil à elevação de quem o utiliza. Porquanto, em diversos momentos se insiste sobre a dimensão social[13] da vida humana e da ação evangelizadora da Igreja, apontando o serviço como dom gratuito e desinteressado, à imitação da entrega de Jesus Cristo.

Assim o Concílio apresenta, ainda que nem sempre de modo explícito, as bases para a renovação da teologia moral e,

---

[8] COMPÊNDIO DO VATICANO II. *Constituições, Decretos, Declarações*. 29ª ed. VIER, Frederico (coord.). Petrópolis: Vozes, 2000. "Decreto *Presbyterorum ordinis*. Sobre o ministério e a vida dos sacerdotes" (07.12.1965), n. 14.

[9] AG 20.

[10] COMPÊNDIO DO VATICANO II. *Constituições, Decretos, Declarações*. 29ª ed. VIER, Frederico (coord.). Petrópolis: Vozes, 2000. "Decreto *Perfectae caritatis*. Sobre a conveniente renovação da vida religiosa" (28.10.1965), n. 8.

[11] COMPÊNDIO DO VATICANO II. *Constituições, Decretos, Declarações*. 29ª ed. VIER, Frederico (coord.). Petrópolis: Vozes, 2000. "Decreto *Apostolicam actuositatem*. Sobre o apostolado dos leigos" (18.11.1965), n. 3. (daqui em diante = AA)

[12] AA 8.

[13] COMPÊNDIO DO VATICANO II. *Constituições, Decretos, Declarações*. 29ª ed. VIER, Frederico (coord.). Petrópolis: Vozes, 2000. "Declaração *Dignitatis humanae*. Sobre a liberdade religiosa" (07.12.1965), n. 3.

O compromisso missionário como imperativo moral... 283

por conseguinte, para a compreensão da própria ação da Igreja e da práxis individual dos fiéis. Os padres conciliares indicam os princípios fundamentais para a elaboração de uma moral social planetária, superando o modelo ético individualista que se tinha instaurado nos séculos anteriores, além de acentuar o aspecto pastoral do anúncio cristão e a corresponsabilidade para com o progresso integral das realidades humanas.

Sob o mesmo espírito conciliar, Paulo VI, em 1975, por ocasião do Ano Santo, convoca um Sínodo sobre a Evangelização no mundo contemporâneo. Diante das incontáveis mudanças pelas quais passava a sociedade e a Igreja, os padres sinodais se perguntavam acerca da força da Boa Nova de Jesus Cristo para transformar as consciências dos homens daquele tempo. Questionavam-se ainda acerca da eficácia da metodologia utilizada pela Igreja para a proclamação do Evangelho.[14] A exigência de uma compreensão adequada das vias mais eficazes para o anúncio do Evangelho põe-se ao lado da necessidade de uma renovação da compreensão do ensinamento moral da Igreja.[15]

A obrigação do anúncio do Evangelho põe-se ao lado da obrigação do testemunho do Evangelho, se não em coincidência com ele. A vida cristã é, de fato, a via mais eficaz para a comunicação dos valores evangélicos e da salvação operada por Cristo com a sua vida, sobretudo com sua entrega total e definitiva em favor dos pecadores. O caráter performático do Evangelho corresponde ao dever de testemunho desse mesmo Evangelho. Deste modo, a missão se apresenta como imperativo à consciên-

---

[14] EN 4.
[15] COMPÊNDIO DO VATICANO II. *Constituições, Decretos, Declarações.* 29ª ed. VIER, Frederico (coord.). Petrópolis: Vozes, 2000. "Decreto *Optatam totius.* Sobre a formação sacerdotal" (28.10.1965), n. 16.

cia cristã;[16] a "vida moral" ou práxis dos fiéis apresenta-se como lugar por excelência do empenho missionário e instrumento irrenunciável para a eficácia da realização de tal dever.

> Mas ele realiza igualmente esta proclamação com sinais inumeráveis que provocam a estupefação das multidões e, ao mesmo tempo, as arrastam para junto dele, para o ver, para o escutar e para se deixarem transformar por ele. (...) Entre todos os demais, há um sinal a que ele reconhece uma grande importância: os pequeninos, os pobres são evangelizados, tornam-se seus discípulos, reúnem-se 'em seu nome' na grande comunidade daqueles que acreditam nele. Efetivamente, aquele Jesus que declarava - 'Eu devo anunciar a Boa Nova do reino de Deus' - é o mesmo Jesus do qual o evangelista São João dizia que ele tinha vindo e devia morrer 'para reunir os filhos de Deus que andavam dispersos'.[17]

Compreendendo deste modo a missão de Jesus Cristo, ou seja, como realização de um comportamento pró-humano e em tensão missionária com o intento de promover a comunhão entre os homens e, através dela, a plena realização daquela unidade querida pelo Pai, a Igreja se vê diante do dever de ser ela mesma um instrumento eficaz desta unidade. A realização de tal dever não pode efetivar-se sem tomar em consideração a metodologia utilizada pelo Filho de Deus feito Homem, ou seja, dar sinais concretos da transformação que o Evangelho opera na vida do homem e do mundo.

[16] EN 7.
[17] EN 12.

O compromisso missionário como imperativo moral... 285

São, portanto, os sinais de conversão presentes na comunidade cristã, a retidão de vida e a consciência de cada um de seus membros a dar *autorevolezza*[18] ao seu discurso moral. A missão da Igreja se concretiza na e pela vida dos fiéis ao passo que seu discurso sobre a moral e os costumes não possui significado senão em relação ao seu dever de anúncio e testemunho da Boa Nova. De fato, alerta o Senhor: "não se acende uma lâmpada para pô-la sob a cama, mas num candeeiro para que ilumine a todos os que estão em casa" (Mt 5,15).

Este imperativo prático se traduz na indicação moral do decreto *Optatam totius* de produzir frutos na caridade para a vida do mundo. Não se trata, portanto, de um mandamento voltado unicamente ao benefício intra-eclesial, mas de um serviço generoso aos homens e mulheres de todos os tempos e de todas as raças, culturas e condições sociais. Trata-se do próprio imperativo moral do amor mútuo que, em sentido paulino, corresponde à base semântica do agir cristão, dando sentido a todos os atos do crente e transformando-os em sinais da presença de Cristo no mundo e da irrupção de seu Reino no tempo e na história humana.

A dimensão comunitária e comunicativa da *halakah*[19] cristã e da *missio ecclesiae* confluem e se transformam no conjunto complexo da experiência dos discípulos de Jesus. A moral cristã aqui não deve ser compreendida apenas como o conjunto de normas e indicativos para o agir, mas em seu sentido mais amplo, que comporta a espiritualidade e a mística, bem como

---

[18] Autoridade moral.

[19] Aqui entendido não propriamente como "lei" mas como "caminho a ser percorrido", num sentido mais aberto e existencial.

a sensibilidade em relação à presença de Deus e dos outros homens e mulheres como sujeitos que interpelam e propõem às consciências a questão do significado profundo do existir humano e cristão.

3. A questão da comunicabilidade como desafio para uma moral missionária

Poderíamos elencar aqui uma série de desafios numa espécie de catálogo quase interminável dos problemas que se apresentam, seja em nível pessoal ou coletivo, seja no que concerne à vida eclesial ou no que se refere às transformações ocorridas na sociedade e na mentalidade global. Nosso intento, porém, é dirigir o olhar para aquela que consideramos a questão primordial, o desafio "capital" do qual emerge uma série de outras dificuldades para o anúncio do Evangelho e para o ensinamento moral cristão.

Se, antes, nos referíamos à missionariedade como identidade da Igreja e à vida moral como instrumento irrenunciável à missão, agora nos deparamos com a questão da efetivação deste empenho missionário e a comunicação do Evangelho como experiência de vida e testemunho da Vida Nova doada por Cristo em modo definitivo, mas sempre em processo de conquista por parte do ser humano.

Aqui nos interrogamos acerca da capacidade de o discípulo-missionário cristão comunicar os conteúdos da fé e da vida moral, traduzindo-os e tornando-os significativos para os diversos tipos de interlocutores com os quais se confronta. Isso concerne às condições de possibilidade seja da "teologalidade" da moral, seja do caráter dialógico de seu discurso, entendido como anúncio eficaz do Evangelho de Jesus Cristo.

O compromisso missionário como imperativo moral... 287

A questão do sentido não se reduz somente ao plano semântico, da relação entre significado, significante e referente, mas consiste em "um fenômeno complexo que envolve uma multiplicidade de componentes cuja interação contribui com a formação daquilo que, à luz dos desenvolvimentos mais recentes da pesquisa, poderíamos chamar de «ambiente comunicativo»".[20]

Para o discurso teológico e, de modo muito singular, para o discurso teológico moral, o tema do significado é crucial, pois determina o reconhecimento da sua validade e o seu acolhimento como instrumento de formação das consciências e de auxílio no processo de discernimento individual e social.

Considerando que em nossos dias a distinção aristotélica entre ciências práticas e teóricas já não exprime a realidade das ciências em toda a sua complexidade, e visto que cada vez mais os conhecimentos ditos teóricos incidem e por vezes determinam a práxis humana,[21] a comunicação do saber moral torna-se sempre mais confusa, submetendo-se ao risco de perda de significado ou de uma significação irrelevante.

A pergunta sobre o significado da moral cristã ou sobre o valor significativo que ela tem para a interpretação da vida e do agir humano não possui, como pode parecer, uma resposta objetiva e sintética. Existe um conjunto de numerosos elementos, submetidos a uma situação de intensa complexidade, que exclui a possibilidade de qualquer afirmação simplicista ou positivista.

O mesmo ocorre com o anúncio do *kerygma* cristão. A complexa realidade à qual ele é dirigido exige, por parte do missio-

---

[20] CIARDELLA, Piero – MAGGIANI, Silvano (curatori). *La fede e la sua comunicazione: Il Vangelo, la Chiesa e la cultura.* Bologna: EDB, 2006, p. 35.

[21] PINCKAERS, Servais. *Las fuentes de la moral cristiana: su método, su contenido, su historia.* 3 ed. Navarra: EUNSA, 2007, p. 80.

288 O imperativo ético da misericórdia

nário, uma capacidade extraordinária de ressignificação do seu conteúdo, sem que se perca, contudo, a sua peculiaridade e o seu caráter performático. A conjunção dos adjetivos discípulo e missionário aplicados aos batizados exprime esta identidade complexa do fiel cristão: ao mesmo tempo em que ele é seguidor e aprendiz do Evangelho é também missionário, anunciador da mesma Verdade que o transformou e deu significado à sua vida.

> Jesus os escolheu para 'que estivessem com Ele e para enviá-los a pregar (Mc 3,14), para que o seguissem com a finalidade de 'ser d'Ele' e fazer parte 'dos seus' e participar de sua missão. O discípulo experimenta que a vinculação íntima com Jesus no grupo dos seus é participação da Vida saída das entranhas do Pai, é formar-se para assumir seu estilo de vida e suas motivações (cf. Lc 6,40b), correr sua mesma sorte e assumir sua missão de fazer novas todas as coisas.[22]

É este estilo de vida que deve ser significativo. Não basta que os discípulos encontrem um significado para si enquanto membros do Povo de Deus, numa atitude autorreferencial, mas se faz necessário, cada vez mais, que a linguagem com a qual se difunde a Boa Nova de Cristo seja acessível a todos os seres humanos. Esta, para nós, deve ser a maior preocupação no âmbito da educação moral em perspectiva missionária.

Além das questões subjetivas ou culturais que põem em dificuldade o significado do discurso moral, existem aquelas que são fruto do desenvolvimento científico e caracterizam a

---

[22] CONSELHO EPISCOPAL LATINO-AMERICANO. *Documento de Aparecida*. Texto conclusivo da V Conferência Geral do Episcopado Latino-Americano e do Caribe. Brasília: Edições CNBB, 2007, n. 131. (daqui em diante = DA)

O compromisso missionário como imperativo moral... 289

sociedade e o *modus vivendi* hodierno, incidindo diretamente nos processos de significação subjetivos e coletivos, como é o caso das comunicações de massa.

A veiculação de determinado significado difunde, simultaneamente, um modo novo de compreender a realidade, de interpretá-la e de posicionar-se em relação a ela. Desta forma, o excesso de informações e a multiplicidade de significados pode proporcionar, contraditoriamente, uma ausência de sentido.

Em seu discurso por ocasião do dia mundial das comunicações de 2008, o Papa Bento XVI alerta para o perigo de um sistema comunicativo que prescinde da verdade ou a manipula conforme os próprios interesses.

> Os *media*, no seu conjunto, não servem apenas para a difusão das ideias, mas podem e devem ser também instrumentos ao serviço de um mundo mais justo e solidário. Infelizmente, é bem real o risco de, pelo contrário, se transformarem em sistemas que visam submeter o homem a lógicas ditadas pelos interesses predominantes do momento. É o caso de uma comunicação usada para fins ideológicos ou para a venda de produtos de consumo mediante uma publicidade obsessiva. Com o pretexto de se apresentar a realidade, de fato tende-se a legitimar e a impor modelos errados de vida pessoal, familiar ou social.[23]

A teologia moral hodierna, bem como a missiologia, são carentes de uma reflexão mais aprofundada sobre a questão do

---

[23] BENTO XVI. "Os meios de comunicação social: na encruzilhada entre protagonismo e serviço. Buscar a verdade para partilhá-la". Mensagem para o 42º Dia Mundial das Comunicações Sociais (04.05.2008), n. 2. Disponível em: https://w2.vatican.va/content/benedict--xvi/pt/messages/commu iications/documents/hf_ben-xvi_mes_20080124_42nd-world--communications-day.htm

sentido,[24] ainda que isso seja de fundamental importância para a compreensão da sociedade e da experiência humana em nossos dias. A ausência de laços, de compromissos, de valores radicados, defrauda o ser humano do espaço vital no qual ele possa construir a si mesmo e dar sentido às suas escolhas, ao mesmo tempo em que torna impossível a comunicação e a relação frutuosa entre os indivíduos e os povos.

O manual de Servais Pinckaers (1925-2008), no capítulo sobre «o caráter humano da teologia moral», quando reflete acerca da qualidade do saber teológico e seu significado diante das demais ciências humanas, identifica a imensa dificuldade que enfrenta o conhecimento moral no que concerne à sua comunicação, devido ao caráter de interioridade que lhe é próprio.

> O conhecimento moral situa-nos diante de um paradoxo: quanto mais o vivamos, quanto mais poderoso seja em nós, mais se nos torna difícil expressá-lo com palavras, expô-lo e defendê-lo diante dos outros. (...) Esta é, pois, a nossa tarefa e a sua dificuldade. Se a moral é a ciência que estuda o ato humano a partir da compreensão do homem como senhor de seus atos, o nó da questão moral e o princípio do seu método residirão, precisamente, no conhecimento que têm da fonte dos atos humanos que os forma, traz à existência e preside o seu desenvolvimento em união com o querer.[25]

---

[24] Restringe-se à reflexão nascente, ou seja, presente em artigos e convênios recentes; mas, ao menos em grande parte dos manuais que consultamos, não aparece sistematizada ou discutida em profundidade.

[25] PINCKAERS. *Las fuentes de la moral cristiana...*, p. 81-82.

O compromisso missionário como imperativo moral... 291

Na opinião do teólogo Giuseppe Angelini, a obsessiva atenção dada aos atos e à compreensão da consciência apenas como faculdade de conhecimento da lei universal, distanciou o discurso moral da vida concreta dos sujeitos. Este distanciamento foi ocasionado, de fato, por aquilo que o teólogo milanês chama de "intelectualismo moral".

> A superação do intelectualismo moral emerge hoje como uma recomendação, além das evidências próprias de uma fenomenologia da consciência moral, do largo consenso filosófico, que recentemente, criou-se em torno da estrutura geral do saber. O reconhecimento de tal estrutura comporta que o saber não seja mais compreendido como obra de uma razão entendida como faculdade cognoscitiva, separada das faculdades práticas do homem. O saber deve ser, ao contrário, entendido como retomada reflexiva de evidências originalmente abertas à consciência através da qualidade do viver imediato, e, portanto, das formas do agir nas quais se articula a vida imediata.[26]

É impossível, observa ainda Angelini, definir a experiência moral apenas a partir de uma concepção positivista e objetivista dos atos humanos. Nem mesmo se pode ater a uma concepção idealista segundo a qual o critério de valor é apresentado sob a forma de um «ideal» distante da necessidade de qualquer referência com as formas históricas e práticas da relação humana.[27]

Nessa perspectiva, a experiência moral, considerada em sua dimensão histórica, prática e imediata situa-se no centro da

---

[26] ANGELINI, Giuseppe. *Teologia morale fondamentale*: tradizione, scrittura e teoria. Milano: Glossa, 2010, p. 560.

[27] ANGELINI. *Teologia morale fondamentale*..., p. 563.

reflexão moral e da comunicação do saber prático, pondo em evidência o papel fundamental da abordagem hermenêutica no que concerne à compreensão da experiência prática e da própria explicitação da identidade do sujeito agente.

Se estas dificuldades se apresentam na transmissão do saber moral cristão, tanto mais se fazem sentir no anúncio do Evangelho. O intelectualismo missionário é tanto ou até mais danoso que o moral. Trata-se, na verdade, da compreensão da fé cristã desvinculada da experiência de vida concreta dos crentes. Uma fé puramente intelectual, beirando à ideologia gnóstica combatida duramente pelos padres da Igreja primitiva.

Um fenômeno sempre crescente, sobretudo em grupos mais fundamentalistas, é a preocupação excessiva pela defesa doutrinal – restringindo-se ao conteúdo teórico da doutrina – e a pouca ou ausente preocupação com as implicações desta doutrina na vida concreta dos crentes. A fé é reduzida à defesa farisaica da doutrina, à observância ritual e ao rigorismo do "discurso moral" – especificamente no que concerne à moral individual – e é indiferente em relação ao compromisso com a transformação social, com o diálogo intercultural e transcultural que dão credibilidade ao anúncio do Evangelho, ao passo que torna eloquente o discurso moral cristão mesmo àqueles que não professam a fé cristã.

Quando a linguagem da doutrina e da liturgia não é traduzida num estilo de vida comprometido com a sacralidade da existência humana e natural, ela perde o seu significado e se torna um conjunto de teorias anacrônicas e ritos vazios. A comunicação da vida cristã entendida como experiência libertadora do encontro com Cristo é radicalmente comprometida e o próprio Evangelho é posto em um plano inferior àquele da ritualidade

O compromisso missionário como imperativo moral... 293

e do rigor doutrinal. É justamente neste contexto que se põe a perspectiva do Magistério atual da Igreja: uma tentativa de recuperação dos indicativos morais e da perspectiva missionária próprios da identidade mais profunda do discipulado e da missionariedade cristãos.)))))souros de seu Redentor.

, tocou (cf. 1Jo 1,1-3) munidade dos discunica ao mundo inteiro os tesouros de seu Redentor.

4. A Igreja de Francisco: povo de testemunhas em saída

O recente Magistério da Igreja, como dissemos acima, observando a distinção feita por João XXIII por ocasião da convocação do Concílio Ecumênico Vaticano II entre a substância do anúncio cristão e a formulação de que se reveste para tornar-se compreensível e fiel ao espírito do Evangelho,[28] tem procurado despertar a comunidade dos fiéis para o seu dever de encontrar, com o auxílio do Espírito Santo e o esforço dos teólogos, o caminho correto e a linguagem adequada para a comunicação, em maneira nova, das verdades eternas reveladas na pessoa de Jesus Cristo.

Na *Evangelii gaudium,* Francisco alerta para o fato de que, "por vezes, mesmo ouvindo uma linguagem totalmente ortodoxa, aquilo que os fiéis recebem, devido à linguagem que eles mesmos utilizam e compreendem, é algo que não corresponde ao verdadeiro Evangelho de Jesus Cristo. (...) Deste modo, somos fiéis a uma formulação, mas não transmitimos

---

[28] JOÃO XXIII. *Discurso inaugural do Concílio Vaticano II* (11.10.1962), VI, 5. In: *Acta Apostolicae Sedis* 54 (1962): 792.

a substância".[29] Tal dissonância entre substância e formulação é superada quando compreendemos a metodologia da "saída", que ao mesmo tempo em que recupera a intimidade da comunidade cristã com o seu Mestre, reconstrói a própria identidade eclesial de "povo de Deus em caminho".

> A intimidade da Igreja com Jesus é uma intimidade itinerante, e a comunhão 'reveste essencialmente a forma de comunhão missionária'. Fiel ao modelo do Mestre, é vital que hoje a Igreja saia para anunciar o Evangelho a todos, em todos os lugares, em todas as ocasiões, sem demora, sem repugnâncias e sem medo. A alegria do Evangelho é para todo o povo, não se pode excluir ninguém.[30]

A Igreja, como a compreende o Papa Francisco, é uma comunidade de testemunhas em saída. Esta saída deve ser entendida não somente no sentido geográfico, mas, sobretudo, no sentido existencial e moral. Sair significa, em um primeiro momento, submeter-se ao processo de *kénosis* ao qual se submeteu o Senhor e, em seguida, encontrar o outro, compreendê-lo como realidade inerente à nossa própria existência e dar-lhe um significado.

Deste modo, a questão do sentido em teologia moral ganha um espaço de desenvolvimento. A significância do discurso ético encarna-se nas narrativas da vida cotidiana e na experiência moral dos homens e mulheres que o discípulo-missionário encontra pelo caminho. A *halakah* cristã se torna um caminho a ser percorrido na companhia dos irmãos. Mais que isso, torna-

---

[29] EG 41.
[30] EG 23.

O compromisso missionário como imperativo moral... 295

-se lugar de encontro com outros irmãos e de partilha de experiências de vida que, ao mesmo tempo em que são enriquecidas pelo anúncio explícito do Evangelho, enriquecem o missionário confrontando-o com os desafios próprios de cada caminho. É, portanto, no encontro com os caídos à margem dos caminhos da história, que os discípulos de Cristo constroem e reafirmam a sua identidade de "próximos" da humanidade, de irmãos do Senhor que se encarregam, em primeira pessoa, da defesa da vida e da dignidade de todos e cada um de seus semelhantes. A *Evangelii gaudium* põe as bases para uma nova eclesiologia, bem como para uma nova compreensão da missão e da moral da Igreja. Francisco conjuga práxis cristã com anúncio missionário, compreendendo anúncio como testemunho coerente do Evangelho e este último como sendo a atitude de saída até às periferias do mundo e da existência humana para carregar sobre si as feridas da humanidade e encontrar, através do esforço comum, o óleo da consolação que alivia e restaura as forças de cada caminhante. Deste modo, afirma Francisco, "o conteúdo do primeiro anúncio tem uma repercussão moral imediata, cujo centro é a caridade".[31]

a) Dever de caridade para com toda a criação

O imperativo da missão é entendido em sentido abrangente,[32] ou seja, compreende-se como destinatárias da ação do missionário, não somente as pessoas, mas todas as obras da Criação. Desta forma, o Papa Francisco propõe, em *Laudato si'* um compromisso com a proteção e o cuidado da Natureza como

---

[31] EG 177.
[32] EG 179.

lugar sagrado de convivência humana, casa comum de toda a humanidade e de todos os seres vivos.

> Se, pelo simples fato de serem humanas, as pessoas se sentem movidas a cuidar do ambiente de que fazem parte, 'os cristãos, em particular, advertem que sua tarefa no seio da criação e os seus deveres em relação à natureza e ao Criador fazem parte da sua fé'.[33]

A missão assume, portanto, cada vez mais o caráter de compromisso com o testemunho de vida cristã, entendida como serviço a todos e a cada ser humano, bem como ao ambiente no qual este vive e se realiza. É a práxis cristã que constitui o lugar de proclamação da Boa Nova de Jesus Cristo. Não se pode pensar, na perspectiva da eclesiologia de Francisco – que segue a eclesiologia de *Gaudium et spes* e *Lumen gentium* – um anúncio missionário sem a devida conversão aos valores fundamentais do Evangelho de Jesus Cristo.

b) Pecados contra o compromisso missionário

Para que cumpra a sua missão a Igreja deve evitar três pecados assinalados por Francisco na *Evangelii gaudium*: a demora, a repugnância e o medo.[34] Estes três pecados contra a missionariedade são a razão pela qual a Igreja e os cristãos individualmente perdem sua credibilidade, sua autoridade moral e seu significado para o mundo, devendo, pois, ser superados e vencidos em suas raízes.

---

[33] FRANCISCO. *Carta Encíclica* Laudato Si'. *Sobre o cuidado da casa comum* (24.05.2015). São Paulo: Paulus/Loyola, 2015, n. 64.

[34] EG 23.

O compromisso missionário como imperativo moral... 297

O grito dos pobres, dos excluídos econômica e socialmente chega aos ouvidos de Deus e o Senhor, desde a "sarça ardente" (Ex 3,1ss) de nossas consciências, nos envia a libertá-los. Este envio não admite retardos, não permite demoras, não suporta a preguiça e a tibieza. Urge, portanto, uma resposta concreta dos cristãos ao chamado de Deus para a missão de ser testemunhas de seu Reino. O magistério de Francisco exprime esta urgência ao mesmo tempo em que, sem demoras, responde às necessidades do nosso tempo. Todo o ministério do sucessor de Pedro está profundamente marcado por esta urgência missionária e salvífico- -libertadora. Cada gesto, cada homilia, cada escrito está marcado por esta necessidade de resposta ao clamor do mundo, sobretudo dos pobres e marginalizados.

A missão cristã não pode sentir repugnância pelas feridas dos pobres e pecadores. Se elas são fétidas, assim o são apenas pela nossa longa atitude de indiferença. Cabe agora à Igreja oscular tais chagas como se as mesmas pertencessem a Cristo. De fato, foi o próprio Senhor a afirmar que "tudo o que fizermos a um destes pequeninos é a ele que o fazemos" (Mt 25, 40). Muitas vezes o sucessor de Pedro, desde o início de seu pontificado, desceu às periferias geográficas e existenciais e tocou as feridas da humanidade sem delas nutrir qualquer repugnância; ao contrário, versando o óleo da caridade que atrai o olhar dos pecadores à misericórdia, suscita no coração dos perdidos a esperança e comunica à multidão de mortos por causa do mal que subjuga o mundo, a Vida Nova que Ele conquistou para nós no altar da Cruz.

Por fim, o anúncio cristão deve superar qualquer sentimento de medo que submete as consciências e provoca inércia na difusão da Boa Nova de libertação que emerge da vida em Cristo. A covardia dos medrosos é, por vezes, mais danosa ao Evangelho que a ação dos inimigos de Cristo. De fato, o medo é o princípio da indiferença. Por temor aprendemos a não olhar para as sombras que cada vez mais se aproximam e nos sufocam. Faz-se necessária a intrépida proclamação da liberdade para a qual Cristo nos libertou (Gl 5,1) através de um corajoso testemunho de vida e de amor a Deus e àqueles pelos quais entregou seu Filho.

A Igreja de Cristo é, por sua natureza, uma comunidade de testemunhas e de missionários em saída, apressada para acolher e sanar, com aquela ternura e coragem próprias de seu Mestre, as feridas de todos os homens e mulheres de todos os tempos, bem como de toda a obra da Criação, fruto do amor transbordante e misericordioso de Deus.

Conclusão

A perspectiva eclesiológica de Francisco põe a Igreja de volta sobre os passos de Jesus, o missionário do Pai, ao mesmo tempo em que desperta a consciência de cada cristão para a necessidade do testemunho de vida coerente com os valores do Evangelho. Esta, de fato, é a forma mais eloquente de anúncio da Boa Nova de Jesus Cristo.

Ao discípulo missionário, filho da Igreja, cabe enfrentar a indiferença em relação à dignidade da vida humana e natural com o testemunho de fidelidade a Cristo em seu amor oblativo pelo projeto do Pai. Deste modo, o fiel cristão procura tornar significativos os valores do Evangelho através dos sinais que este realiza em sua própria vida.

O empenho missionário, na perspectiva de Francisco, consiste em um profundo amor pelo ser humano e, consequentemente, por todas as obras da criação, de forma que em cada

O compromisso missionário como imperativo moral... 299

missionário da Igreja resplandeça a face de Jesus, o rosto misericordioso do Pai.[35] Trata-se de um amor que impele à saída apressada e corajosa para encontrar todos aqueles que constituem os prediletos de Deus, os pequeninos do Reino, com os quais o Senhor mesmo se identifica.

Da sua parte, a teologia moral deve compreender sua missão como referida ao compromisso com o mundo e com o Evangelho. Faz-se cada vez mais necessária a superação de uma moral intimista, referida unicamente ao indivíduo e à sua vida privada para entendê-la no contexto mais amplo da vida humana e natural, das questões sócio-político-econômico--ecológicas.

Não estamos, portanto, diante de uma simples reflexão sobre realidades com as quais nos confrontamos, mas sobre a realidade mesma do ser humano de nosso tempo que se encontra tecida na complexa rede das existências, de modo que o teólogo moralista deve pensar-se inserido nesta rede e não se posicionar como mero observador indiferente. É nisto que se encontra a novidade do magistério de Francisco: ele não fala ao mundo a partir de sua "cátedra"; ele fala ao mundo a partir das próprias realidades às quais se dirige. Mais que um mestre, faz-se companheiro, condiscípulo que procura entender a vontade do único Mestre e intuir o modo mais coerente de realizá-la. É a lição mais urgente e mais decisiva de nosso tempo. Dela depende a credibilidade do anúncio cristão e a legitimidade dos valores evangélicos.

---

[35] FRANCISCO. *Misericordiae Vultus. O rosto da misericórdia. Bula de proclamação do Jubileu Extraordinário da Misericórdia* (11.04.2015). São Paulo: Paulinas, 2015, n. 1.

Referências bibliográficas

ANGELINI, Giuseppe. *Teologia morale fondamentale*: tradizione, scrittura e teoria. Milano: Glossa, 2010.

BENTO XVI. "Os meios de comunicação social: na encruzilhada entre protagonismo e serviço. Buscar a verdade para partilhá-la". Mensagem para o 42º Dia Mundial das Comunicações Sociais (04.05.2008). Disponível em: https://w2.vatican.va/content/benedict-xvi/pt/messages/communications/documents/hf_ben-xvi_mes_20080124_42nd-world-communications-day.html

CIARDELLA, Piero – MAGGIANI, Silvano (curatori). *La fede e la sua comunicazione:* Il Vangelo, la Chiesa e la cultura. Bologna: EDB, 2006.

COMPÊNDIO DO VATICANO II. *Constituições, Decretos, Declarações.* 29ª ed. VIER, Frederico (coord.). Petrópolis: Vozes, 2000.

CONSELHO EPISCOPAL LATINO-AMERICANO. *Documento de Aparecida.* Texto conclusivo da V Conferência Geral do Episcopado Latino-Americano e do Caribe. Brasília: Edições CNBB, 2007.

CONFERÊNCIA GERAL DO EPISCOPADO LATINO-AMERICANO. *Evangelização no presente e no futuro da América Latina. Conclusões da III Conferência Geral do Episcopado Latino-Americano (Puebla de los Angeles, México, 27-1 a 13-2 de 1979).* 10 ed. São Paulo: Paulinas, 1996.

FRANCISCO. *Exortação Apostólica* Evangelii Gaudium. *Sobre o anúncio do Evangelho no mundo atual* 24.11.2013). São Paulo: Paulus/Loyola, 2013.

FRANCISCO. *Carta Encíclica* Laudato Si'. *Sobre o cuidado da casa comum* (24.05.2015). São Paulo: Paulus/Loyola, 2015.

O compromisso missionário como imperativo moral... 301

FRANCISCO. *Misericordiae Vultus. O rosto da misericórdia. Bula de proclamação do Jubileu Extraordinário da Misericórdia* (11.04.2015). São Paulo: Paulinas, 2015.

JOÃO XXIII, *Discurso inaugural do Concílio Vaticano II.* (11 de outubro de 1962), VI, 5. In: *Acta Apostolicae Sedis* 54 (1962), 792.

PADOVESE, Luigi. *Introdução à teologia patrística.* São Paulo: Loyola, 1999.

PAULO VI. *Exortação Apostólica* Evangelii Nuntiandi. *Sobre a evangelização no mundo contemporâneo* (08.12.1975). 6 ed. São Paulo: Paulinas, 1978.

PINCKAERS, Servais. *Las fuentes de la moral cristiana: su método, su contenido, su historia.* 3 ed. Navarra: EUNSA, 2007.

13

Alguns desafios para a ética teológica de uma Igreja em saída

Sérgio Grigoleto[1]

Introdução

A questão ética tornou-se um dos problemas centrais de nossa vida social, especialmente em nível político e econômico. Também para a vivência da fé cristã esta é uma área que apresenta, em nossos tempos, grandes e novos desafios. Viver a fé cristã em nossos dias, testemunhando os valores evangélicos, na tensão que surge entre tantas mudanças de paradigmas de um lado, e a institucionalização sofrida pela religião católica, de outro, é um grande desafio para a comunidade de fé. Tais desafios se tornam ainda maiores quando a comunidade de fé procura viver sua dimensão missionária indo ao encontro de tantas pessoas que vivem afastadas.

O Papa Francisco, desde sua eleição como sucessor na cátedra de Pedro, com a simplicidade de seus gestos e palavras,

---

[1] Sérgio Grigoleto é Doutor em Teologia Moral/Bioética (Academia Alfonsiana – Roma) e Professor da Universidade Católica de Pernambuco (UNICAP); http://lattes.cnpq.br/2989739387234815

304 O imperativo ético da misericórdia

vem conquistando o respeito e a admiração de pessoas das mais variadas crenças e também dos não crentes. Aos católicos, Francisco vem convocando a intensificarem a vivência da dimensão missionária, a serem, em suas palavras, "uma Igreja em saída".[2] Ele recorda aos católicos que ser missionário vai muito além do ato de anunciar a boa-nova da salvação em terras além-fronteiras, a outros povos e culturas. Ser missionário é essencialmente ir ao encontro do outro, também dos que vivem às margens das comunidades de fé e que, muitas vezes, compartilham o mesmo espaço geográfico, nas chamadas "periferias existenciais".[3] A atitude de dirigir-se às periferias existenciais exige que a Igreja (pessoas e instituição) saia da sua comodidade e segurança e coloque-se em situação de vulnerabilidade, podendo inclusive sujar-se e ferir-se, uma vez que nem todos estão dispostos a receber a alegria do Evangelho. Francisco afirma que é preferível "uma Igreja acidentada, ferida e enlameada por ter saído pelas estradas, a uma Igreja enferma pelo fechamento e a comodidade de se agarrar às próprias seguranças".[4]

Esta breve reflexão pretende apresentar alguns desafios que se apresentam para a reflexão ético-teológica quando se trata de ir ao encontro de tantas pessoas que se afastaram da comunidade de fé ou que simplesmente nunca fizeram parte realmente de uma comunidade. Desafios estes que, decisivamente, são desafios à própria comunidade de fé.

---

[2] FRANCISCO. *Exortação apostólica* Evangelii Gaudium. *Sobre o anúncio do Evangelho no mundo atual* (24.11.2013). São Paulo: Paulus/Loyola, 2013, n. 24. (daqui em diante = EG)

[3] FRANCISCO. *Misericordiae Vultus. O rosto da misericórdia. Bula de proclamação do Jubileu Extraordinário da Misericórdia* (11.04.2015). São Paulo: Paulinas, 2015, n. 15. (daqui em diante = MV)

[4] EG 49.

Alguns desafios para a ética teológica de uma Igreja em saída   305

1. Necessidade de ajudar as pessoas a compreenderem os princípios da fé

Um dos principais desafios que a ética teológica, como todo labor teológico encontra em nossos dias, é o de ajudar as pessoas a compreenderem os princípios da fé cristã. Vivemos períodos de grandes e velozes mudanças. A velocidade destas mudanças, muitas vezes, nos assusta, nos paralisa. Estamos, segundo Zygmunt Bauman, vivendo em tempos líquidos, onde o essencial para uma vida feliz são a liberdade e a segurança, porém:

> Para ser feliz há dois valores essenciais que são absolutamente indispensáveis (...) um é a segurança e o outro a liberdade. Você não consegue ser feliz e ter uma vida digna na ausência de um deles. Segurança sem liberdade é escravidão. Liberdade sem segurança é um completo caos. Você precisa dos dois (...). Cada vez que você tem mais segurança, você entrega um pouco da sua liberdade. Cada vez que você tem mais liberdade, você entrega parte da segurança. Então, você ganha algo e você perde algo.[5]

Com o passar do tempo e o avançar das ciências, muitas coisas foram compreendidas de forma mais ampla em relação aos conhecimentos de outrora. Estas mudanças devem ser consideradas na formulação e apresentação dos conteúdos da fé. Ao mesmo tempo, os homens e mulheres de nossos dias são pessoas mais críticas e esclarecidas e, com isso, o "argumento de autoridade" perde cada vez mais força em relação à "autoridade

---

[5] BAUMAN, Zygmunt. "Vivemos tempos líquidos. Nada é para durar". Disponível em: http://lounge.obviousmag.org/de_dentro_da_cartola/2013/11/zygmunt-bauman-vivemos-tempos-liquidos-nada-e-para-durar.html

306   O imperativo ético da misericórdia

do argumento". Não podemos em questões relativas à ética e à moral, simplesmente repetir o discurso de épocas passadas, sem apresentarmos uma argumentação que ajude as pessoas a compreenderem os porquês. O famoso princípio do consentimento livre e esclarecido, tão falado e valorizado na área da bioética e nas áreas da saúde, também pode e deve ser aplicado nas questões de fé e de moral. Conforme recorda o Catecismo da Igreja Católica: "A fé é primeiramente uma adesão pessoal do homem a Deus; é, ao mesmo tempo e inseparavelmente, o assentimento livre a toda a verdade que Deus revelou".[6] Pois esta adesão-resposta, para ser verdadeiramente livre e pessoal, necessita ser compreendida, esclarecida e o mais livre de condicionamentos possível, inclusive diante da autoridade da Igreja ou do Magistério eclesiástico. Como afirma a *Gaudium et spes*, "a dignidade do homem exige que ele possa agir de acordo com uma opção consciente e livre, isto é, movido e levado por convicção pessoal e não por força de um impulso interno cego ou debaixo de mera coação externa".[7] E isso deve ser aplicado também no tocante à resposta de fé e aos ensinamentos magisteriais.

Em tempos passados, muitos fiéis, em troca da segurança que a fé lhes apresentava, renunciavam ao exercício da liberdade. Hoje, não obstante o crescimento de grupos neofundamentalistas, o panorama mudou. E mudou muito! O homem e a mulher contemporâneos sentem necessidade, e uma necessidade muito salutar para a vivência autêntica da fé, de compreender os con-

---

[6] CATECISMO DA IGREJA CATÓLICA. Petrópolis/São Paulo: Vozes/Paulus/ Loyola/Ave Maria, 1998, n. 150.

[7] COMPÊNDIO DO VATICANO II. *Constituições, Decretos, Declarações*. 29ª ed. VIER, Frederico (coord.). Petrópolis: Vozes, 2000. "Constituição Pastoral *Gaudium et Spes*. Sobre a Igreja no mundo atual", n. 17. (daqui em diante = GS)

Alguns desafios para a ética teológica de uma Igreja em saída 307

teúdos desta fé, para que possam acolhê-los e prestar seu assentimento a eles, expresso na vivência cotidiana. A função de ensinar da Igreja, exercida pelo Magistério eclesiástico e partilhada por teólogos, pastores, catequistas e tantos outros agentes de pastoral nos mais variados ministérios e serviços, é hoje uma missão árdua, que exige um verdadeiro labor hermenêutico quando se trata da promoção do diálogo entre fé e cultura, cultura própria de um mundo cada vez mais dinâmico, fluído e veloz. Se olharmos para o passado, constataremos que a mesma dificuldade foi enfrentada por Sto. Anselmo, por exemplo, no século XI. Anselmo encontrava-se em meio a um árduo debate entre dialéticos e teólogos em que cada grupo defendia de forma extremada suas posições. Os dialéticos, que pretendiam compreender tudo pela razão, consideravam a fé dispensável, e os teólogos consideravam a especulação racional sem espaço na teologia. Neste contexto difícil, Anselmo propôs a fórmula *fides quaerens intellectum* (creio para que possa entender). Nela, os dialéticos são chamados a reconhecer a primazia da fé e os teólogos a admitirem que não procurar investigar à luz da razão o que se crê, é negligência. Não nos aprofundaremos aqui sobre a relação fé e razão, mas queremos apenas destacar que "compreender a sua fé é aproximar-se mais da própria visão de Deus. De sorte que abster-se da compreensão é afastar-se da visão de Deus, nosso fim último".[8]

É necessário ressaltar que a busca por segurança é um elemento que leva, em nosso tempo assim como em outras eras, muitos cristãos a buscarem correntes de espiritualidade, movimentos e as-

---

[8] CAMPOS, S. L de B. *Anselmo: Fides quaerens intellectum*, p. 4. Disponível em: http://filosofante.org/filosofante/not_arquivos/pdf/Anselmo_fides_quaerens_intellectum.pdf

308 O imperativo ético da misericórdia

sociações que apresentam a vivência da fé de forma rígida e rigorista. Nestes ambientes, geralmente existe um grande apreço pela observação de normas e regras, sejam elas litúrgicas, canônicas ou morais. Em muitos casos, a busca pela segurança "da fé", leva tais fiéis a se afastarem da liberdade evangélica que é fruto do Espírito Santo e, com isso, a caridade deixa de ser a plenitude da Lei. Tais movimentos e associações estão crescendo, e seus membros, algumas vezes com o bom desejo de viver a fé cristã de forma mais profunda, acabam, por falta de orientação adequada, limitando a vivência da fé ao cumprimento de normas e regras e considerando aqueles que não as seguem ao pé da letra como infiéis. Tal modo de viver a fé muito recorda os fariseus apresentados pelas narrativas dos evangelhos e diversas vezes criticados por Jesus. Podemos perceber também que este rigorismo quase sempre vem associado à dureza de coração e expressa uma falsa ideia de pureza da fé. Em alguns destes grupos neofundamentalistas os membros acabam se esquecendo de que a fé cristã nos convida a seguir uma pessoa, Jesus Cristo, e não simplesmente um conjunto de regras, normas ou mesmo dogmas. Creio que a Exortação Apostólica *Amoris Laetitia*, do Papa Francisco, traz inúmeras orientações a respeito.[9]

Ajudar as pessoas na compreensão da verdade é missão da Igreja. E nesta missão o Magistério deve ser ajudado por teólogos e exegetas, bem como deve contar com a colaboração das demais ciências: "tal variedade ajuda a manifestar e desenvolver melhor os diversos aspectos da riqueza inesgotável do Evangelho".[10] O

---

[9] FRANCISCO. *Exortação Apostólica Pós-Sinodal* Amoris Laetitia. *Sobre o amor na família* (19.03.2016). São Paulo: Loyola, 2016.

[10] EG 40. Ver também: COMPÊNDIO DO VATICANO II. *Constituições, Decretos, Declarações.* 29ª ed. VIER, Frederico (coord.). Petrópolis: Vozes, 2000. "Constituição Dogmática *Dei verbum*. Sobre a revelação divina" (18.11.1965), n. 12.

Alguns desafios para a ética teológica de uma Igreja em saída 309

Papa Francisco, na *Evangelii Gaudium,* ainda afirma que "as rápidas mudanças culturais exigem que prestemos constante atenção ao tentar exprimir as verdades de sempre numa linguagem que permita reconhecer a sua permanente novidade" e, citando João XXIII, afirma que "'uma coisa é a substância (...) e outra é a formulação que a reveste'".[11] Para Francisco, é importante renovar as formas de expressão das verdades centrais da fé, sendo fiéis à substância da fé e não à sua mera formulação, pois esta pode ser multiforme e, "mesmo ouvindo uma linguagem totalmente ortodoxa, aquilo que os fiéis recebem, devido à linguagem que eles mesmos utilizam e compreendem, é algo que não corresponde ao verdadeiro Evangelho de Jesus Cristo".[12]

Apresentar o conteúdo da fé e da moral de uma forma que seja compreensível ao homem que vive em uma determinada cultura concreta sempre tem sido um grande desafio para a Igreja, desde os tempos apostólicos, conforme nos testemunha o livro dos Atos dos Apóstolos e vários outros escritos do Novo Testamento. A esse desafio chamamos de inculturação. Com as mudanças cada vez mais rápidas dos paradigmas culturais, até mesmo a inculturação torna-se um desafio para a comunidade de fé, mas um desafio *necessário* se a Igreja quiser realizar a sua missão, conforme afirmou João Paulo II: "a expressão da verdade pode ser multiforme. E a renovação das formas de expressão torna-se necessária para transmitir ao homem de hoje a mensagem evangélica no seu significado imutável".[13]

---

[11] EG 41.

[12] EG 41.

[13] JOÃO PAULO II. *Carta encíclica* Ut Unum Sint. *Sobre o empenho ecumênico* (25.05.1995). São Paulo: Paulus, 1995, n. 19.

2. Coerência e autenticidade da fé cristã: fé vivida e fé professada

Hoje, não faltam desafios éticos para a nossa teologia, como não faltam desafios à vivência da fé cristã. Por exemplo, vivemos no Brasil uma profunda crise ética na política em todos os níveis. Nunca em nossa história o povo brasileiro pode acompanhar tantas denúncias de escândalos e corrupção na administração pública. Corrupção que, segundo o Papa Francisco, se caracteriza como uma "praga putrefata da sociedade (...) um pecado grave que brada aos céus, porque mina as próprias bases da vida pessoal e social".[14] E o mais assustador de tudo é que políticos recorrem inclusive ao nome de Deus e às próprias convicções "ditas" religiosas para tentar enganar o povo. Muitos deles arvoram-se em baluartes da integridade moral enquanto respondem a processos por corrupção ou por irregularidades na condução da coisa pública. Um triste espetáculo circense!

A realidade impõe-se diante de nós e este lamentável episódio de nossa história demonstra a necessidade e o desafio urgente para a ética teológica de promover uma melhor conscientização sobre a importância da dimensão política na vivência da autêntica fé cristã. Necessidade e desafio que já vêm sendo tratados pela Igreja desde o Concílio Vaticano II e que na América Latina recebeu um grande influxo da chamada Teologia da Libertação, hoje chamada de Teologia Latino-Americana. Apesar do retrocesso que estamos assistindo quanto à participação política dos cristãos católicos, vale considerar o que diz Libânio:

---

[14] MV 19.

Alguns desafios para a ética teológica de uma Igreja em saída 311

> A mensagem cristã não deve desviar o homem da construção do mundo (GS 34), a esperança da nova terra não deve atenuar nossa solicitude pelo aperfeiçoamento desta terra (GS 39), o sabor das coisas do alto não nos diminui a importância de construir com os outros homens um mundo mais humano (GS 57), antes, pelo contrário, obriga-nos mais estritamente por dever, impulsiona-nos solicitamente e aumenta-nos a importância desse empenho por tarefas humanas de construção do mundo.[15]

Conforme comentamos acima, muitas pessoas, em nosso contexto sociocultural fragmentado, fluído e líquido, motivadas pela busca de segurança, associam-se a grupos, movimentos e comunidades cristãs identificados por uma espécie de neofundamentalismo. Alguns destes grupos, além das características já descritas anteriormente, destacam-se também por uma vivência alienada da fé, sem compromisso com a transformação social; quando muito, dedicam-se a alguma atividade meramente assistencialista. São cada vez mais numerosos os grupos que, por exemplo, durante a noite, nas ruas das grandes cidades, distribuem sopa ou outros alimentos para os moradores de rua. Não se pode negar que a fome é uma urgência; mas não podemos apenas dar alimento ou esmola a um morador de rua e achar que, como cristãos, já fizemos a nossa parte e podemos, portanto, ficar em paz com Deus e com a nossa consciência. Como cristãos devemos ir além no serviço à pessoa e à sociedade e considerar que um modo privilegiado de praticar a caridade cristã é o desempenho da atividade política, conforme nos recorda a *Christifidelis laici* de João Paulo II:

---

[15] LIBÂNIO, J. B. *Fé e Política: Autonomias específicas e articulações mútuas*. São Paulo: Loyola, 1985, p. 36.

312 O imperativo ético da misericórdia

Para anunciar a ordem temporal, no sentido que se disse de servir a pessoa e a sociedade, os fiéis leigos não podem absolutamente abdicar a participação na 'política', ou seja, da múltipla e variada ação econômica, social, legislativa, administrativa e cultural destinada a promover orgânica e institucionalmente o bem comum. (...) As acusações de arrivismo, idolatria de poder, egoísmo e corrupção que muitas vezes são dirigidas aos homens do governo, do parlamento, da classe dominante ou partido político, bem como a opinião muito difusa de que a política é um lugar de necessário perigo moral, não justifica minimamente nem o ceticismo nem o absenteísmo dos cristãos pela coisa pública.[16]

É historicamente notório o fato de que a ética teológica católica, por muito tempo, deu mais ênfase aos chamados pecados pessoais, principalmente os pecados contra a castidade, deixando quase relegados ao esquecimento os pecados sociais. Ao longo dos séculos, a Igreja, em relação à moral social, apresentou e proclamou valores e critérios para o discernimento, dando aos fiéis a liberdade para o juízo e a aplicação de tais valores e critérios. No entanto, em relação aos pecados pessoais, especialmente em relação à sexualidade, a voz hierárquica tendeu sempre a falar "de normas, de lícito e ilícito, deixando aos fiéis apenas a possibilidade de obedecer ou rebelar-se".[17]

Pode parecer ironia, mas mesmo tendo privilegiado ao longo dos séculos as questões em torno da moral sexual, são gigantescas as dificuldades e os desafios também neste campo,

---

[16] JOÃO PAULO II. *Exortação Apostólica* Christifideles laici. *Sobre vocação e missão dos leigos na Igreja e no mundo.* São Paulo: Loyola, 1989, n. 36.

[17] CALVEZ, J. L."Moral social y moral sexual". In: *Selecciones de Teología* 131 (1994): 201-206.

Alguns desafios para a ética teológica de uma Igreja em saída 313

no qual muito pouco se avançou. Vivemos como nunca antes na história um período de mudanças de paradigmas. Estas mudanças e os consequentes questionamentos que trazem têm apresentado ao cristão contemporâneo e à ética teológica situações desafiadoras. Atualmente até o modelo e o conceito de família, estáveis por séculos, sofrem mudanças ou apresentam novas compreensões e modos de expressão.

Sabemos também que para as pessoas de nosso tempo o testemunho da fé tem muito mais valor do que apenas o anúncio dos seus conteúdos. Evangelizar é muito mais do que apenas anunciar. Para não repetirmos os erros do passado em nossa ação evangelizadora, e realmente nos tornarmos agentes de transformação, como o sal da terra e a luz do mundo (Mt 5,13-14), o testemunho se faz necessário, como elemento que respalda e ratifica nosso anúncio da fé. Neste sentido, Martínez fala da diferença entre coerência e autenticidade. Segundo ele, o que faz crível a fé cristã é a coerência, por ser contrastável, visível e pública, enquanto a autenticidade acontece no íntimo da pessoa. Podemos ser coerentes sem sermos autênticos, e a verdadeira adesão, se consegue através da coerência. A autenticidade vai além das qualidades que podem ser observadas externamente porque se radica no substrato da essência do humano. Sendo a ética cristã pública, deve ser apresentada a partir do "imperativo coerentista".[18] Não é possível haver distorção entre o que se anuncia e o que se vivencia, pois o anúncio resultaria desqualificado, destituído de valor. Vale ressaltar, também, que a sociedade contemporânea é muito intolerante diante da

---

[18] MARTÍNEZ, Francisco José Alarcos. Ética para seducir. Cinco vías para hacer creíble la ética cristiana. Herder: Barcelona, 2015, p. 25.

314 O imperativo ético da misericórdia

incoerência. Se ontem se valorizava mais a honradez, hoje se valoriza mais a coerência e a transparência.

Junto com a coerência e a autenticidade, faz-se necessário para se apresentar a fé cristã, além do respeito ao outro, o respeito à própria identidade. Este respeito que recebemos por parte da sociedade e que é fruto da vivência daqueles que nos precederam na fé, implica de nossa parte uma obrigação moral. Estamos obrigados moralmente a cuidar deste tesouro social e cristão; talvez nos ocupando menos da pureza doutrinal do discurso e mais da coerência entre o que afirmamos e o que vivemos. Quando não existe coerência, a ética cristã deixa de ser respeitada. Exemplo: quando o Magistério da Igreja não consegue articular coerentemente questões de fé e de moral e desconsidera que a moral é sempre consecutiva, mas nunca constitutiva do depósito da fé e, por isso, equipara questões de fé a questões de moral, acaba não gozando do devido respeito e muito menos da adesão à sua proposta.[19] Vale recordar aqui uma afirmação do Concílio Vaticano II: "existe uma ordem ou 'hierarquia' de verdades na doutrina católica, já que o nexo delas com o fundamento da fé cristã é diverso".[20] Francisco, ao se apropriar do ensinamento conciliar, conclui que "isto é válido tanto para os dogmas da fé como para o conjunto dos ensinamentos da Igreja, incluindo a doutrina moral".[21]

A abertura às mudanças culturais, aos avanços aportados pelas ciências e o respeito aos princípios da fé, mesmo que

---

[19] MARTÍNEZ. Ética para seducir.

[20] COMPÊNDIO DO VATICANO II. Constituições, Decretos, Declarações. 29ª ed. VIER, Frederico (coord.). Petrópolis: Vozes, 2000. "Decreto Unitatis redintegratio. Sobre o ecumenismo (21.11.1964), n. 11.

[21] EG 36.

Alguns desafios para a ética teológica de uma Igreja em saída   315

sua formulação seja contingente e histórica, são elementos necessários à inculturação e certamente constituem um desafio gigantesco para a ética teológica e para o próprio Magistério eclesiástico.

Apesar de o discurso moral ter-se centrado sobremaneira em questões referentes ao exercício da sexualidade, podemos constatar que a inculturação nesse campo está longe de ser realidade. Faz-se urgente considerar as contribuições das ciências nesse campo, a fim de propor aos fiéis uma ética sexual fundamentada mais em valores e atitudes de vida do que em normas e atos isolados. Faz-se igualmente urgente rever o uso feito da Sagrada Escritura nos documentos sobre o assunto, a fim de não a reduzir a citação de versículos descontextualizados e privados de fundamentação exegético-hermenêutica.

3. Necessidade de uma revisão crítica

Outro importante desafio à ética teológica refere-se ao fato de que a fé e sua expressão vivencial sejam revisadas de maneira crítica. Esta revisão crítica é necessária em nossos dias devido às tensões que surgem entre o que foi proposto como coerente com a vivência da fé em outros momentos históricos e o que deve ser proposto na atualidade. Esta realidade é expressa pelo Papa Francisco do seguinte modo:

> No seu constante discernimento, a Igreja pode chegar também a reconhecer costumes próprios não diretamente ligados ao núcleo do Evangelho, alguns muito radicados no curso da história, que hoje já não são interpretados da mesma maneira e cuja mensagem habitualmente não é percebida de modo

316 O imperativo ético da misericórdia

adequado. Podem até ser belos, mas agora não prestam o mesmo serviço à transmissão do Evangelho. Não tenhamos medo de os rever! Da mesma forma, há normas ou preceitos eclesiais que podem ter sido muito eficazes noutras épocas, mas já não têm a mesma força educativa como canais de vida.[22]

Essa tensão não significa que a proposta moral mude conforme o vento. Significa apenas que, por mais que queiramos, sua formulação estará sempre sujeita à revisão, em permanente abertura à realidade concreta e à contribuição das ciências. Segundo Mier, foi quando isso aconteceu que se deram as melhores contribuições para a renovação da moral cristã no pós-Concílio.[23]

Esta revisão crítica da vivência da fé acontecerá apenas quando os fiéis receberem uma formação que os ajude a conhecer os princípios desta fé e ao mesmo tempo os capacite para vivê-la com autonomia. Ser adulto na fé significa ter liberdade e autonomia para fazer as próprias escolhas e, ao mesmo tempo, assumir de modo responsável as consequências que delas derivam. Um desafio gigante, neste âmbito, é a formação catequética em nossas comunidades. Quase sempre essa formação é limitada à preparação à recepção dos sacramentos, sobretudo dirigida às crianças e realizada de modo muito precário, não obstante o esforço enorme de pessoas voluntárias. Porém, uma verdadeira e continuada formação catequética é ainda, na maioria das comunidades, apenas um sonho ou ideal distante.

---

[22] EG 43.

[23] MIER, V. G. *La refundación de la moral católica. El cambio de matriz disciplinar después del Concilio Vaticano II*. Estella: Verbo Divino, 1995.

4. A formação da consciência

Apresentamos apenas alguns exemplos de elementos que apontam para grandes desafios de uma ética teológica que pretende ser missionária, indo ao encontro das pessoas que vivem nas periferias existenciais. A lista poderia ser muito mais longa, porém, talvez o maior desafio à ética teológica e à própria vivência da fé cristã, e que até agora não abordamos, seja a formação das consciências, para que, de fato, orientados pela própria consciência os cristãos e todas as pessoas de boa vontade possam deliberar sobre a licitude ou não de seus atos: "a consciência é o núcleo secretíssimo e o sacrário do homem onde ele está sozinho com Deus e onde ressoa a sua voz. (...) Pela fidelidade à consciência, os cristãos se unem aos outros homens na busca da verdade e na solução justa de inúmeros problemas morais que se apresentam, tanto na vida individual quanto social".[24]

Para que possamos nos orientar de acordo com a nossa consciência, é necessário que esta esteja bem formada. Evidentemente a formação da consciência não esgota toda a problemática ética. Igualmente importante é a reflexão sobre as normas, sobre a sua correta formulação e fundamentação. Em um contexto pluralista como o atual, esta dupla tarefa adquire uma maior urgência do que em tempos passados, especialmente nos setores nos quais as problemáticas e desafios que se apresentam são particularmente graves e colocam em jogo até mesmo o futuro da humanidade e do planeta, conforme nos admoesta o Papa Francisco na *Laudato Si'*.

---

[24] GS 16.

A formação da consciência apresenta-se como uma tarefa ética fundamental de cada pessoa que queira continuar fiel à própria dignidade e agir de modo autenticamente livre. Por ser uma estrutura complexa e pessoal, consequentemente, a sua formação é ainda mais importante e delicada. Para tal tarefa, não existem métodos precisos e que possam ser transmitidos e ensinados. Sua formação é muito pessoal: "a consciência moral implica de fato que o homem, num certo sentido, seja senhor de si mesmo e possa então decidir sobre sua própria vida".[25]

Mesmo sendo uma estrutura pessoal, a formação da consciência é uma responsabilidade que deve ser compartilhada e assumida por toda a sociedade. Em uma sociedade em constante e acelerada evolução, não é possível limitar-se a perspectivas e soluções morais recebidas durante a infância ou adolescência. Tais perspectivas certamente não serão adequadas às responsabilidades que se apresentam continuamente na vida adulta. Embora deva haver continuidade entre os valores e perspectivas fundamentais, faz-se necessário um desenvolvimento permanente.

Este desenvolvimento permanente da consciência moral é para todos um grande desafio. Tal desafio torna-se cada vez mais urgente em nossos dias devido ao crescente poder dos meios de comunicação social. Todas as nossas avaliações são profundamente influenciadas pelas informações e valores propostos pela mídia, especialmente a televisiva. Ela oferece-nos a cada dia fatos e interpretações habilmente construídos, que acabam influenciando nossa forma de pensar e, consequentemente, nossas escolhas e até mesmo nossa forma de agir. Neste contexto, conforme afirma Majorano "a liberdade, a responsa-

---

[25] MADINIER, G. La coscienza morale. Torino: LDC, 1982, p. 83.

Alguns desafios para a ética teológica de uma Igreja em saída 319

bilidade e o bem moral restam ancorados no empenho de constante formação da consciência".[26]

A necessidade da formação da consciência deve levar-nos a um compromisso solidário. É claro que a responsabilidade fundamental corresponde ao próprio indivíduo, mas este necessita da ajuda e colaboração dos outros. Nesta tarefa, o indivíduo deve ser ajudado inicialmente pela família, pois é no seio dela que ele recebe as bases da moralidade. Outro agente importante na formação da consciência, que colabora no seu processo de maturação, é a escola. Também a comunidade cristã desempenha um papel importantíssimo nesta tarefa. Apresentar os valores e princípios evangélicos, especialmente através da vivência de seus membros, é para todos nós, um enorme desafio. Quando não conseguimos superar o desafio do testemunho, caímos no mesmo erro dos escribas e fariseus duramente denunciados pelo próprio Jesus nos relatos evangélicos. Tal testemunho exige de nossa parte uma constante busca de abertura e informação. Fechar-se nos próprios convencimentos, mesmo se corretos em si mesmos, recusando o confronto com fatos e perspectivas diferentes, é uma atitude negativa e estéril.

A velocidade das mudanças em nossa sociedade e o sempre maior confronto entre cultura e estilos de vida exigem pessoas que sejam capazes de distinguir rapidamente valores de formas, verdade de formulação, fé de expressões culturais da fé. Tais distinções se dão por meio de uma consciência que seja crítica e bem formada.

Para todos os envolvidos no processo de formação da consciência, vale recordar as palavras do Papa Francisco:

---

[26] MAJORANO, S. *La coscienza. Per una lettura cristiana*. Torino: San Paolo, 1994, p. 126.

320   O imperativo ético da misericórdia

Também nos custa deixar espaço à consciência dos fiéis, que muitas vezes respondem da melhor forma que podem ao Evangelho no meio dos seus limites e são capazes de realizar o seu próprio discernimento perante situações em que se rompem todos os esquemas. Somos chamados a formar as consciências, não a pretender substituí-las.[27]

Conclusão

A vivência da dimensão missionária sempre foi um desafio para a comunidade de fé. A cada época e em cada cultura esta vivência trouxe consigo uma série de desafios. Hoje, vivendo em uma cultura plural, líquida, que tem como valores de primeira grandeza a liberdade e a autonomia individual, onde as mudanças de paradigmas ocorrem com uma velocidade nunca antes imaginada, estes desafios se apresentam fortemente ao campo da ética teológica. O modo de viver a fé certamente não pode ser como em tempos que se foram. Como Igreja que deseja ir ao encontro das pessoas que se encontram nas periferias existenciais, somos desafiados a deixar nossas seguranças, rever nossos conceitos e sermos criativos para encontrar novos modos de apresentar os princípios perenes do Evangelho. Que tudo isso se dê em primeiro lugar pelo nosso testemunho de vida! Talvez este seja ainda nosso maior desafio!

Referências bibliográficas

BAUMAN, Zygmunt. *Amor líquido: sobre a fragilidade das relações humanas*. Rio de Janeiro: Zahar, 2004.

---

[27] AL 37.

Alguns desafios para a ética teológica de uma Igreja em saída   321

CALVEZ, J. L. "Moral social y moral sexual". In: *Selecciones de Teología* 131 (1994): 201-206.

CAMPOS, S. L de B. *Anselmo: Fides quaerens intellectum*, p. 1. Disponível em: http://filosofante.org/filosofante/not_arquivos/pdf/Anselmo_fides_quaerens_intellectum.pdf

CATECISMO DA IGREJA CATÓLICA. Petrópolis/São Paulo: Vozes/Paulus/ Loyola/Ave Maria, 1998.

COMPÊNDIO DO VATICANO II. *Constituições, Decretos, Declarações*. 29ª ed. VIER, Frederico (coord.). Petrópolis: Vozes, 2000.

FRANCISCO. *Carta Encíclica* Laudato Si'. *Sobre o cuidado da casa comum* (24.05.2015). São Paulo: Paulus/Loyola, 2015.

FRANCISCO. *Exortação apostólica* Evangelii Gaudium. *Sobre o anúncio do Evangelho no mundo atual* (24.11.2013). São Paulo: Paulus/Loyola, 2013.

FRANCISCO. *Exortação Apostólica Pós-Sinodal* Amoris Laetitia. *Sobre o amor na família* (19.03.2016). São Paulo: Loyola, 2016.

FRANCISCO. *Misericordiae Vultus. O rosto da misericórdia. Bula de proclamação do Jubileu Extraordinário da Misericórdia* (11.04.2015). São Paulo: Paulinas, 2015.

JOÃO PAULO II. *Exortação Apostólica* Christifideles laici. *Sobre vocação e missão dos leigos na Igreja e no mundo*. São Paulo: Loyola, 1989.

JOÃO PAULO II. *Carta Encíclica* Evangelium Vitae. *Sobre o valor e a inviolabilidade da vida humana* (25.03.1995). São Paulo: Paulinas, 1995.

JOÃO PAULO II. *Carta encíclica* Ut Unum Sint. *Sobre o empenho ecumênico*. São Paulo: Paulus, 1995.

LIBÂNIO, J. B. *Fé e Política: Autonomias específicas e articulações mútuas*. São Paulo: Loyola, 1985.

LÓPEZ AZPITARTE, E. *Ética da sexualidade e do matrimônio*. 2 ed. São Paulo: Paulus, 2006.

MADINIER, G. *La coscienza morale*. Torino: LDC, 1982.

MARTÍNEZ, Francisco José Alarcos. *Ética para seducir. Cinco vías para hacer creíble la ética cristiana*. Herder: Barcelona, 2015.

MAJORANO, S. *La coscienza. Per una lettura cristiana*. Torino: San Paolo, 1994.

MIER, V. G. *La refundación de la moral católica. El cambio de matriz disciplinar después del Concilio Vaticano II*. Estella: Verbo Divino, 1995.

PAULO VI. *Carta encíclica* Humanae vitae. *Sobre a regulação da natalidade*. São Paulo: Paulinas, 1968.

PONTIFÍCIO CONSELHO 'JUSTIÇA E PAZ'. *Compêndio da Doutrina Social da Igreja*. 7 ed. São Paulo: Paulinas, 2011.

14

Cristianismo e homoafetividade: da confissão à profissão na *Communitas*

Nilo Ribeiro Junior[1]

Introdução

O tratamento dispensado às pessoas homoafetivas e o discurso a respeito de sua sexualidade, praticados no interior da Igreja católica, encontram-se desafiados na contemporaneidade mais do que em outras épocas. E alguns dos motivos que nos levam a essa constatação são de caráter civilizacional. Afinal, nunca na história da cultura ocidental tínhamos nos deparado com certas transformações como as que aportam as denominadas "ciências da vida" associadas à terceira revolução científica, ou seja, o avanço da biologia acoplado à informática e às ciências das comunicações, cujo impacto se faz sentir na configuração da corporeidade e da sexualidade.[2] Estas mudanças afetam, seja nossa percepção do corpo e do

---

[1] Nilo Ribeiro Junior é Doutor em Filosofia (Universidade Católica Portuguesa – Braga) e em Teologia Moral (Faculdade Jesuíta de Filosofia e Teologia – FAJE – Belo Horizonte) e Professor do Departamento de Filosofia da FAJE; http://lattes.cnpq.br/8047378549590212.

[2] GUILLEBAUD, Jean-Claude. *Le goût de l'avenir*. Paris: Seuil, 2003, p. 124.

324 O imperativo ético da misericórdia

sexo, seja nosso discurso a esse respeito em todas as suas expressões.[3]

Do mesmo modo, a globalização alicerçada na "economia de mercado" exerce forte influxo sobre as atuais formas de biopoder, de modo a forjar maneiras inéditas de se conceber as relações sociais, políticas, religiosas, baseadas, em certo sentido, na nova ideologia das "sociedades de indivíduos".[4] Assiste-se, com isso, a uma supervalorização da vida privada ancorada nos valores do indivíduo tais como: concorrência, gestão, eficácia, *performance* etc., em detrimento da vida pública, de modo a provocar grandes transformações na experiência e na linguagem das sexualidades humanas.[5]

Em suma, estas mudanças perpassam e determinam nossa "identidade corpóreo-sexual" e, consequentemente, nossas relações com o outro, a forma de inserção no mundo, o modo de viver na *Pólis* e no Planeta.[6] Não se pode deixar de levar também em conta o fato de essas alterações repercutirem tanto sobre o cristianismo bem como sobre as práticas morais e religiosas do catolicismo. Primeiro, porque ambos estão em certo modo referidos à "comunidade de seres humanos" a ponto de não se autocompreenderem sem a cultura e, por isso, sentem-se vocacionados a se tornarem uma "escola de humanidades".[7] E, em segundo lugar, porque especificamente a Igreja católica é indis-

---

[3] RIBEIRO JR., Nilo. Ética teológica e a nova cultura somática. In: PESSINI, Leo - ZACHARIAS, Ronaldo. *Ser e Educar. Teologia Moral, tempo de incertezas e urgência educativa.* Aparecida: Santuário, 2011, p.105.

[4] EHRENBERG, Alain. *L´individu incertian.* Paris: Hachette Littératures, 1995, p. 46.

[5] AGAMBEN, Giorgio. *Homo Sacer. O poder soberano e a vida nua I.* Belo Horizonte: UFMG, 2002, p. 21.

[6] LE BRETON, David. *Adeus ao corpo.* Campinas: Papirus, 2003, p. 45.

[7] GUILLEBAUD, Jean-Claude. *Le principe d´humanité.* Paris: Seuil, 2001, p.23.

Cristianismo e homoafetividade: da confissão à profissão na *Communitas* 325

sociável da própria experiência de fé dos cristãos e vice-versa. Por essa razão, a fé cristã sente-se desafiada a configurar-se como experiência vivida que diz de Deus de maneira criativa e plural, com uma linguagem tal que considere a provisoriedade e a abertura que recebe do mundo vivido do qual não pode se retirar.[8] Nesse caso, é impossível não perceber as interpelações da cultura para a experiência da fé que se configura nesse contexto. Pelo mesmo motivo, o cristianismo e a Igreja terão de abordar de maneira sempre nova as questões concernentes à encarnação e, dentre elas, o "fenômeno" do corpo e da homoafetividade que são indissociáveis do "evento da Revelação trinitária de Deus".[9]

1. Da docilidade dos corpos à inventividade homoafetiva

Ao referirmo-nos explicitamente à relação entre Igreja e homoafetividade é impossível abstrair "o tipo de discurso que tem tido primazia, não apenas no seio do catolicismo, mas no bojo de nossa cultura ocidental".[10] Nesse sentido, urge levar em conta os questionamentos levantados pelo filósofo e sociólogo francês Michel Foucault a respeito da genealogia do corpo e do sexo em nossa cultura para encontrar algumas pistas na matização da questão homoafetiva no cristianismo.

Segundo Foucault, o saber-poder da "confissão" foi e permanece ainda hoje a "matriz geral" que rege a produção do discurso verdadeiro sobre o sexo. Na confissão há um predo-

---

[8] SPOSITO, Roberto. *Immunitas. Protezione e negazione della vita.* Torino: Giulio Einaudi, 2002, p. 42.

[9] CUNHA, Jorge Teixeira. *Ética teológica fundamental.* Lisboa: Universidade Católica Editora, 2009, p. 23.

[10] EMPEREUR, James. *Direção espiritual e homossexualidade.* São Paulo: Loyola, 2006, p. 31.

mínio do discurso de caráter eminentemente judiciário que, por sua vez, expressa o poder/saber de corte disciplinar que tende a fabricar o indivíduo e, consequentemente, o sexo e suas configurações de poder, uma vez que "procede mediante exames e observações insistentes; requer um intercâmbio de discursos através de perguntas que extorquem confissão e confidências que superam a inquisição".[11]

É, pois, com o intuito de promover o "adestramento do corpo" segundo a normatização do prazer e da regulação dos comportamentos que a confissão faz emergir a figura singular do homem, efeito do poder e objeto do saber. Por isso, os dispositivos disciplinares ressaltados por Foucault com relação aos corpos e sua sexualidade não se dão de forma ingênua.

> Trata-se de um conjunto dos efeitos produzidos nos corpos, nos comportamentos, nas relações sociais, por um certo dispositivo pertencente a uma tecnologia política complexa. Entretanto, deve-se reconhecer que esse dispositivo não funciona simetricamente lá e cá, e não produz, portanto, os mesmos efeitos.[12]

Nesse caso, o acento num certo tipo de discurso da verdade focado na confissão não deixa de evocar o "banco do réu" quando se trata da sexualidade. Constata-se ainda, que esse tipo de produção da verdade tende a recrudescer quando se trata de emitir um juízo sobre homoafetividade. Isso porque o discurso e a fala a respeito do corpo e do sexo são sempre prerrogativas do "juiz"

---

[11] FOUCAULT, Michel. *História da Sexualidade II. O uso dos prazeres*. São Paulo: Paz e Terra, 2014, p. 49.

[12] FOUCAULT. *História da Sexualidade II...*, p. 139.

Cristianismo e homoafetividade: da confissão à profissão na *Communitas* 327

que, graças ao seu ofício, assume a hegemonia do poder de arguir, de decidir, de ligar ou desligar (liberar, perdoar) as práticas sexuais levando em conta a culpa e/ou pecado com base na verdade metafísica do sentido unívoco da sexualidade e o destino prefixado pelos universais e por sua respectiva conceptualização.[13]

a. As mutações do discurso de confissão sobre a homossexualidade

Mas, se por um lado Michel Foucault recorda que, embora a verdade sobre o sexo tenha sofrido uma transformação considerável na modernidade pelo fato de ter deixado de ser associado à "prática penitencial", por outro, o discurso de "confissão" não foi abolido. Nesse caso, mesmo considerando que esse autor seja de outra tradição, constata-se certa analogia entre suas considerações e aquelas da fenomenologia do corpo de Michel Henry quando esse último trata de pensar a sexualidade humana. Ambos insistem em que o discurso da verdade assumiu novas formas em função do "paradigma das ciências galileanas que invadiram todas as esferas do saber". As ciências humanas que se ocupam do corpo e do sexo[14] e mais, concretamente, ao abordarem a homoafetividade revelam-se impregnadas de um discurso hegemônico que tende a enquadrar o fenômeno no rol da representação e do empirismo a fim de submetê-lo a todo tipo de explicação que se pauta nas regras científicas e na moral (obrigação) da confissão.

---

[13] NAPHY, William. *Born to be gay. História da homossexualidade*. Lisboa: Edições 70, 2006, p. 56-75.

[14] HENRY, Michel. *As ciências e a ética*. Covilhã: LusoSofia, 2011, p. 4.

328 O imperativo ético da misericórdia

O exame médico, a investigação psiquiátrica, o relatório pedagógico e os controles familiares podem, muito bem, ter como objetivo global e aparente dizer não a todas as sexualidades errantes ou improdutivas, mas, na realidade, funcionam como mecanismos de dupla incitação: prazer e poder.[15]

Embalada, pois, por essa forma de produção da verdade (científica) a respeito dos corpos, a sexualidade tende a assumir na contemporaneidade uma nova configuração marcada, paradoxalmente, pela "sujeição" dos indivíduos à "Moral do Espetáculo".[16] Somos todos obrigados a circunscrever a sexualidade ao gozo imediato por meio do detalhado imageamento do sexo. Assim, a verdade do corpo e do sexo está refém dessa espécie de "novos códigos da ação" segundo as formas e as figuras dos corpos perfeitos e universais dos últimos estágios do progresso das ciências empírico-formais de nossa cultura.[17]

Do ponto de vista da homoafetividade, o discurso e a prática "magisterial" vêm reforçados pela forma de confissão da verdade e de poder disciplinar que se impõe sobre os corpos e se legitima atualmente pela invasão da "codificação dos atos sexuais e o desenvolvimento de uma hermenêutica do desejo e dos procedimentos de decifração de si".[18] Isto é, a Igreja teima em abordar a homoafetividade a partir do caráter privado e, por isso, mantém um discurso pela "tolerância" e não pela "plasti-

---

[15] FOUCAULT. *História da Sexualidade II...*, p. 50.
[16] DEBORD, Guy. *A sociedade do espetáculo*. Rio de Janeiro: Contraponto, 1997, p. 23-26.
[17] FOUCAULT, Michel. *Vigiar e punir: nascimento da prisão*. Petrópolis: Vozes, 1996, p. 23-42.
[18] FOUCAULT. *História da Sexualidade II...*, p. 111.

Cristianismo e homoafetividade: da confissão à profissão na *Communitas* 329

cidade e pelas práticas" do corpo e do sexo homoafetivo como maneira de cuidado de si e de sua humanidade sexual.

Enfim, a produção da verdade se mantém na ordem da confissão com vistas a promover certo "adestramento" dos corpos uma vez que tanto o saber/poder exerce um domínio sobre o sexo bem como as práticas tendem a introjetar tal saber e domínio na identidade dos sujeitos. O poder disciplinar fabrica o indivíduo de modo a adequar seu corpo/sexo à demanda do "politicamente" sadio (psicológico) e legal (jurídico) associado à retidão religiosa.

Nesse contexto, poder-se-ia acrescentar que o discurso magisterial continua refém da Metafísica da Lei Natural ao mesmo tempo em que torna os cristãos-católicos condicionados a essa doutrina. Não há uma abordagem que seja significativa e expressamente liberadora. Em relação a isso nota-se que seu discurso não deu passos significativos sequer no contexto do atual "Sínodo da Família". Afinal, com relação ao tratamento dispensado à sexualidade persiste um evidente predomínio da heteronormatividade em sua abordagem[19] em detrimento de outras formas de sexualidades.

b. Estética da existência e homoafetividade

Na contramão, porém, dessa postura, trata-se, segundo o pensamento analítico-genealógico de Michel Foucault, de reabilitar a Política como reação a uma determinada forma de "subjetivação" da sexualidade. A possibilidade de uma leitura

---

[19] CORAY, Joseph A. - JUNG, Patricia B. *Diversidade sexual e catolicismo. Para o desenvolvimento da teologia moral.* São Paulo: Loyola, 2005, p. 73.

330 O imperativo ético da misericórdia

subversiva do cristianismo, criando-se assim uma resistência às práticas e ao discurso de sujeição hegemônicas através da instauração de outra forma de subjetividade, também lhe parece factível e necessária. O potencial político do que denomina de "subjetividades desviantes" com relação aos "discursos dominantes" – eclesiásticos e/ou cientificistas – também encontra sua cidadania no seio do cristianismo e que, segundo Foucault, instaura outra maneira de subjetivação da verdade do corpo e do sexo graças à "Estética da Existência".[20]

Tem-se, portanto, em mente a interrupção do saber/poder do discurso confessional, científico e juridicista do corpo e do sexo e, portanto, a possibilidade libertária de "constituição de si"[21] que se encontra presente no seio do cristianismo dos primeiros séculos. Nesse caso, a homoafetividade como forma de configuração de uma "estética da existência" segundo a dinâmica da afetividade vivida na intriga da relação entre parceiros do mesmo sexo coaduna-se, perfeitamente, com a experiência mística e religiosa que se rebela contra o confessionário e seus códigos. Essa experiência ética e política se fez presente no cristianismo durante os séculos IV e V de nossa era antes que a compreensão do corpo e do sexo fosse associada à concupiscência da carne. Dessa forma, no contexto desses séculos anticonfessionais, deu-se vazão ao aparecimento de um tipo de "moral cristã da sexualidade" cuja ênfase autentica as "práticas de si" em detrimento da valorização dos "elementos do código" sejam eles morais ou científicos.

---

[20] FOUCAULT. *História da Sexualidade II...*, p. 43.
[21] FOUCAULT. *História da Sexualidade II...*, p. 54.

Cristianismo e homoafetividade: da confissão à profissão na *Communitas* 331

> Seria totalmente inexato reduzir a moral cristã – dever-se-ia, sem dúvida, dizer as morais cristãs – a tal modelo de certas morais cuja importância é dada sobretudo ao código, à sua sistematicidade e riqueza, à sua capacidade de ajustar-se a todos os casos possíveis e a cobrir todos os campos de comportamento. Em tais morais a importância deve ser procurada do lado das instâncias de autoridade que fazem valer esse código, que o impõem à aprendizagem e à observação, que sancionam as infrações; nessas condições, a *subjetivação* se efetua, no essencial, de uma forma quase *jurídica*, em que o sujeito moral se refere a uma lei ou a um conjunto de leis às quais ele deve se submeter sob pena de incorrer em faltas que o expõem a um castigo.[22]

A virada juricizante do sexo só se processa a partir do século V com Agostinho, quando "as práticas de si" acabam sendo circunscritas à purificação e à autodecifração de si tendo como escopo opor-se ao enigma do desejo sexual.[23] Em última instância, esse deslocamento ao discurso confessional do sexo se deve ao advento do "poder pastoral"[24] incorporado ao ascetismo monástico, que pelo código moral jurídico tenderá sempre mais a privatizar o indivíduo e o sexo, contra a liberdade da autoconstituição no regime daquilo que escapa ao controle.[25]

Diante dessas considerações, poder-se-ia afirmar que a religião em Foucault apresenta dupla face com relação à sexualidade. Se por um lado a confissão produz a verdade confessional

---

[22] FOUCAULT. *História da Sexualidade II...*, p. 36-37.
[23] FOUCAULT. *Vigiar e punir...*, p. 34.
[24] FOUCAULT. *História da Sexualidade II...*, p.16.
[25] FOUCAULT, Michel. *História da Sexualidade I. A vontade de saber*. Rio de Janeiro: Graal, 1977, p. 45.

e jurídica a respeito do sexo, por outro, ela não ficou relegada a uma prática doutrinária de códigos que visam à sujeição através de um discurso. Com isso, abre-se a possibilidade de, em determinados contextos históricos, admitir-se que a religião possa oferecer um aparato discursivo que permita a ascensão de uma "ética da carnalidade" contrária ao caráter jurídico e penal do sexo uma vez que se mostra avessa à subjetivação do corpo segundo os moldes do saber-poder dominante.[26]

Nessa perspectiva, há que se pensar a experiência da homoafetividade no contexto do cristianismo que possa abrir um espaço para redescobrir a "prática da temperança" na experiência homoafetiva. Ora, essa jamais poderá vir à tona se não houver uma forte disposição de renunciar ao falocentrismo sexista que perpassa tanto a tradição da ética cristã do sexo como do cientificismo moderno pelo fato de ainda hoje insistirem no caráter pervertido e *contranatura* dessa forma de sexualidade.

2. Julgamento ou Testemunho da homoafetividade

De modo indireto, outro filósofo que poderia nos ajudar a compreender e a propor outra maneira de refletir sobre a homoafetividade no contexto do cristianismo católico na contemporaneidade é Giorgio Agamben. O filósofo italiano insiste em seus últimos escritos sobre a "reabilitação do testemunho",[27] o que nos parece bastante instigante na medida em que a homoafetividade tem de ser pensada em torno do deslocamento da

---

[26] FOUCAULT, Michel. *Microfísica do poder*. Rio de Janeiro: Graal, 1979, p. 34.

[27] AGAMBEN, Giorgio. *O que resta de Auschwitz: o arquivo e a testemunha. Homo Sacer III*. São Paulo: Boitempo, 2008, p. 42.

Cristianismo e homoafetividade: da confissão à profissão na *Communitas*   333

produção da verdade de "confissão" para um discurso liberalizante de "profissão". Afinal, o sentido da palavra "profissão" associa-se ao anúncio e à promessa de algo que é vivido e dito em consonância com a "esfera pública" da existência humana, de modo a promover uma autêntica "estética homoafetiva" desatrelada do caráter moralizante ou cientificista do sexo.

a. O discurso de profissão e homoafetividade

Há de se ter em mente que, do ponto de vista da metáfora religiosa, referir-se à profissão significa associá-la ao gesto solene público de assumir uma identidade e um "estilo de vida" para os demais. E, do ponto vista laico, associa-se à recepção das insígnias ou à condecoração por algum feito extraordinário, mas sempre realizado no âmbito da vida pública. Do ponto de vista da linguagem seria de se considerar, nesse caso, o caráter poético/profético (testemunhal) que vincula aquele que é investido de algum poder dado pela nova identidade que a investidura lhe concede e que, portanto, carrega "as marcas de sua profissão" também na expressão, no gesto e na fala pronunciados diante da comunidade.[28]

Valeria a pena, nesse contexto, recorrer ao que se poderia denominar aqui de uma "fenomenologia do testemunho". Segundo o autor, há duas formas de se pensar o testemunho: o testemunho ao modo de um "juiz" e o testemunho ao modo de um "ator".[29] No primeiro sentido, tem-se em vista a prática e o discurso de alguém que assume o papel de um "terceiro".

---

[28] AGAMBEN. *O que resta de Auschwitz...*, p. 23.
[29] AGAMBEN. *O que resta de Auschwitz...*, p. 35.

Sua função se define sempre no contexto de um "litígio" entre adversários. Nesse caso, a testemunha que assume a "responsabilidade" de julgar, parte do pressuposto de que há algum "mal" ou "dano" em questão e poderá proferir uma "sentença" em que a parte lesada tem o "direito" de ser ressarcida enquanto o agressor está sujeito a uma "pena".[30]

No segundo sentido, o testemunho assume a condição de um *supérstes*, isto é, encarna a condição de *superstare* que significa concretamente aquele que está apoiado ou firmado sobre si mesmo e naquilo que testemunha de si para si. Isso sugere que a testemunha é identificada como alguém que "vivenciou" algo e que soube "atravessar até o fim" (telos) certo acontecimento que se processou no seio de sua vida, de sua história e na narrativa de sua corporeidade.[31] Soma-se a isso que nessa condição a testemunha nunca comparece como "juiz" e não dispõe de autoridade para conceder alguma forma de indulto; está privado da autoridade para tomar partido porque se encontra totalmente "jogado" naquilo sobre o qual testemunha. Por isso a testemunha não se ausenta, mas narra os fatos desde dentro. Ao suspender o juízo rompe-se com a matriz juricizante da testemunha como terceiro.

Há, portanto, nessa figura do testemunho de Agamben uma consistência "não jurídica" da verdade que, em certo sentido, coincide com a visão de Foucault. Por isso sobressai o caráter não confessional da verdade no testemunho enquanto "personagem". E mesmo que se possa exigir direito ao ressarcimento, existe algo que está "aquém do bem e do mal"; algo do qual não se pode distanciar e, por isso, algo que se retira da ordem do julgamento.

---

[30] AGAMBEN. *O que resta de Auschwitz...*, p. 27.
[31] AGAMBEN. *O que resta de Auschwitz...*, p. 19.

Cristianismo e homoafetividade: da confissão à profissão na *Communitas*   335

O filósofo italiano visa ressaltar com isso que praticamente todas as categorias de que nos servimos em matéria moral ou religiosa estão contaminadas pelo Direito: culpa, responsabilidade, inocência, julgamento, absolvição, dignidade são todas categorias da esfera jurídica.[32] Por isso Agamben chama a atenção para a necessidade de nos precavermos diante do Direito. Segundo ele, o Direito não tende ao estabelecimento da Justiça. Antes, está preocupado com a produção da *res judicata*. É a matéria (coisa) julgada que interessa, independentemente de a justiça ser realizada. Desse modo, o julgamento acaba por configurar-se como fim último do Direito.

Ora, quando dizemos que o testemunho se associa ao "ator" ou à pessoa em primeira pessoa antes do que ao "terceiro", pretende-se ressaltar aqui a existência de uma "zona de irresponsabilidade" e de "impotência judicante" implícitos no ato de testemunhar.[33] Isso é fundamental para situar a questão da homoafetividade numa outra zona que não seja meramente a da confissão.

> Essa infame zona de irresponsabilidade é o nosso primeiro círculo do qual confissão alguma nos conseguirá arrancar e no qual, minuto após minuto, é debulhada a lição da temível banalidade do mal que desafia as palavras e os pensamentos.[34]

O que se pretende reforçar com essa constatação é que a ética é a esfera que não conhece culpa nem responsabilidade. Ela é como recorda insistentemente Espinoza, a doutrina da

---

[32] AGAMBEN. *O que resta de Auschwitz...*, p. 27.
[33] AGAMBEN. *O que resta de Auschwitz...*, p. 31.
[34] AGAMBEN. *O que resta de Auschwitz...*, p. 31.

336 O imperativo ético da misericórdia

vida feliz. Assumir uma culpa e uma responsabilidade – o que às vezes, pode ser necessário fazê-lo – significa sair do âmbito da ética para ingressar na esfera do Direito (sem Justiça).

b. Um novo discurso eclesial com as pessoas homoafetivas

Nesse sentido, inspirados por essa espécie de "fenomenologia do testemunho" parece fundamental evocar dois fenômenos eclesiais que apontam para uma mudança de postura com relação à questão do corpo e do sexo e que prometem estabelecer um discurso "ético" da homoafetividade que não seja refém da perspectiva moralizante das normas e regras jurídicas do Direito como da religião marcada por certo heteronomismo.

O primeiro diz respeito à entrevista do Papa Francisco, concedida na viagem de volta a Roma depois da Jornada Mundial da Juventude no Brasil. Perguntado a respeito de sua aprovação ou não da homoafetividade ele não titubeou em responder que "não lhe compete 'julgar' a pessoa homossexual que vive de maneira sincera essa condição". Essa postura ainda que pontual, parece acenar para o deslocamento que está a se processar no pontificado de Francisco no que concerne, especificamente, à ênfase posta no caráter ético e não no caráter jurídico da homoafetividade.

Na perspectiva assumida por Agamben, poderíamos acrescentar que salta aos olhos o fato de que o Papa ouse assumir o lugar de uma "testemunha" enquanto alguém que renuncia o discurso de confissão a respeito do sexo. Ele não se erige como "juiz" ou como uma autoridade jurídica e por esse motivo não pode admitir que o outro se encontre na condição de ser acusado, julgado e condenado sem mais. Junto com esse

Cristianismo e homoafetividade: da confissão à profissão na *Communitas*   337

gesto se sinaliza para outro dado fundamental, a saber, o de a testemunha não poder ignorar nem excluir ninguém do relato da homoafetividade.

Por outro lado, e de maneira ainda mais eloquente, é impossível não reconhecer no seio da própria Igreja o surgimento de pessoas e casais homoafetivos como Rita Quintela e Sara Martinho,[35] que se professam publicamente cristãos e "testemunham" em primeira pessoa o fato de viverem tal condição como experiência amorosa a ponto de reafirmarem o valor da relação homoafetiva, seja como experiência de humanização, seja como experiência ética, mística e cristãmente vivida como seguimento de Cristo. Nesse sentido, esses "testemunhos homoafetivos" evidenciam elementos fundamentais a respeito do sentido da homoafetividade como lugar de uma autêntica vida ética não juricizada e avessa à retórica heterossexista da verdade sobre o sexo.[36]

O primeiro elemento que se poderia evocar aqui é o nítido esvaziamento do discurso de confissão sobre a homoafetividade e, consequentemente, o deslocamento do lugar da culpa e do pecado para se assumir um discurso eminentemente ético por parte dos cristãos homoafetivos.[37] O testemunho das pessoas cristãs homoafetivas faz vir à tona certa "desresponsabilização" que brota da própria experiência homoafetiva da encarnação crística (do corpo e do sexo) e que a ressignifica a ponto de

---

[35] QUINTELA, Rita - MARTINHO, Sara. *Construir uma relação igual e diversa*. Encontro do Lumiar 2013-2014. Disponível em: www.monjasoplisboa.com

[36] LAQUEUR, Thomas. *Inventando o sexo. Corpo e gênero. Dos gregos a Freud*. Rio de Janeiro: Relume- Dumara, 2001, p. 43.

[37] EDITORIAL. "Riconoscere le unioni omosessuali? Un contributo alla discussione". In: *Aggiornamenti sociali*, 6 (2008): 421-444.

pôr-se em questão até mesmo o discurso que reivindica mera "tolerância" ou o "respeito" (categorias jurídicas) às pessoas e parceiros homoafetivos. Antes, pelo contrário, eles se sabem protagonistas de uma homoafetividade assumida como um caminho de vida plena. E nesse novo registro biopolítico da vida como "dom", a homoafetividade é assumida em contraposição à vida reduzida a um conjunto de "necessidades" explicadas pelas ciências ou representações decorrentes dela bem como das "obrigações" sexuais.[38]

O segundo elemento que sobressai nessa perspectiva é que o testemunho brota de algo que não está em evidência. A homoafetividade vem carregada de certo "silêncio" porque a sexualidade é da ordem do enigma[39] e, portanto, do indescritível, do desconhecido, do intematizável e do indizível. Nesse sentido, a ética deslocou-se para aquém do *topos* (lugar) em que estamos acostumados a pensá-la e sob o domínio de um conjunto normativo de regras e leis, de um discurso coerente e lógico da ação moral. Por outro lado, aquilo que se encontra no "aquém" do Dito é de longe muito mais denso do que qualquer "além" (vontade de potência) ou da afirmação pró ativa que pretendamos assumir contra o moralismo com que se trata a experiência homoafetiva.

Assim o "sub-humano" (sujeito sem identidade) – o ser humano passivo – deve interessar-nos bem mais do que o "super--homem" e sua força que se impõe contra o adestramento dos discursos confessionais. Essa infame zona de irresponsabilidade (contra o discurso jurídico do testemunho em terceira pes-

---

[38] AGAMBEN. *O que resta de Auschwitz...*, p. 78.

[39] RICOEUR, Paul. "A maravilha, o descaminho, o enigma". In: *Revista Paz e Terra* I/5 (1967): 27.

Cristianismo e homoafetividade: da confissão à profissão na *Communitas* 339

soa) desafia as palavras, os pensamentos, os prejulgamentos, a catalogação e os códigos de normas vigentes a respeito da homossexualidade.

E mais. Como a relação homoafetiva e a união que se pode estabelecer entre os parceiros do mesmo sexo que professam sua humanidade e sua fé em Cristo não é da ordem da "responsabilidade", isso significa que não é necessário recorrer à "metáfora esponsal" para se pensar e se dizer a significância da união homoafetiva humana e cristãmente vivida.

Ora, não se pode esquecer que o verbo latino *spondeo,* do qual deriva o termo "responsabilidade", significa apresentar-se como "fiador" de alguém com relação a "algo" (dívida) perante alguém.[40] Nesse caso, como recorda Agamben, a pretensão de querer "esposar" alguém pode muito bem expressar a pretensão de circunscrever ou submeter a relação amorosa entre os parceiros à ordem jurídica prescindindo da ordem "ética da união" que é mais originária por estar ancorada no desejo de outrem. Contra esse risco, o testemunho da pessoa homoafetiva com relação à sua condição é sempre da ordem de uma ética em certo sentido "anti-esponsal" porque o afeto (homoafetivo) e o desejo sexual não são da esfera do tematizável ou daquilo que é descritivo e transformado em discurso lógico, científico, assim como também não é da ordem do controlável e, em última instância, não poderá jamais reduzir-se a uma justificação de tipo meramente jurídica.[41]

Há ainda de se matizar o significado do "testemunho" em primeira pessoa para poder aprofundar a experiência homoafetiva no contexto da Igreja. Urge recordar que o sentido da palavra

---

[40] AGAMBEN. *O que resta de Auschwitz...,* p. 87.
[41] AGAMBEN. *O que resta de Auschwitz...,* p. 58.

340   O imperativo ético da misericórdia

testemunho também esteve associado ao *martirium*[42] – "sacrifício" ou "holocausto" daqueles que frente às perseguições testemunhavam a fé em Cristo e o faziam como uma oblação de si. Entretanto, no caso concreto da homoafetividade, não se pode justificar com a ideia de martírio tudo o que historicamente encerra de perseguição, de dor, de abandono e exclusão. Afinal, não se pode pretender encontrar o sentido do mal padecido no fato de que Deus tenha querido que os homoafetivos se transformassem em mártires. Ora, Deus não poderia querer o insensato uma vez que ele não se identifica com um Legislador. Não se pode atribuir a Deus o desejo do sofrimento das pessoas homoafetivas.

Em vista disso, urge encontrar outro sentido para o "testemunho" que não o associe facilmente à ideia de martírio como forma de o homoafetivo justificar seu sofrimento em função da condição de sua sexualidade como lugar da cruz e do sofrimento. Nesse contexto, a reabilitação do sentido grego da palavra testemunho pode ser inspirador para nossa reflexão. O testemunho, enfatiza Agamben, deriva do verbo "recordar" (memória) que por sua vez evoca o "dever" de se ter de fazer memória da vítima que foi silenciada. Compreende-se, portanto, que o sobrevivente homoafetivo tem a vocação da memória e não pode jamais renunciar à sua condição de "testemunha memorial", sobretudo com relação aos que tombaram em função de sua condição homoafetiva.[43]

Em outras palavras, compete ao testemunho "não excluir ninguém do relato" e, sobretudo, não excluir nenhuma mulher ou homem desprovido de qualquer qualidade normalmente atri-

---

[42] AGAMBEN. *O que resta de Auschwitz...*, p. 75.
[43] AGAMBEN. *O que resta de Auschwitz...*, p. 67.

Cristianismo e homoafetividade: da confissão à profissão na *Communitas* 341

buída ao ser humano. Nesse caso, sapatão, bicha, veado, efeminado, andrógino etc., tal como são tratadas as pessoas homoafetivas, estão colocados na classe daquilo que Primo Levi, denominava de condição "muçulmana" da humanidade, isto é, condição daquele que se encontra desfigurado e desprovido ou abjeto da humanidade. Mas referir-se a eles como feridos em sua "dignidade" ou desrespeitados em sua humanidade, ainda seria situá-los no rol dos atributos jurídicos. Afinal ser "digno" de "respeito" significa não ser lesado em seus "direitos" e, portanto, tomados como "pessoa" no sentido essencialista e jurídico do termo, o que não satisfaz quando se trata de recuperar o sentido genuíno do testemunho homoafetivo da sexualidade.

Lembro-me do caso de um jovem do interior chamado Cláudio que era gay e morreu de AIDS na década de 1980. Sua morte foi tratada por sua família e pela cidade com o máximo de silêncio como forma de um pseudo "respeito" por seu nome ou por sua dignidade. O fato é que ninguém, absolutamente ninguém jamais ousou pronunciar o nome de Claudio, ninguém testemunhou a seu favor porque, como se pode imaginar, a única testemunha real já não estava mais ali para narrar sua vida homoafetiva. Portanto, nós que poderíamos ser "testemunhas sobreviventes", não dissemos jamais sobre as qualidades daquele jovem porque para nós Claudio não tinha identidade, não foi jamais lembrado por qualquer valor, ou qualquer dom ou até mesmo pela fé que confessava e professava. Foi esquecido em vida e caiu rapidamente no esquecimento graças à morte trágica com que foi banido do mundo.

Servindo-nos das palavras de Agamben quem sabe poderíamos dizer que Claudio encarnou a condição da "vida nua" de um "muçulmano", cuja etimologia evoca o inumano tido como "escória da humanidade".[44] Por isso, nós o excluímos do relato; rejeitamos tenazmente de testemunhá-lo porque renunciamos à condição ética da compaixão para justificarmo-nos em função da culpabilidade (jurídica) de que ele fora merecedor. Nesse sentido, a "testemunha homoafetiva" é alguém que não poderá deixar de testemunhar a memória daqueles que tombaram vítimas da abominação da "sodomia do homossexualismo" até mesmo por parte da religião e do cristianismo.

Não se trata de tomar o lugar de terceiro, mas de professar enquanto se testemunha na própria pele a condição homoafetiva – não tanto porque se é ou se identifica como homoafetivo –, mas pelo "constrangimento" que suscita em nós saber que as pessoas homoafetivas foram e são tratadas como "muçulmanos", isto é, que vegetam como corpos abjetos e como figuras incapacitadas de fazerem ouvir sua voz.

3. A reabilitação da comunidade e homoafetividade

Há outro filósofo italiano, Roberto Sposito, que nos brinda com sua reflexão apurada sobre a vida política centrada na reabilitação de ideia de "*communitas*".[45] Na sua perspectiva abre-se um novo espaço para se pensar o caráter comunitário da experiência homoafetiva uma vez que a *communitas* concede uma primazia ao discurso de Profissão em detrimento do discurso confessional da verdade. E, do ponto vista eclesial, isso significa ter de refundar a ideia de Igreja como "comunidade humano-cristã" na qual a condição homoafetiva pode ser vivida como "dom" e não como

---

[44] AGAMBEN. *O que resta de Auschwitz...*, p. 79.

[45] SPOSITO, Roberto. *Origine e destino della comunità*. Torino: Giulio Einaudi, 2006, p. 23.

"dano"; como "salvação" e não como "maldição"; como "dever" público e não como "direito" privado.[46]

a. Da sociedade de indivíduos à comunidade de dons

Contra a ideologia das "sociedades de indivíduos" calcada na ideia de individuação em torno da "propriedade" (do que é próprio em função do gênero específico do sujeito como razão ou linguagem), Sposito insiste em tirar do esquecimento aquilo que de fato define a *humanitas* do ser humano, isto é, em reabilitar a significação da *humanitas* em torno da *communitas*.[47] Ao contrário da visão do indivíduo como diferença específica do gênero humano, a *com-munitas* é o lugar do *múnus*, ou se quiser, do dom e do *per-dom*. Desse modo, a figura da *communitas* opõe-se, terminantemente, ao *proprium* ou àquilo que é da ordem da pertença inviolável do indivíduo. Essa condição se pretende legítima em todas as situações e se afirma em função da primazia dada ao Direito inalienável da pessoa.[48] Em contraposição à propriedade adquirida (privada), a *communitas* se erige exatamente como lugar daquilo que não pertence nem originária nem finalisticamente ao indivíduo. O indivíduo se vê esvaziado daquilo que a priori lhe pareceria dado, constitutivo, ontológico e, portanto, algo adquirido, próprio e privativo.

---

[46] SPOSITO. *Origine e destino della comunità...*, p. 43. Isso, porém, sem ter de recorrer às teorias comunitaristas ou às teorias comunicativas para as quais o "caráter dialógico" se erige como fundamento *inconcussum* da existência humana a partir do qual se tece a vida em comum. Ora, no horizonte dessas teorias o sujeito comunicativo (capaz da fala) e o reconhecimento por meio da lógica argumentativa ou performativa é sempre tido como pressuposto racional e razoável da comunicação.

[47] SPOSITO. *Origine e destino della comunità...*, p. 37.

[48] SPOSITO. *Origine e destino della comunità...*, p. 39.

344 O imperativo ético da misericórdia

Seguindo a semântica do termo *múnus*, o âmbito do dom institui-se como lugar do "débito" ou do "dever" no sentido genuinamente ético que a palavra *communitas* concede ao *múnus*. Essa última, portanto, alça-se como "lugar do in-comum", isto é, do inapropriável e do inapreensível. A partir desse *topos* u--tópico se processa a "troca de dons" bem como, graças a essa condição, põe-se imediatamente em questão a esfera do Direito do indivíduo. Nesse caso, o Direito só tem sentido se estiver referido à ética como *utopia* da comunidade, e não o contrário.[49]

A *communitas*, portanto, tem a força de convocar-nos a entrar na dinâmica do "dever" e, consequentemente, de oferecer-nos naquilo que acabamos de receber. Daí que a *communitas* se constitui como estância da economia do dom contrária à retenção, à reserva e à poupança. Por isso a *communitas* jamais se identifica com o lugar do preenchimento, da satisfação, da plenitude e do abastecimento suprido aos extremos. Antes, é da ordem do "excesso" uma vez que o dom transborda e se retroalimenta pelo *adonação* e não pelo cálculo.

b. Comunidade versus imunização à homoafetividade

Ora, acentua-se nessa economia do dom – contra a economia do acúmulo de bens – realizada pela e na *communitas* o fato de ela se opor à *imunitas* ou aquilo que é da ordem do próprio ou do indivíduo.[50] Essa economia se contrapõe àquilo que está fora do âmbito do dever ou da ética. No entanto, não se trata aqui de enfatizar o contraste entre o "comunitário" e o "individual" ou de opor vida pública à vida privada, mas de

---

[49] SPOSITO. *Origine e destino della comunità...*, p. 28.

[50] SPOSITO. *Immunitas...*, p. 23.

Cristianismo e homoafetividade: da confissão à profissão na *Communitas* 345

insistir que há uma forte tendência à "imunização" com relação ao estrangeiro, ao diferente, ao desigual.

Nota-se, pois, em nossas sociedades contemporâneas a tendência de se tornarem indiferentes à dinâmica do dom em vista da supervalorização da imunidade do indivíduo contra qualquer "contágio" que advenha de outrem. Nesse sentido, os atuais e sofisticados "sistemas imunitários"[51] de nossa cultura visam assegurar os "direitos dos indivíduos" e privatizar a vida pública fechando-se à alteridade e ao dom.

Isso, porém, revela um falso discurso sobre o "bem comum" porque a compreensão originária de *communitas* não se legitima através da ideia da aquisição, mas da entrega, da oblação como terreno "comum" da vida pública. Portanto, só há sentido referir-se ao bem comum se esse brotar daquilo que nos é incomum, isto é, da "diferença" ou daquilo que é da esfera do imprevisível e que advém da troca.

c. As práticas imunitárias e as pessoas homoafetivas

Na cultura contemporânea em que se valoriza por demais o *proprium*, o indivíduo, a *significância* da comunidade é constantemente colocada em questão pelo fato de sermos obrigados a viver de nos "imunizarmos" contra os outros. Nesse sentido, o corpo e a sexualidade que são da ordem do *próprium* (somos nosso corpo) acabam por ser instrumentalizados em função da justificação ideológica do indivíduo disposto a "imunizar-se" (defender-se) contra os outros, isto é, de reagirmos contra a "ética do dom" ou ao dever de dar.[52]

---

[51] SPOSITO. *Immunitas...*, p. 53.

[52] SPOSITO. *Immunitas...*, p. 27.

Daí o fato de que haja em nossa cultura, incluindo na Igreja católica, uma tentativa velada de promover a "imunização" contra a ameaça que o outro representa para o indivíduo. Essa imunização se mostra concretamente nas práticas e nos discursos juricizantes focados na garantia dos direitos individuais a fim de rechaçar a acolhida da sexualidade homoafetiva.

Há que se ter em mente que essa forma e expressão da sexualidade humana tende a suscitar a indagação sobre a "diversidade" e a "alteridade". E estas sempre escapam à ordem da *mesmidade* do sexo cultivada e legitimada pelos discursos heterossexistas das sociedades. A alteridade do outro por sua vez apela fortemente para a acolhida da diferença que se diz nos corpos e na sexualidade homoafetiva.[53] Nessa esteira se poderia dizer que a homoafetividade aparece no cenário da comunidade como lugar da troca, do silêncio e do testemunho vivencial e experiencial referidos à nova maneira de se tratar a sexualidade humana em sua diversidade de expressões e culturas.

O sentido genuíno da comunidade também põe em questão as práticas e discursos imunizadores que apregoam o "medo do contágio"[54] contra aquilo que as pessoas homoafetivas podem trazer para dentro da sociedade. Somente na perspectiva da *communitas* é que se pode praticar uma hermenêutica crítica ao apanágio dos discursos jurídicos, médicos, psicopatológicos com relação à sexualidade humana que pretendem garantir os "direitos" individuais adquiridos pela Natureza (lei natural) contra a promoção da conotação política ou pública da homoafetividade e do sentido dos "deveres" que o dom do outro pode suscitar em nós e nos retirar do nosso lugar de proteção.

---

[53] SPOSITO. *Immunitas...*, p. 43.
[54] SPOSITO. *Immunitas...*, p. 45.

Cristianismo e homoafetividade: da confissão à profissão na *Communitas* 347

Conclusão

À guisa de conclusão somos impulsionados a dizer que na perspectiva aberta pela *communitas*, a Igreja católica terá de recuperar o caráter comunitário da fé cristã porque talvez essa dimensão tenha ficado obnubilada pelo fato de se acentuar sobremaneira o discurso *imunitário* e judiciário da confissão associado à predominância da defesa dos direitos individuais a respeito do corpo e do sexo. Nesse sentido, trata-se de reabilitar a novidade que as pessoas homoafetivas e suas experiências relacionais, sociais e políticas aportam de novidade reveladora de Deus para "des-*imunização*" com que se vê atrelada, seja sua prática pastoral, seja sua reflexão teológica marcada ainda pela visão juricizante da Lei Natural. A questão, portanto, não é de perguntar pela dignidade da pessoa – a *dignitas* é da ordem do *proprium*, do direito, da posse –,[55] mas de vê-la como o dom que a pessoa homoafetiva significa para a comunidade cristã, como revelação e esvaziamento de si no amor ao mundo e à Igreja por meio do seu corpo e da sua sexualidade.

Ora, o discurso que ainda teima em fixar-se na questão da *dignidade* da pessoa homoafetiva acaba por reduzir a pessoa ao seu caráter individual e particular, antissocial e antissomática. No entanto, a reflexão que retoma a concepção da *communitas* para referir-se à homoafetividade visa, exatamente, enfatizar que na esfera da comunidade a pessoa homoafetiva e sua vida partilhada com outrem encontra-se em condições de se oferecer, de se fazer oblação para a edificação da comunidade.

Em função disso, não se trata apenas de destacar o "respeito" que se deve à sua pessoa com base à sua *dignitas*[56] – seus

---

[55] SPOSITO. *Immunitas...*, p. 83.
[56] SPOSITO. *Immunitas...*, p. 63.

348 O imperativo ético da misericórdia

atributos enquanto humano já dado segundo a Lei natural –, mas de exaltar aquilo que a pessoa homoafetiva como outrem traz de novidade às sociedades, às Igrejas, às culturas, isto é, à vida pública e à biopolítica. Isso significa dizer que sem o testemunho e a existência da pessoa homoafetiva, a vida pública da "sociedade de indivíduos" deixaria de ser continuamente questionada em seu *status quo* que insiste em "imunizar" a vida social contra o diferente ao considerá-lo como ameaça à vida pública a ponto de se justificar ideologicamente a homofobia como maneira de legitimar o discurso apoiado na "defesa" da dignidade humana.

Referências bibliográficas

AGAMBEN, Giorgio. *Homo Sacer. O poder soberano e a vida nua I*. Belo Horizonte: UFMG, 2002.

AGAMBEN, Giorgio. *O que resta de Auschwitz: o arquivo e a testemunha. Homo Sacer III*. São Paulo: Boitempo, 2008.

CORAY, Joseph A. - JUNG, Patricia B. *Diversidade sexual e catolicismo. Para o desenvolvimento da teologia moral*. São Paulo: Loyola, 2005.

CUNHA, Jorge Teixeira. Ética teológica fundamental. Lisboa: Universidade Católica Editora, 2009.

DEBORD, Guy. *A sociedade do espetáculo*. Rio de Janeiro: Contraponto, 1997.

EDITORIAL. "Riconoscere le unioni omosessuali? Un contributo alla discussione". In: *Aggiornamenti sociali* 6 (2008): 421-444.

EHRENBERG, Alain. *L'individu incertian*. Paris: Hachette Littératures, 1995.

Cristianismo e homoafetividade: da confissão à profissão na *Communitas* 349

EMPEREUR, James. *Direção espiritual e homossexualidade*. São Paulo: Loyola, 2006.

FOUCAULT, Michel. *Vigiar e punir: nascimento da prisão*. Petrópolis: Vozes, 1996.

FOUCAULT, Michel. *História da Sexualidade I. A vontade de saber*. Rio de Janeiro: Graal, 1977.

FOUCAULT, Michel. *História da Sexualidade II. O uso dos prazeres*. São Paulo: Paz e Terra, 2014.

FOUCAULT, Michel. *História da Sexualidade III. O cuidado de si*. Rio de Janeiro: Graal, 1985.

FOUCAULT, Michel. *Microfísica do poder*. Rio de Janeiro: Graal, 1979.

FOUCAULT, Michel. *O corpo utópico, as heterotopias*. São Paulo: Edições N-1, 2013.

GUILLEBAUD, Jean-Claude. *Le goût de l'avenir*. Paris: Seuil, 2003.

GUILLEBAUD, Jean-Claude. *Le principe d'humanité*. Paris: Seuil, 2001.

HENRY, Michel. *As ciências e a ética*. Covilhã: LusoSofia, 2011.

LAQUEUR, Thomas. *Inventando o sexo. Corpo e gênero. Dos gregos a Freud*. Rio de Janeiro: Relume- Dumara, 2001.

LE BRETON, David. *Adeus ao corpo*. Campinas: Papirus, 2003.

NAPHY, William. *Born to be gay. História da homossexualidade*. Lisboa: Edições 70, 2006.

QUINTELA, Rita - MARTINHO, Sara. *Construir uma relação igual e diversa*. Encontro do Lumiar 2013-2014. Disponível em: www.monjasoplisboa.com

RIBEIRO JR., Nilo. Ética teológica e a nova cultura somática. In: PESSINI, Leo - ZACHARIAS, Ronaldo. *Ser e Educar. Teologia Moral, tempo de incertezas e urgência educativa*. Aparecida: Santuário, 2011, p. 105-126.

RICOEUR, Paul. "A maravilha, o descaminho, o enigma". In: *Revista Paz e Terra* 1/5 (1967): 27-38.

SPOSITO, Roberto. *Origine e destino della comunità*. Torino: Giulio Einaudi, 2006.

SPOSITO, Roberto. *Immunitas. Protezione e negazione della vita*. Torino: Giulio Einaudi, 2002.

IV

GRATIDÃO:
UMA QUESTÃO DE JUSTIÇA

15

SBTM: 40 anos Memória agradecida e olhar esperançoso

Dom Ricardo Hoepers[1]

Introdução

Recuperar a história é sempre um desafio e precisamos ter o cuidado para não esquecermos de que uma coisa é a história registrada e outra é a história vivida. Muitos dos quais estiveram presentes no Primeiro Encontro Nacional dos Professores de Teologia Moral (assim era denominada a SBTM nos seus primeiros anos) ainda estão atuando e poderiam relatar com mais propriedade o início dessa história que completa os seus quarenta anos de atividades.

Nessa homenagem aos 40 anos da SBTM, gostaria de ser muito simples e não fazer elucubrações ou análises teológicas do significado deste evento histórico, mas, acima de tudo, partilhar com alegria alguns textos preciosos que fizeram parte da minha pesquisa. Entendo ser este um momento oportuno para socializá-los, de modo que

---

[1] Dom Ricardo Hoepers, Bispo da Diocese do Rio Grande (RS) é Doutor em Teologia Moral (Academia Alfonsiana – Roma); http://lattes.cnpq.br/7729457642139440

354 O imperativo ético da misericórdia

todos se sintam contemplados nessa história e recordem com carinho essa Memória Agradecida, narrada não por mim, mas pelos seus protagonistas. Desse modo, todos poderemos ter um Olhar Esperançoso, pois a SBTM continua a vislumbrar o mesmo espírito inicial que a impulsionou e tem todas as condições de gerar esperança em uma sociedade que necessita recuperar o verdadeiro sentido da Ética.

1. O Primeiro Encontro dos Professores de Teologia Moral: memória agradecida

O primeiro Encontro dos Professores de Teologia Moral foi organizado pelo Instituto Nacional de Pastoral (INP), pois a CNBB, na década de 70, era o eixo central nas iniciativas pastorais e sociais, tanto internas como externas, que dinamizaram a Igreja do Brasil.

Na perspectiva de elaborar um «Plano de Pastoral de Conjunto» (PPC) para uma renovação teológico-pastoral, a CNBB elaborou também o que chamavam de «Plano de Atividades» com quatro programas para dinamizá-lo.[2] O primeiro programa, que enfatizava projetos de investigação social, foi confiado ao CERIS.[3] O segundo, que tinha como objetivo aplicar o Vaticano

---

[2] «1) Programa de pesquisas e levantamentos, com 19 diferentes projetos; 2) Programa de reflexão e elaboração teológico-pastoral, com 19 diferentes projetos; 3) Programa de formação de pessoal, com 12 diferentes projetos; 4) Programa para montagens de assessorias aos secretariados regionais, às dioceses e a outros organismos de Igreja, com 6 diferentes projetos». Ver: CONFERÊNCIA NACIONAL DOS BISPOS DO BRASIL. 1966-1970: Plano de Pastoral de Conjunto. Rio de Janeiro: Dom Bosco, 1966, p. 15.

[3] Centro de Estatística Religiosa e Investigação Social, fundado em 1962 em um ato conjunto entre CNBB e CRB (Conferência dos Religiosos do Brasil). Foi criado inicialmente como simples departamento da CRB para coletar e publicar dados da vida religiosa no país. Depois se tornou em centro de investigação sociorreligiosa de importância em nível internacional, filiado à FERES (Federação Internacional dos Institutos Católicos de Investigações Sociais e Sociorreligiosas). BEOZZO, José Oscar. «A recepção do Concílio Vaticano II na Igreja do Brasil», In: INSTITUTO NACIONAL DE PASTORAL (org.). Presença Pública da Igreja no Brasil (1952-2002). Jubileu de Ouro da CNBB. São Paulo: Paulinas, 2003, p. 450.

SBTM: 40 anos – Memória agradecida e olhar esperançoso 355

II na formação teológico-pastoral, ficou sob a responsabilidade da CNBB. O terceiro ficou a cargo dos Regionais e Dioceses para a formação de agentes de pastorais. O quarto também ficou sob a responsabilidade da assessoria da CNBB quando fosse solicitada pelos Regionais e Dioceses para implantar o Plano de Pastoral de Conjunto (PPC).[4] Para Beozzo, essa dinâmica de fundamentar as decisões pastorais com apoio das ciências sociais e seus métodos científicos, através de pesquisas que ajudariam a compreender melhor a realidade da Igreja do Brasil, foi o início de um amplo programa de reflexão e elaboração teológico-pastoral. Segundo ele, essa interação entre Teologia, ciências sociais e pastoral inspirou o método e as intuições da Teologia da Libertação nos anos posteriores.[5]

É importante também destacar que, desde 1963, já existia o Instituto Superior de Pastoral Catequética (ISPAC), que ajudava na formação dos catequistas em nível nacional. Motivados pelo PPC, os Bispos do Brasil aprovaram dois outros Institutos, o Instituto Superior de Pastoral Litúrgica (ISPAL - 1966) e o Instituto Superior de Pastoral Vocacional (ISPAV - 1966). Em 1971, a CNBB resolveu unificar os três Institutos em um só, criando o Instituto Nacional de Pastoral (INP), cujo primeiro diretor foi um padre redentorista, Virgílio Rosa Neto.[6]

---

[4] Houve uma proposta de criar um Centro de Reflexão e Estudos Teológicos Pastorais (CREPA), mas não foi aprovado pela CNBB que preferiu assumir este programa adaptando sua Secretaria Geral para isso. Cf. Raimundo Caramuru BARROS, «Gênese e consolidação da CNBB no contexto de uma Igreja em plena renovação». In: INSTITUTO NACIONAL DE PASTORAL (org.). *Presença Pública da Igreja no Brasil (1952-2002)*. Jubileu de Ouro da CNBB. São Paulo: Paulinas, 2003, p. 59.

[5] BEOZZO. «A recepção do Concílio Vaticano II...», p. 449.

[6] BEOZZO. «A recepção do Concílio Vaticano II...», p. 450-451. Segundo Beozzo, com a unificação dos Institutos, o INP perdeu, entretanto, o dinamismo inicial de centro de formação, convertendo-se num laboratório de reflexão teológica e pastoral a serviço da CNBB.

356 O imperativo ético da misericórdia

Do INP temos a primeira Ata do Primeiro Encontro, que transcrevo integramente:[7]

Promovido pelo Instituo Nacional de Pastoral da CNBB, e sob a coordenação de seus colaboradores na área de Teologia Moral, deu-se o 1° Encontro Nacional de Professores de Teologia Moral. A sede do Encontro foi o Seminário Regional da Arquidiocese de São Paulo, em São Paulo. O encontro foi aberto às 8,45hs do dia 14 de dezembro de 1977, quarta-feira, encerrando-se às 18hs do dia 16, sexta-feira da mesma semana. Os trabalhos diários ocuparam uma média de 6 horas, entre exposições, trocas de experiência e debates. O INP cobriu as despesas da promoção do Encontro, bem como subvencionou os três dias de hospedagem dos encontristas; por conta destes correram as despesas da viagem e demais gastos pessoais.

1. Realização e dinâmica do Encontro

No primeiro dia, com a abertura oficial, esclareceram-se os objetivos da reunião: não se pretendia efetuar um curso de Teologia Moral, mas sim um "Encontro" de professores para se condividirem os problemas e soluções, as ideias e iniciativas dentro da área de Moral, e ao mesmo tempo lançar bases mais sólidas e concretas para se unirem as forças, possibilitar o mútuo apoio, e dar maior consistência humana e científica à Teologia Moral no Brasil. O Encontro pretendia então ser o início de uma construção.

Seguiu-se a apresentação pessoal de cada um dos participantes em um total de 15: Antônio Moser (RJ), Antônio Pin-

---

[7] Conferência Nacional dos Bispos do Brasil. «Instituto Nacional de Pastoral – I Encontro Nacional de Professores de Teologia Moral». In: *Comunicado Mensal – CNBB* 309 (1978): 673.

SBTM: 40 anos – Memória agradecida e olhar esperançoso

*to da Silva (SP), Assunção da Silva (AM), Bernardino Leers (MG), Hubert Lepargneur (SP), Jaime Snoek (MG), João Abel (BA), José Dinko Mrawak (RJ), José Maria Frutoso Braga (SP), Luiz Gonzaga Piccoli (SP), Márcio Fabri dos Anjos (SP), Nicola Mais (PA), Orlando Brandes (SC), Ubenai Lacerda Fleury (GO), Dom Valfredo Tepe (BA), Houve em seguida a exposição da monografia de **Antônio Moser** sobre "O problema demográfico e as esperanças de um mundo novo". Após hora de exposição, os participantes se subdividiram em grupos voltando em seguida ao plenário com suas observações sobre o trabalho apresentando. A pauta do dia foi completada por uma apresentação de cada um dos participantes sobre seu trabalho, suas experiências, dificuldades e perspectivas dentro da área de Teologia Moral. Houve atenção especial em se referirem sos variados métodos didáticos de cada um.*

*O segundo dia foi aberto com a apresentação da monografia de **Hubert Lepargneur** sobre "O descompasso da teoria e da prática: uma indagação nas raízes da moral". Empregou-se em seguida a mesma dinâmica do dia anterior. Completou-se o dia com a apresentação de atividades e métodos utilizados pelos participantes na área de Moral, apresentação iniciada no dia anterior. No final do dia, organizou-se algo de recreativo e confraternizante, constando de uma refeição em restaurante e um passeio pela cidade.*

*O terceiro dia iniciou com a apresentação da monografia de **Márcio Fabri dos Anjos** sobre "A esterilização e sua avaliação moral: um problema metodológico". Observou-se a dinâmica dos dias anteriores. À tarde tiveram lugar, em estilo de breve comunicação, as colaborações de **Jaime Snoek** sobre "Tendências atuais na tecnologia matrimonial" e de **Assunção da Silva** sobre*

358   O imperativo ético da misericórdia

"Experiência religiosa-moral. Um ensaio metodológico para fazer e ensinar a teologia moral a partir da experiência religiosa". Por fim, apresentaram-se as avaliações do Encontro e foram feitas propostas e sugestões sobre sua dinâmica e continuidade.

2. Avaliações

Na avaliação do Encontro, as observações trazidas em plenário ressaltaram principalmente que o clima humano dos três dias foi muito amigo e descontraído, com grande respeito mútuo mesmo dentro da divergência das ideias, com muita sinceridade, abertura e liberdade de expressão. Percebeu-se que o Encontro favoreceu em muito a amizade, a coesão, a solidariedade e mútuo apoio dos participantes diante de suas tarefas e dificuldades no campo da Teologia Moral. Houve menção de louvor pelo bom nível com que foram tratados os temas, pela isenção de ânimo nos trabalhos e pela importância e interesse das questões ventiladas.

Algumas limitações e falhas foram também apontadas. Notou-se de modo geral que todas as principais questões trazidas para o Encontro não puderam receber consideração satisfatória, especialmente devido à extensa pauta de assuntos a ser cumprida. Assim os debates das monografias foram sumários e a própria troca de experiências entre os participantes, e foi sentida a falta de representantes nomeadamente do Ceará, Pernambuco e Rio Grande do Sul. Não obstante tudo, houve unanimidade em se dizer que o saldo do Encontro foi bem positivo, os objetivos foram em boa parte obtidos e que assim a iniciativa devia ser continuada.

3. Sugestões e perspectivas

O plenário aprovou unanimemente a organização do 2° Encontro já para fins de 1978, deixando em aberta a questão de sua periodicidade no futuro. Ofereceram-se, em seguida, sem

SBTM: 40 anos – Memória agradecida e olhar esperançoso 359

homologação do plenário, algumas sugestões e pistas em vista do próximo Encontro:

a) *Sugestões quanto à dinâmica:- limitar a pauta de assuntos para o Encontro, escolhendo preferentemente apenas um tema, ou então temas bem concatenados; - enviar aos participantes, antes do Encontro, a íntegra ou ao menos um resumo das monografias e assuntos a serem discutidos, para se obter assim maior fruto nas discussões; - ampliar talvez a duração do Encontro para 4 dias, aproveitando-se mais amplamente a ocasião criada às vezes com tanto esforço; - na escolha dos temas para o Encontro, dar especial atenção aos principais problemas brasileiros atuais, na área de Teologia Moral.*

b) *Sugestões de temas concretos a serem tratados: - metodologia e linguagem na transmissão da Teologia Moral; - a Moral e o Magistério (abordagem também das tensões diocesanas); - organização de um programa didático, especialmente para a Tecnologia Moral Fundamental; - abordagem dos fundamentos efetivos (e não simplesmente teóricos) da Moral em nosso mundo. (cf. TV, revistas etc.); c) sugestões diversas (visando maior entrosamento entre professores): que haja uma comunicação mais especificada sobre os trabalhos da equipe de Moral do INP; se possível, fazer circular anualmente uma selecionada lista bibliográfica de publicações recentes na área de Moral (aproveitando-se algo já oferecido pela Academia Alfonsiana de Roma); estabelecer uma intercomunicação entre os professores de Teologia Moral que não puderam participar do Encontro por meio de*

360   O imperativo ético da misericórdia

uma relação das principais atividades desenvolvidas nesses três dias; - as monografias e comunicações trazidas para o Encontro merecem ser publicadas.

O 1º Encontro Nacional de Professores de Teologia Moral se encerrou com um apoio unânime à promoção de novo Encontro em fins de 1978, confiando-se sua organização à equipe do INP.

Na fundação da SBTM vemos claramente a influência de alguns teólogos moralistas que na década de 70 estiveram realizando seus estudos na Europa. Foi no Pontifício Colégio Pio Brasileiro, fundado em 1934, pertencente à CNBB, que se encontraram Aloys Mann, Manfredo Ramos, João Bosco e Márcio F. dos Anjos.[8] Estudavam na Accademia Alfonsiana e o na Pontifícia Universidade Gregoriana.

Num testemunho, Márcio Fabri dos Anjos relata essa experiência vivida e a repercussão pessoal que teve ao retornar para o Brasil:

> «Em 1975 quando regressei da Europa, depois de *fazer o doutorado em teologia na Universidade Gregoriana de Roma, fui quase imediatamente acolhido por um grupo interdisciplinar de estudos teológicos e pastorais, que se reunia mensalmente no Rio de Janeiro. Estava patrocinado pelo Instituto Nacional de Pastoral (CNBB) e reunia participantes de várias regiões do Brasil. Foi uma experiência altamente motivadora para tantas outras iniciativas».*[9]

---

[8] Provavelmente, as primeiras ideias sobre a articulação da Teologia Moral no Brasil podem ter começado nos corredores do Pio Brasileiro e isso é, de fato, confirmado em conversa pessoal, tanto com o Prof. Manfredo quanto pelo Prof. Márcio Fabri.

[9] ANJOS, M. F. dos. «Teología, muchos rostros y un corazón». In: TAMAYO, Juan-José – BOSCH, Juan (eds.). *Panorama de la teología latinoamericana.* Navarra: Verbo Divino, 2001, p. 216.

SBTM: 40 anos – Memória agradecida e olhar esperançoso 361

A CNBB apoiou a iniciativa do Primeiro Encontro dos Professores de Teologia Moral porque estava dentro das perspectivas do INP.

> «Os seminários e institutos de formação teológica são um *conjunto de Instituições que têm incentivado seus professores e professoras no aperfeiçoamento de suas disciplinas. Deles, nasceu em 1977, o 'Encontro Nacional dos Professores de Teologia Moral. A partir de 1982 o grupo passou a constituir a "Sociedade Brasileira de Teologia Moral'*».[10]

Muitas motivações levaram a tornar esse Primeiro Encontro uma esperança de maior integração da Teologia Moral no Plano de Pastoral de Conjunto da Igreja do Brasil.[11] A CNBB apoiava, incentivava e investia na formação permanente de Bispos, padres e leigos, através dos Institutos para fazer acontecer o PPC. É importante também considerar o fato de que havia padres chegando recém-formados da Europa, sedentos por passar seu conhecimento e partilhar experiências com a Igreja latino-americana. Esses fatores convergiram para a necessidade de reunir os professores de Teologia Moral para que pudessem atualizar e dinamizar o ensino da Moral conforme a realidade eclesial da Igreja do Brasil e do mundo.

---

[10] VIDAL, M. *A nova Moral Fundamental. O lar teológico da Ética.* Aparecida/São Paulo: Santuário/Paulinas, 2003, p. 501.

[11] Basta considerar a invasão da PUC de São Paulo por parte de militares com a prisão de mais de 700 estudantes, em represália ao Cardeal Arns por ter celebrado um ato ecumênico pelo assassinato do jornalista Wladimir Herzog; o assassinato dos Padres Rodolfo Lukenbein, que trabalhava com os índios, e João Bosco Penido Burnier que foi contra a tortura de mulheres; o espancamento de Dom Adriano Hypolito, Bispo de Nova Iguaçu, por ter ajudado associações de bairros na periferia de sua diocese. SKIDMORE, Thomas. *Brasil: de Castelo a Tancredo.* Rio de Janeiro: Paz e Terra, 1988, p. 360.

362 O imperativo ético da misericórdia

Na área social os temas de relevância estavam voltados para a questão política contemplada no *Estudos da CNBB* 2 sobre a «Igreja e a Política» (1974), no *Doc 10*, «Exigências cristãs de uma Ordem Política» (1977) e as *Jornadas Internacionais* «por uma Sociedade superando Dominações» (1977) que tiveram grande repercussão para a realidade social e política do Brasil com impacto internacional.[12]

Nesse sentido, gostaria de destacar o nome de quatro teólogos da Teologia Moral que assessoraram significativamente o Episcopado na década de 70: Bernardino Leers, Hubert Lepargneur, Jaime Snoek e Antonio Moser. Ao adentrarmos os 40 anos da SBTM devemos reconhecê-los como precursores de uma reflexão teológico-moral de recepção das propostas do Concílio Vaticano II. Suas contribuições junto ao Episcopado abriram caminho para uma compreensão moral voltada às interpelações da realidade, isto é, às exigências da práxis.

Como apontou a Ata do Primeiro Encontro, um dos focos principais era a docência na área de Teologia Moral. Em um relato do II Encontro Nacional de Professores de Teologia Moral, Leers apresenta uma visão bem clara da situação do ensino-aprendizagem da Teologia Moral no Brasil no final dos anos 70. Referindo-se ao Brasil como um país de contrastes, ele lembra que diante dos mais ou menos cem milhões de católicos com seus trezentos e trinta bispos, os professores de Teologia Moral não deveriam passar de uma quinzena. Uma realidade preocupante para um país da proporção do Brasil.[13]

---

[12] Das Jornadas destaca-se a adesão de 64 Instituições provenientes de todos os continentes com exceção da Oceania. Conferência Nacional dos Bispos do Brasil. «Jornadas Internacionais "Por uma Sociedade superando Dominações"». In: *Comunicado Mensal – CNBB* 293 (1977): 395-397.

[13] Leers, B. «Segundo Encontro dos Professores de Teologia Moral». In: *Atualização* 9 (1978): 557.

SBTM: 40 anos – Memória agradecida e olhar esperançoso

Partilho mais um texto, escrito por Adelino Pilonetto, para que todos possam acompanhar os desafios dos nossos fundadores:[14]

Com o patrocínio da Instituto Nacional de Pastoral, foi realizado, de 12 a 14 de dezembro último, na cidade de Belo Horizonte, o II ENCONTRO NACIONAL DE PROFESSORES DE TEOLOGIA MORAL, em continuidade ao que se realizou em São Paulo em fins de 1977. Deve-se a iniciativa a um grupo de teólogos moralistas integrantes da Comissão Teológica do Instituto Nacional de Pastoral da CNBB. Estiveram presentes 21 participantes, sendo 8 de São Paulo, 4 de Minas Gerais, *2 do Rio Grande do Sul e um de cada um dos Estados de Santa Catarina, Paraná, Rio de Janeiro, Bahia, Ceará, Distrito Federal e Pará.*

A finalidade do Encontro foi o confronto de experiências, a integração dos professores e a discussão de questões ligadas ao ensino da teologia moral em nossos centros de formação teológica. O tema principal do presente encontro foi o confronto e a discussão dos currículos de teologia moral adotados pelos diferentes professores. Não para se chegar a elaboração de um currículo-padrão a ser adotado por todos, mas sim para encontrar linhas fundamentais comuns. Pois, não havendo atualmente um manual que sirva de referência atualizada, a elaboração dos currículos fica a critério de cada professor, com a vantagem de incluir temas mais adequados à realidade presente, mas também com o risco de omitir temas importantes. Aliás, exis-

---

[14] Pilonetto, Adelino Gabriel. «Encontro Nacional de Professores de Teologia Moral». In: *Teocomunicação* 43 (1979): 108-110.

364 O imperativo ético da misericórdia

tem muitas questões que permanecem abertas e que reclamam a discussão comum. Quanto aos textos, necessita-se de textos básicos de referência, desde que sejam utilizados e discutidos criticamente. O último manual de teologia moral publicado no Brasil é a obra de B. Haering, a lei de Cristo, bastante anterior ao Concílio Vaticano II. Está, todavia, em preparo a tradução de uma obra de Marciano Vidal, moralista espanhol, que poderá oferecer valiosos subsídios. Constatou-se que os moralistas brasileiros ainda publicam pouco, ficando consequentemente na dependência excessiva de autores estrangeiros.

O esforço que já se fez no sentido de reformular a exposição da teologia moral em forma mais adequada à realidade antropológica e brasileira é digna de encômios. Conseguiu-se uma visão mais aberta e existencial, mais cristocêntrica e voltada para o homem em seu evoluir histórico. Deverá, entretanto, aproveitar ainda melhor das intuições de uma teologia libertadora e conhecer melhor "a única moral que o povo vive", levar mais em conta o ethos do nosso povo e as coordenadas histórico-culturais que intervieram na formação desse ethos. Outro problema que continua a desafiar os moralistas é o da fundamentação das normas éticas, sobretudo a partir de categorias de autonomia e secularidade. Aqui se levanta o problema de saber o que é constante e o que é variável no campo da moral. É evidente a necessidade de se desenvolver o senso crítico, mas a partir do quê e afirmando-se em quê? Deve ser afirmada ao mesmo tempo a referência ao Absoluto e a inserção histórica da vida e da ciência que a reflete, dando lugar a que se manifestem tanto a relatividade quanto a "estabilidade" das normas. Pergunta-se ainda qual o lugar das ciências humanas na teologia moral e como fazer a sua integração sem que a moral perca a característica específica de ciência moral.

SBTM: 40 anos – Memória agradecida e olhar esperançoso 365

O confronto dos currículos ofereceu boas sugestões, ao mesmo tempo que revelou fraquezas, lacunas e buscas. Podia, entretanto, ter levado a uma análise mais específica dos conteúdos práticos de um currículo, o que não se fez. Entre as deficiências constatadas figura o enfoque bastante intimista que ainda prevalece, não projetando a devida luz a dimensão social. Prova disso é o estado precário que se encontra o tratado de moral social. No aspecto didático, prevalece o método expositivo, não obstante certa diversidade de técnicas de participação que vêm sendo empregadas, tais como debates a partir de leituras, levantamento e discussão de problemas de atualidade, tentativas de pesquisa de campo e, sobretudo, pesquisas bibliográficas. Aqui, esbarra-se contra uma limitação bastante séria qual a do desconhecimento de línguas que limita muito o acesso às fontes bibliográficas. Outras limitações comuns da parte dos estudantes são: o imediatismo, a falta de senso crítico e de hábito de leitura, bem como o despreparo com que chegam à teologia. E da parte dos professores está, não raro, o superenvolvimento em múltiplas tarefas que impede uma dedicação como seria de desejar, a prática do ensino. Dos professores se pede, além disso, que sejam conscientes do que ensinam.

Uma boa notícia trazida ao encontro e discutida pelos participantes foi o projeto de lançamento de uma revista brasileira de teologia moral. A iniciativa parte dos redentoristas (particularmente relacionados com o estudo da teologia moral), mas contaria com a colaboração ampla dos estudiosos neste campo e em ciências afins. A publicação abrangeria diversas secções, podendo interessar a uma gama de público bastante ampla e diversificada. O projeto ainda da em ... poderá concretizar-se em 1980, e além dos leitores – espera contar com bons colaboradores dispostos a escrever.

366 O imperativo ético da misericórdia

Foram apresentados aos encontristas dois trabalhos interessantes: o primeiro pelo Frei Bernardino Leers sobre "as normas morais e o jeitinho brasileiro" – uma boa contribuição para chamar a atenção para o ethos do povo brasileiro e o seu modo de referir-se ou "sair-se" quanto às vivências éticas. A segunda contribuição foi do Pe. Hubert Lepargneur que elencou "65 teses fundamentais da ética" um texto de referência importante para quem deseja situar-se frente ao conjunto da ciência moral.

No final da reunião foram tomadas sugestões para o temário da próxima reunião a se realizar, possivelmente, em dezembro de 1979. Dois temas figuraram como prioritários: moral social e família, os quais acabaram unificados em um só tema: "Sociedade e família no contexto brasileiro".

Concluindo, convém notar o contributo positivo que o encontro trouxe aos participantes. Não chegou e não devia chegar a conclusões espetaculares, mas conseguiu estabelecer um clima de comunicação, questionamento e busca que só pode resultar em um bem para todos.

2. O Quadragésimo Encontro: Sociedade Brasileira de Teologia Moral - olhar esperançoso

Rememorar o Primeiro Encontro é trazer novamente ao nosso convívio todos os personagens que atuaram diretamente no projeto da Teologia Moral no Brasil no pós-Concílio. *Memória agradecida* é atualizá-los reconhecê-los, não só como fundadores, mas, acima de tudo, como protagonistas de uma nova etapa da Teologia Moral em nosso país e como aqueles que abraçaram um projeto audacioso de refletir o *ethos* presente na cultura brasileira. Temos o dever de sempre relembrar esse protagonismo que trouxe consigo uma proposta corajosa de unidade (não uniformidade) e mútua-ajuda na elaboração e reflexão dos conteúdos e do ensino da Teologia Moral no Brasil.

O uso da palavra «Encontro» quer significar um momento menos formal, isto é, não se tratava de um curso, nem mesmo de um ato acadêmico, mas um «Encontro de professores para condividirem os problemas e soluções, as ideias e iniciativas dentro da área da Moral»[15], abrindo espaço para um clima fraterno e de partilha entre os participantes. Mas, ao mesmo tempo já havia uma expectativa em relação à qualificação e produção da Teologia Moral em nível nacional, pois era preciso «lançar bases mais sólidas e concretas para se unirem as forças, possibilitar o mútuo apoio, e dar maior consistência humana e científica à Teologia Moral no Brasil».[16]

Foram três dias intensos nos quais, pela primeira vez, professores da área de Teologia Moral tinham a possibilidade de compartilhar seus conhecimentos e suas dificuldades, e de fato, «o clima humano dos três dias foi muito amigo e descontraído, com grande respeito mútuo dentro da divergência de ideias, com muita sinceridade, abertura e liberdade de expressão».[17]

Mas, reconhecemos também, que aqueles três dias geraram 40 anos de dedicação e perseverança e, assim, podemos lançar um *Olhar Esperançoso* para o futuro da Sociedade Brasileira de

---

[15] Conferência Nacional dos Bispos do Brasil. «Instituto Nacional de Pastoral - I Encontro Nacional...», p. 673.

[16] Conferência Nacional dos Bispos do Brasil. «Instituto Nacional de Pastoral - I Encontro Nacional...», p. 673.

[17] Conferência Nacional dos Bispos do Brasil. «Instituto Nacional de Pastoral - I Encontro Nacional...», p. 674.

Teologia Moral. A força propulsora que manteve a SBTM em plena atividade, mesmo com seus altos e baixos, agora, mais do que nunca, se renova e se projeta ainda mais corajosamente: sente-se interpelada por uma sociedade cada vez mais complexa, com dilemas éticos e morais persistentes e emergentes.

De fato, se olharmos para os Temas que foram abordados nesses quarenta Encontros podemos perceber a intensidade com a qual os teólogos e teólogas morais abraçaram o ethos cristão e foram discernindo e interpretando seu significado na realidade em que estão inseridos. A prática sistemática e perseverante de reunir-se anualmente para refletir sobre a Teologia Moral no Brasil abriu portas, construiu pontes, criou projetos, definiu ações, incentivou diálogos, desencadeou programas, desconstruiu obstáculos, recuperou perspectivas, aprofundou temáticas, despertou pesquisas e, acima de tudo, desde seu início, definiu laços de amizade e de fraternidade.

Esse é o *Olhar Esperançoso* que a nova coordenação da SBTM quer continuar a vislumbrar com os membros, participantes, benfeitores e colaboradores que atuam direta e indiretamente nos Encontros. Olhando para os quarenta Encontros da SBTM vemos como ela imprimiu seu caráter participativo e soube ler no tempo as interpelações da realidade sobre a Teologia e vice-versa. Nossa memória é agradecida porque temos um Olhar Esperançoso e só podemos ter Esperança porque somos capazes de rememorar com gratidão.

Que possamos continuar escrevendo essa história por muitos anos, lembrando-nos de que "somos servos inúteis, só fizemos aquilo que devíamos fazer" (Lc 17,10).

SBTM: 40 anos – Memória agradecida e olhar esperançoso 369

Ano	EncSBTM	Data/Cidade	Tema Geral
1977	I	14-16/12 São Paulo	Teologia Moral e Magistério
1978	II	12-14/12 Belo Horizonte	Moral fundamental e experiência
1979	III	11-13/12 Brasília	A inserção da Teologia Moral no momento teológico atual
1980	IV	09-11/12 Juiz de Fora	Teologia da Libertação na renovação moral
1981	V	15-18/12 Campos do Jordão	Teologia Moral questionada pela nossa realidade
1982	VI	14-11/12 Rio de Janeiro	Liberdade, consciência e pecado
1983	VII	13-16/12 Salvador	Estratégias para mudar o Ethos social brasileiro
1984	VIII	17-21/12 Fortaleza	Fundamentação da moral libertadora
1985	IX	Brasília	A violência sobre a mulher empobrecida
1986	X	15-19/12 São Paulo	Articulação da Teologia Moral na América Latina
1987	XI	08-12/12 São Paulo	Reflexões éticas a partir da realidade eclesial e teológica da América Latina
1988	XII	05-09/12 São Paulo	Ética e Economia
1989	XIII	11-15/12 Petrópolis	Teologia Moral fundamental na perspectiva Latino-Americana
1990	XIV	10-14/12 São Paulo	Teologia Moral e culturas
1991	XV	09-13/12 Curitiba	Metodologia da Teologia Moral
1992	XVI	07-12/12 Ilhéus	O documento de Santo Domingo
1993	XVII	06-10/12 São Paulo	Ética na relação Igreja e sociedade na América Latina
1994	XVIII	05-09/12 Vitória	Ética entre os excluídos
1995	XIX	04-08/12 Fortaleza	Questões de Bioética hoje
1996	XX	10-13/12 São Paulo	Ética e o Direito

370 O imperativo ético da misericórdia

1997	XXI	08-12/12 Aparecida	Ética e Cidade
1998	XXII	07-12/12 Vitória	Ética e Direitos Humanos
1999	XXIII	06-10/12 Curitiba	Teologia Moral na passagem do Milênio
2000	XXIV	04-08/12 Porto Alegre	Ética e Política
2001	XXV	10-14/12 São Paulo	Ética e Reconciliação
2002	XXVI	09-13/11 Petrópolis	Moral Sexual – Desafios atuais
2003	XXVII	08-12/12 Belo Horizonte	Moral Sexual – Desafios atuais (continuação)
2004	XVIII	07-11/12 São Paulo	Biotecnologias: desafios à Teologia Moral
2005	XXIX	12-16/12 São Paulo	Ética Teológica e Ética Mundial: perspectivas de contribuição
2006	XXX	11-15/12 São Paulo	Ética e nova condição comunicativa: compreendendo os novos processos comunicativos
2007	XXXI	25-27/07 Aparecida	A moral cristã em tempos de relativismos e fundamentalismo
2008	XXXII	08-11/12 São Paulo	Ética do Cuidado: entre a exclusão de si e a globalização do todo
2009	XXXIII	07-10/09 São Paulo	Ética Teológica e o futuro do continente latino-americano e caribenho
2010	XXXIV	06-09/09 São Paulo	Teologia Moral e História: buscando soluções em tempos de incertezas
2011	XXXV	05-08/09 São Paulo	A contribuição da Teologia Moral cristã numa sociedade plural e global
2012	XXXVI	16-19/05 São Paulo	VIII Congresso Internacional de Bioética Clínica: Bioética Clínica e Diversidade
2013	XXXVII	02-05/09 São Paulo	Teologia Moral e Juventudes: interpelações recíprocas
2014	XXXVIII	01-04/09 São Paulo	Ética Teológica e transformações sociais: a utopia de uma nova realidade
2015	XXXIX	31/08-03/09 São Paulo	Fundamentos da Teologia Moral na Atualidade: desafios e perspectivas do ensino da Teologia Moral
2016	XL	29/08-01/09 São Paulo	O Princípio Ético da Misericórdia

Referências bibliográficas

Anjos, Márcio Fabri dos. «Teología, muchos rostros y un corazón». In: Tamayo, Juan-José – Bosch, Juan (eds.). *Panorama de la teología latinoamericana*. Navarra: Verbo Divino, 2001.

Beozzo, José Oscar. «A recepção do Concílio Vaticano II na Igreja do Brasil», In: Instituto Nacional de Pastoral (org.). *Presença Pública da Igreja no Brasil (1952-2002)*. Jubileu de Ouro da CNBB. São Paulo: Paulinas, 2003.

Conferência Nacional dos Bispos do Brasil. *1966-1970: Plano de Pastoral de Conjunto*. Rio de Janeiro: Dom Bosco, 1966.

Conferência Nacional dos Bispos do Brasil. «Jornadas Internacionais "Por uma Sociedade superando Dominações"». In: *Comunicado Mensal – CNBB* 293 (1977): 395-397.

Conferência Nacional dos Bispos do Brasil. «Instituto Nacional de Pastoral – I Encontro Nacional de Professores de Teologia Moral». In: *Comunicado Mensal – CNBB* 309 (1978): 673-676.

Hoepers, Ricardo. *Teologia Moral no Brasil: um perfil histórico*. Aparecida: Santuário, 2015.

Instituto Nacional de Pastoral (org.). *Presença Pública da Igreja no Brasil (1952-2002)*. Jubileu de Ouro da CNBB. São Paulo: Paulinas, 2003.

Leers, Bernardino. «Segundo Encontro dos Professores de Teologia Moral». In: *Atualização* 9 (1978) 557.

Pilonetto, Adelino Gabriel. «Encontro Nacional de Professores de Teologia Moral». In: *Teocomunicação* 43 (1979): 108-110.

Skidmore, Thomas. *Brasil: de Castelo à Tancredo*. Rio de Janeiro: Paz e Terra, 1988.

Vidal, M. *A nova Moral Fundamental. O lar teológico da Ética*. Aparecida/São Paulo: Santuário/Paulinas, 2003.

16

Frei Antônio Moser: eterna gratidão

Mário Marcelo Coelho[1]

"A morte de qualquer homem me diminui, porque sou parte do gênero humano. E por isso não perguntes por quem os sinos dobram; eles dobram por ti."[2]

A morte do Frei Antônio Moser diminui a todos nós, em particular aos membros da Sociedade Brasileira de Teologia Moral. Ele, que deu grande contribuição para a Teologia Moral no Brasil e no mundo, foi morto ao ser baleado por assaltantes na Rodovia Washington Luiz, na altura de Duque de Caxias, na Baixada Fluminense, RJ. O crime aconteceu no dia 9 de março de 2016, por volta das 6h10m, na pista sentido Rio de Janeiro. Mesmo ferido, Frei Moser, de 75 anos, ainda conseguiu dirigir o carro até o acostamento e faleceu no local.

Um pouco de sua história

Antônio Moser nasceu na cidade de Gaspar (SC), em 29.08.1939. Em 19.12.1959 foi admitido ao noviciado franciscano,

---

[1] Mário Marcelo Coelho é Doutor em Teologia Moral (Academia Alfonsiana – Roma) e Professor na Faculdade Dehoniana em Taubaté/SP; http://lattes.cnpq.br/4973775761549949

[2] HEMINGWAY, Ernest. *Por quem os sinos dobram*. Prefácio. Rio de Janeiro: Bertrand Brasil, 2004.

em Rodeio (SC). Fez a primeira profissão religiosa em 20.12.1960, a solene em 01.01.1964 e foi ordenado presbítero em 15.12.1965.

Frei Antônio Moser graduou-se em Filosofia e Teologia, obteve o Mestrado em Teologia (*Facultas Theologica Lugdunensis – Lyon*) e o Doutorado em Teologia Moral (*Academia Alfonsiana – Roma*).

Moser lecionou por muitos anos no Convento do Sagrado Coração e no Instituto Teológico Franciscano. Foi também professor na Pontifícia Universidade Católica do Rio de Janeiro, professor convidado na Universidade Católica de Lisboa – Portugal e na Universidade de Berkeley – Califórnia/USA. Conhecido conferencista, Moser escreveu 29 livros, vários deles traduzidos em outras línguas. Participou como coautor e colaborador de inúmeros títulos e publicou incontáveis artigos em diversas revistas nacionais e internacionais.

Moser foi pároco da Igreja de Santa Clara e ajudou a formar quinze comunidades de fé, algumas na Baixada Fluminense e outras em Petrópolis, RJ. Foi Diretor Presidente da Editora Vozes. Desde 2005 era convidado permanente para o programa semanal "Em Pauta", da TV Canção Nova, onde são discutidos os mais variados temas relacionados com a ética. Foi membro da Comissão de Bioética da CNBB e coordenador do Comitê de Pesquisa em Ética da UCP, além de coordenador do Projeto Social Terra Santa, entidade assistencial que atende crianças e jovens carentes em Petrópolis.

Um pouco de conforto

A vida é uma existência que espera o encontro com o Criador para uma festa que nunca mais terminará. Para Deus, a vida

Frei Antônio Moser: eterna gratidão   375

não envelhece e o encontro definitivo com Ele é comparado a um banquete ou a uma grande festa de alegria e encantamento. No entanto, a dor pela perda de alguém é uma hóspede indesejada na vida de qualquer pessoa. Aos olhos da fé, a morte é o encontro definitivo com a vida nova que Deus tem para nós, é uma passagem para uma existência definitiva junto d'Ele. Mas, mesmo assim, ela provoca dor.

Este *"estar junto dele"* tem amparo na confiança e na esperança cristã de estar no colo de Deus. A confiança diz que a vida continua em Deus, no amor que é eterno. Mais que afirmação teológica, a confiança torna-se promessa realizável quando se considera que é desejo do próprio Deus que moremos com Ele, em sua morada celeste, na Jerusalém celeste. Desejo divino confirmado por Jesus, a ponto de garantir que o próprio Deus tem reservado um lugar para cada um de nós junto d'Ele. Ora, se cremos que Deus é a fonte da vida, não podemos entender a morte como o fim de tudo, porque existe uma promessa de Jesus que somos destinados a morar para sempre com Deus. Tudo concorre para isso, até mesmo o fato de Jesus se fazer Caminho, Verdade e Vida. Ou seja, Jesus não apenas confirma o lugar reservado junto de Deus, mas se fez caminho para que isso se tornasse possível.

O desejo de que a vida continue em cada um de nós, portanto, vem da fonte da vida; vem do próprio Deus. Se d'Ele viemos, é para Ele que a vida de cada um é atraída ao terminar. É desta mesma fonte que fortalecemos a esperança, pois, sendo Ele o autor da vida, n'Ele não pode habitar a morte. Em Deus habita a vida. Ou melhor, Deus é vida. É pela esperança confiante que Deus não frustra quem n'Ele espera, mas recompensa-o com a vida plena, com a sua vida, que temos motivos

376   O imperativo ético da misericórdia

de sobra para viver com esperança. Nisso está a confiança da fé: participar da festa que já acontece na cidade de Deus, e ali entrar entre gritos de louvor e alegria da multidão jubilosa.

Para nós cristãos, a vida dos justos está nas mãos de Deus e por isso a morte não termina em desgraça vazia, mas transforma-se em novo modo de existir (Sb 3,1-9). Como afirma o escritor russo Dostoievski: "Minha imortalidade é indispensável, porque Deus não iria cometer a iniquidade e apagar completamente o fogo do amor depois que este se acendeu para ele em meu coração. Comecei a amá-lo e me alegrei com seu amor. Será possível que Ele me apague e minha alegria se transforme em nada? Se Deus existe, também eu sou imortal".

Algumas contribuições

> *"Alguém duvida que Frei Antônio Moser, o menino de Gaspar (SC), seguirá vivo no coração da Igreja? Quando um homem de bem parte para a eternidade, ele não morre em nossos corações, pois as sementes plantadas nos que fazem citá-lo sempre como referência."* (Michaell Grillo, editor de "O coração da Igreja")

Seguem as contribuições mais significativas:

Livros publicados

1. MOSER A. Teologia Moral: A busca dos fundamentos e princípios para uma vida feliz. Petrópolis: Vozes, 2014, 199p.

2. MOSER, A. - MOSER, A. M. Colhendo flores entre espinhos. Petrópolis: Vozes, 2010. 365p.

Frei Antônio Moser: eterna gratidão 377

3. MOSER, A. - André Marcelo M. Soares. Bioética: do consenso ao bom senso. 2 ed. Petrópolis: Vozes, 2006. 190p.

4. MOSER, A. Casado ou solteiro você pode ser feliz. 2 ed. Petrópolis: Vozes, 2006. 280p.

5. MOSER, A. Paróquia do Sagrado Coração de Jesus - Comunidade Cristã Menino Jesus de Praga: Um sonho que se tornou realidade 02/06/1990 - 02/06/2005. Petrópolis: Publicação Independente, 2005. 64p.

6. MOSER, A. Biotecnología y Bioética - Hacia dónde vamos? Ciudad de México: Ediciones Dabar, 2005. 294p.

7. MOSER, A. El enigma de la esfinge - La Sexualidad. Ciudad de México: Ediciones Dabar, 2004. 240p.

8. MOSER, A. Biotecnologia e Bioética – Para onde vamos? 4 ed. Petrópolis: Vozes, 2004. 456p.

9. MOSER, A. O Enigma da Esfinge. 6 ed. Petrópolis: Vozes, 2001. 285p.

10. MOSER, A. O Pecado: do descrédito ao aprofundamento. Petrópolis: Vozes, 1996. 376p.

11. MOSER, A. Ética Ecológica. Bogotá: CODECAL, 1992. 74p.

12. MOSER, A. Assim nasceu Jesus. Petrópolis: Vozes, 1992. 20p.

13. MOSER, A. Teologia Moral: Desafios atuais. Petrópolis: Vozes, 1991. 168p.

14. MOSER, A. - LEERS, Bernardino. Moral Theology - Dead Ends and Ways Forward. New York: Orbis Books, 1990. 240p.

15. MOSER, A. - LEERS, Bernardino. Moraltheologie - Engpässe und Auswege. Verlag: Patmos, 1989. 280p.

16. MOSER, A. Afetividade: compromisso social na América Latina. 2 ed. São Paulo: CRB, 1989.

378 O imperativo ético da misericórdia

17. MOSER, A. - LEERS, Bernardino. Teologia Moral: impasses e alternativas. Petrópolis: Vozes, 1989.

18. MOSER, A. - LEERS, Bernardino. Teologia Morale: Conflitti e Alternative. Assisi: Cittadella, 1988. 324p.

19. MOSER, A. Pastoral Familiar: Desafios e Perspectivas - Balizamentos Éticos para uma Pastoral Familiar. Belo Horizonte: O Lutador, 1988. 48p.

20. MOSER, A. Integración Afectiva y Compromiso Social en America Latina. Bogotá: Confederación Latinoamericana de Religiosos, 1988. 84p.

21. MOSER, A. Integração afetiva e compromisso social na América Latina. Rio de Janeiro: Conferência dos Religiosos do Brasil - CRB, 1987. 72p.

22. MOSER, A. - LEERS, Bernardino. Teología Moral - Conflictos y alternativas. Madrid: Paulinas, 1987. 328p.

23. MOSER, A. Mudanças na moral do povo brasileiro. Petrópolis: Vozes, 1984. 136p.

24. MOSER, A. O problema ecológico e suas implicações éticas. Petrópolis: Vozes, 1983. 80p.

25. MOSER, A. - CALIMAN, Cleto - CUNHA, Rogerio I. de Almeida. Liberta: desafio da educação - A libertação do homem só se realiza plenamente no horizonte de Deus. Rio de Janeiro: Conferência dos Religiosos Brasileiros - CRB, 1982. 144p.

26. MOSER, A. O Problema Demográfico e as Esperanças de um Mundo Novo. Petrópolis: Vozes, 1978. 72p.

27. MOSER, A. O pecado ainda existe? Pecado, conversão, penitência. São Paulo: Paulinas, 1976. 176p.

28. MOSER, A. A Paternidade Responsável - Face a uma Mentalidade Contraceptiva (Paternidade Responsável - Esterilização - Aborto). Petrópolis: Vozes, 1975. 68p.

Frei Antônio Moser: eterna gratidão

29. MOSER, A. O compromisso do cristão com o mundo na Teologia de M.D. Chenu. Petrópolis: Vozes, 1973.

Capítulos de livros publicados

1. MOSER, A. A narrativa da história e as vozes ausentes. Trento: contribuição histórica e vozes perdidas. In: KEENAN, James (org.). **Ética teológica católica: passado, presente e futuro. A conferência de Trento.** Aparecida: Santuário, 2015, p. 143-156.

2. MOSER, A. Planejamento familiar na Igreja Católica: do ruído estrondoso a um silêncio perturbador. In: SANCHES, Mário Antonio (org.). BIOÉTICA e planejamento familiar: perspectivas e escolhas. Petrópolis: Vozes, 2014, p.59-70.

3. MOSER, A. Papa Francisco abre novos horizontes também para a moral. In: SILVA, José Maria da (org.). Papa Francisco: perspectivas e expectativas de um papado. Petrópolis: Vozes, 2014, p.38-50.

4. MOSER. A. Uma interpretação ético-moral da realidade. In: PESSINI, Leo – ZACHARIAS, Ronaldo (Orgs.). Ética Teológica e transformações sociais. A utopia de uma nova realidade. Aparecida/São Paulo: Santuário/Centro Universitário São Camilo/Sociedade Brasileira de Teologia Moral, 2014, p. 63-84.

5. MOSER, A. Cuidando da Terra: Ética do Cuidado no contexto da criação. In: TRASFERETTI, José Antonio – ZACHARIAS, Ronaldo (Orgs.). Ser e Cuidar. Da Ética do Cuidado ao Cuidado da Ética. Aparecida/São Paulo: Santuário/Centro Universitário São Camilo/Sociedade Brasileira de Teologia Moral, 2010, p. 247-283.

6. MOSER, A. Catolicismo. In: CAMBIAGHI, Arnaldo Schizzi. (Org.). Os Tratamentos de Fertilização e as Religiões. São Paulo: La Vida Press, 2010, v. 1, p. 109-143.

380 — O imperativo ético da misericórdia

7. MOSER, A. Frei Bernardino Leers: muitos rostos e um só espírito. In: LEERS, Bernardino et al. Teologia moral, Ciências humanas e sabedoria popular: um tripé que deu certo. Petrópolis: Vozes, 2010, p.11-27.

8. MOSER, A. Ética a nova condição comunicativa. In: TRASFERETTI, José – ZACHARIAS, Ronaldo (Orgs.). Ser e Comunicar. Desafios morais na América Latina. Aparecida/São Paulo: Santuário/Centro Universitário São Camilo, 2008, p. 31-59.

9. MOSER, A. Religiões e seus posicionamentos. In: GIUMBELLI, Emerson. (Org.). Religião e Sexualidade: Convicções e Responsabilidades. Rio de Janeiro: Garamond, 2005, p. 21-25.

10. MOSER, A. Bioética e Teologia. In: VIEIRA, Tereza Rodrigues. (Org.). Bioética nas Profissões. Petrópolis: Vozes, 2005, v. 1, p. 55-70.

11. MOSER, A. Criação: desafios éticos de ontem e de hoje. In: MÜLLER, Ivo. (Org.). Perspectivas para uma nova Teologia da Criação. Petrópolis: Vozes, 2003, v. 1, p. 51-77.

12. MOSER, A. Assim vejo meu irmão. In: MOSER, Paulo. (Org.). O Filho do Colono. 3ed. Petrópolis: Vozes, 2000, v. 1, p. 9-12.

13. MOSER, A. Planejamento familiar: Uma visão religiosa. In: RIBEIRO, Marcos. (Org.). O prazer e o pensar: orientação sexual para educadores e profissionais de saúde. São Paulo: Gente, 1999, v. 2, p. 253-260.

14. MOSER, A. Mudança de Paradigmas e Crises na Teologia. In: ANJOS, Márcio Fabri dos. Teologia aberta ao futuro. São Paulo: Loyola/SOTER, 1997, p. 209-222.

15. MOSER, A. Pastoral Familiar: Tarefa abrangente. In: MARIN, Darci Luiz. (Org.). Família - Contribuições para a pastoral familiar. São Paulo: Paulus, 1994, v. 1, p. 19-28.

Frei Antônio Moser: eterna gratidão 381

16. MOSER, A. Ecologia a partir de uma perspectiva ética. In: BERNARDES, Cristina. (Org.). Vida, clamor e esperança. Reflexões para os 500 anos de evangelização a partir da América Latina. São Paulo: Loyola, 1992, v. 1, p. 245-252.

17. MOSER, A. Moral e cultura: entre o diálogo e o etnocentrismo. In: ANJOS, Marcio Fabri dos. (Org.). Teologia Moral e Cultura. Aparecida: Santuário, 1992, v. 8, p. 65-80.

18. MOSER, A. É difícil ensinar Teologia Moral hoje? In: FERNANDES, José S. (Org.). Novas fronteiras de moral no Brasil. Aparecida: Santuário, 1992, v. 9, p. 176-187.

19. MOSER, A. Sexualidad. In: ELLACURIA, Ignacio - SOBRINO, Jon. (Orgs.). Mysterium Liberationes: Conceptos fundamentales de la teología de la liberación. Madrid: Trotta, 1990, v. 2, p. 107-124.

20. MOSER, A. Fe cristiana, sexualidad y familia. In: CONSEJO EPISCOPAL LATINOAMERICANO - Celam. (Org.). Cultura sexual latinoamericana - Desafios Pastorales. Bogotá: Consejo Episcopal Latinoamericano - Celam, 1989, v. 1, p. 233-259.

21. MOSER, A. Ciências do Social e Teologia Moral. In: ANJOS, Marcio Fabri. (Org.). Articulação de Teologia Moral na América Latina. Aparecida: Santuário, 1988, v. 2, p. 37-68.

22. MOSER, A. O pecado social em chave Latino-Americana. In: ANJOS, Marcio Fabri dos. (Org.). Temas Latino--Americanos: Teologia Moral na América Latina. Aparecida: Santuário, 1988, v. 3, p. 63-92.

23. MOSER, A. Sexualidade e Vida Religiosa. In: ANTONIAZZI, Alberto. (Org.). Dez anos de Teologia. Rio de janeiro: Conferência dos Religiosos do Brasil - CRB, 1982, v. 1, p. 181-188.

Artigos publicados em revistas científicas

1. MOSER, A. Apenas questão de gênero? Revista Eclesiástica Brasileira – REB, v. 76, n. 301, p. 44-74, 2016.

2. MOSER, A. A importância da pastoral familiar. Ecos do Sínodo dos Bispos de 2015. Revista Eclesiástica Brasileira – REB, v. 76, n. 302, p. 280-303, 2016.

3. MOSER, A. A teologia em ritmo do Papa Francisco. Revista Eclesiástica Brasileira – REB, v. 73, n. 292, p. 816-848, 2013.

4. MOSER, A. Morte: antropologia e teologia. Revista Eclesiástica Brasileira - REB, v.73, n.289, p.38-68, 2013.

5. MOSER, A. Transmissão da vida em laboratório e manipulação genética. Revista Eclesiástica Brasileira – REB, v. 73, n. 291, p. 722-728, 2013.

6. MOSER, A. Os leigos e o episcopado latino-americano. Revista Eclesiástica Brasileira – REB, v. 73, n. 290, p. 303-326, 2013.

7. MOSER, A. Desconstrução da sociedade ou valores emergentes? Revista Eclesiástica Brasileira – REB, v. 73, n. 290, p. 303-326, 2013.

8. MOSER, A. Corpo e sexualidade: do biológico ao virtual. Revista Eclesiástica Brasileira – REB, v. 73, n. 289, p. 38-68, 2013.

9. MOSER, A. Pedofilia: reflexões a partir de escândalos recentes. Revista Eclesiástica Brasileira – REB, v. 70, n. 278, p. 423-435, 2010.

10. MOSER, A. O envelhecimento da população brasileira e seus desafios. Revista Eclesiástica Brasileira – REB, v. 70, n. 277, p. 132-152, 2010.

11. MOSER, A. Pedofilia: Reflexões a partir de escândalos recentes. REB. Revista Eclesiástica Brasileira, v. 70, p. 423-435, 2010.

Frei Antônio Moser: eterna gratidão

12. MOSER, A. Longevidade e qualidade de vida: sonhos ou realidade? La Gazzetta Italo Brasiliana, Nova Friburgo - RJ, p. 18 - 19, 01 abr. 2010.

13. MOSER, A. Quarenta anos depois: alegria e esperança? Convergência - Revista Mensal da Conferência dos Religiosos do Brasil: CBR, Rio de Janeiro, p. 398 - 408, 01 set. 2005.

14. MOSER, A. Pecado social y estructuras de pecado. Efemérides Mexicana - Estudios Filosóficos, Teológicos e Históricos, Tlalpan, p. 322 - 331, 01 set. 2005.

15. MOSER, A. Biotecnologia e biodiversidade. Vida Pastoral, São Paulo, p. 25 - 29, 01 maio 2005.

16. MOSER, A. Sexualidade: A felicidade ao alcance de todos. Vida Pastoral, São Paulo, p. 10 - 16, 01 nov. 2004.

17. MOSER, A. Biotecnologia e Igreja: onde vamos? Revista Semestral do Instituto Santo Tomás de Aquino - Centro de Estudos Filosóficos e teológicos dos Religiosos - ISTA, Belo Horizonte, p. 13 - 28, 01 jul. 2004.

18. MOSER, A. Igreja: Desafios Inusitados - Pedofilia: primeiras reações e interpelações. Revista Eclesiástica Brasileira - REB, Petrópolis, p. 515 - 547, 01 jul. 2002.

19. MOSER, A. O Grande Jubileu e a Busca da Reconciliação. Convergência - Revista Mensal da Conferência dos Religiosos do Brasil: CBR, Rio de Janeiro, p. 348 - 356, 01 jul. 1999.

20. MOSER, A. Ética da Solidariedade: Interpelações à Vida Religiosa. Convergência - Revista Mensal da Conferência dos Religiosos do Brasil: CBR, Rio de Janeiro, p. 331 - 340, 01 jul. 1998.

21. MOSER, A. Pastoral Familiar: certezas e interrogantes. Medellín - Teología y Pastoral para América Latina, Santafé de Bogotá, p. 123 - 161, 01 mar. 1998.

384 O imperativo ético da misericórdia

22. MOSER, A. Comunidade de fé: reflexões a partir de uma prática. Revista Eclesiástica Brasileira - REB, Petrópolis, p. 893 - 923, 01 dez. 1997.

23. MOSER, A. Ecologia e cidadania: reflexões éticas. Debates Sócio Ambientais, São Paulo, p. 13 - 15, 01 jun. 1997.

24. MOSER, A. A Vida Religiosa no Serviço à Vida: Novas Dimensões do Profetismo. Convergência - Revista Mensal da Conferência dos Religiosos do Brasil: CBR, Rio de Janeiro, p. 533 - 539, 01 nov. 1996.

25. MOSER, A. A vida religiosa no serviço à vida: Novas dimensões do profetismo. Convergência - Revista Mensal da Conferência dos Religiosos do Brasil: CRB, Rio de Janeiro, p. 533 - 539, 01 nov. 1996.

26. MOSER, A. Modernidade e crise ética. Revista de Ciências Médicas PUCCAMP, Campinas, p. 56 - 61, 01 maio 1994.

27. MOSER, A. Vida Religiosa e Pastoral Familiar. Convergência - Revista Mensal da Conferência dos Religiosos do Brasil: CBR, Rido de Janeiro, p. 79 - 85, 01 mar. 1994.

28. MOSER, A. A concepção ética no texto de Santo Domingo. Convergência - Revista Mensal da Conferência dos Religiosos do Brasil: CBR, Rio de Janeiro, v. 262, p. 217 - 223, 01 mar. 1993.

29. MOSER, A. La objeción de conciencia ante la nueva situación político-militar. Molalia - Revista de ciencias morales, Madrid, v. 15, p. 173 - 182, 01 jan. 1993.

30. MOSER, A. La Ecologia - En Una Perspectiva Teológico-Franciscana. Cuadernos Franciscanos, Santiago, p. 143 - 155, 01 jul. 1992.

31. MOSER, A. Ecologia e Vida Religiosa. Convergência - Revista Mensal da Conferência dos Religiosos do Brasil: CBR, Rio de Janeiro, p. 282 - 293, 01 jun. 1992.

Frei Antônio Moser: eterna gratidão

32. MOSER, A. Ecologia - Perspectiva ética. Revista Eclesiástica Brasileira - REB, Petrópolis, p. 05 - 22, 01 mar. 1992.

33. MOSER, A. Os Ensinamentos Sociais da Igreja: reflexões a partir de centenário. Revista de Espiritualidade e Pastoral - Grande Sinal, Petrópolis, p. 37 - 50, 01 jan. 1991.

34. MOSER, A. Ecologia: Perspectiva ética. Cuadernos de Peregrinos II, Monte Video, p. 41 - 62, 01 dez. 1990.

35. MOSER, A. A desafiadora realidade familiar brasileira. Pastoral familiar - reflexões e propostas. Aparecida, p. 05 - 08, 01 abr. 1990.

36. MOSER, A. Eles nos interpelam: pistas teológico-pastorais a partir da síndrome da AIDS (II). Revista Eclesiástica Brasileira - REB, Petrópolis, v. 49, p. 282 - 304, 01 jun. 1989.

37. MOSER, A. Eles nos interpelam: pistas teológico-pastorais a partir da síndrome da AIDS. Revista Eclesiástica Brasileira - REB, Petrópolis, p. 05 - 27, 01 mar. 1989.

38. MOSER, A. Balizamentos éticos para uma Pastoral Familiar. Revista Eclesiástica Brasileira - REB, Petrópolis, v. 48, p. 624 - 644, 01 set. 1988.

39. MOSER, A. Pastoral Familiar: desafios e perspectivas. Revista Eclesiástica Brasileira - REB, Petrópolis, v. 48, p. 103 - 123, 01 mar. 1988.

40. MOSER, A. Teologia Moral e ciências humanas: antigos e novos desafios. Revista Eclesiástica Brasileira - REB, Petrópolis, v. 45, p. 227 - 244, 01 jun. 1985.

41. MOSER, A. A representação de Deus na ética da libertação. Concilium, Petrópolis, v. 192, p. 59 - 67, 01 jul. 1984.

42. MOSER, A. Como se faz Teologia Moral no Brasil hoje. Revista Eclesiástica Brasileira - REB, Petrópolis, v. 44, p. 243 - 264, 01 jun. 1984.

43. MOSER, A. Aspectos morais da caminhada das CEBS no Brasil. Revista Eclesiástica Brasileira - REB, Petrópolis, v. 43, p. 504 - 512, 01 set. 1983.

44. MOSER, A. Educação moral libertadora. Convergência - Revista Mensal da Conferência dos Religiosos do Brasil: CBR, Rio de Janeiro, v. 149, p. 138 - 150, 01 jan. 1982.

45. MOSER, A. Novas inquietações na Teologia Moral. Revista Eclesiástica Brasileira - REB, Petrópolis, v. 40, p. 252 - 261, 01 jun. 1980.

46. MOSER, A. Sentido Espiritual da Sexualidade. Revista de Espiritualidade e Pastoral - Grande Sinal, Petrópolis, p. 643 - 654, 01 nov. 1979.

47. MOSER, A. Situação de Pecado. Revista Eclesiástica Brasileira - REB, Petrópolis, v. 38, p. 672 - 680, 01 dez. 1978.

48. MOSER, A. O domingo: o que fazer com ele? Revista Eclesiástica Brasileira - REB, Petrópolis, v. 37, p. 472 - 492, 01 set. 1977.

49. MOSER, A. Matrimônios Interconfessionais - Um Desafio para o Ecumenismo. Revista Eclesiástica Brasileira - REB, Petrópolis, v. 36, p. 545 - 579, 01 set. 1976.

50. MOSER, A. Pecado, culpa e psicanálise. Revista Eclesiástica Brasileira - REB, Petrópolis, v. 35, p. 05 - 36, 01 mar. 1975.

51. MOSER, A. O compromisso do cristão com o mundo na teologia M. D. Chenu (II). Revista Eclesiástica Brasileira - REB, Petrópolis, v. 33, p. 604 - 628, 01 set. 1973.

52. MOSER, A. O compromisso do cristão com o mundo na teologia M. D. Chenu. Revista Eclesiástica Brasileira - REB, Petrópolis, v. 33, p. 275 - 297, 01 jun. 1973.

53. MOSER, A. O pecado e condicionamentos humanos. Revista de Espiritualidade e Pastoral - Grande Sinal, Petrópolis, p. 339 - 350.

Frei Antônio Moser: eterna gratidão

54. MOSER, A. Categorias do pecado à luz da opção fundamental. Revista de Espiritualidade e Pastoral - Grande Sinal, Petrópolis, p. 651 - 665.

55. MOSER, A. Os desafios da Esperança. Revista de Espiritualidade e Pastoral - Grande Sinal, Petrópolis, v. 31, p. 507 - 514.

56. MOSER, A. Pecar ou não pecar: esta é a questão. Revista de Espiritualidade e Pastoral - Grande Sinal, Petrópolis, p. 243 - 253.

57. MOSER, A. O homem, um ser moral? Revista de Espiritualidade e Pastoral - Grande Sinal, Petrópolis, p. 403 - 413.

58. MOSER, A. Sexualidade e vida religiosa. Revista de Espiritualidade e Pastoral - Grande Sinal, Petrópolis, p. 171 - 179.

59. MOSER, A. Manipulação na Vida Religiosa. Revista de Espiritualidade e Pastoral - Grande Sinal, Petrópolis, p. 29 - 39.

60. MOSER, A. Ecologia: desafio teológico e ético. Revista Cultura Vozes, Petrópolis, p. 37 - 58.

61. MOSER, A. Um livro diferente: "sentido espiritual da sexualidade". Revista de Espiritualidade e Pastoral - Grande Sinal, Petrópolis, p. 643 - 653.

62. MOSER, A. Mais desafios para teologia do pecado. Revista Eclesiástica Brasileira - REB, Petrópolis, p. 682 - 691.

63. MOSER, A. Por que uma "nova evangelização". Convergência - Revista Mensal da Conferência dos Religiosos do Brasil: CBR, Rio de Janeiro, p. 211 - 220.

64. MOSER, A. Ecologia: perspectiva ética. Revista Eclesiástica Brasileira - REB, Petrópolis, p. 05 - 22.

65. MOSER, A. As virtudes como um desafio para a vida cristã e para a teologia. Revista de Espiritualidade e Pastoral - Grande Sinal, Petrópolis, v. 47, p. 261 - 270.

66. MOSER, A. Pastoral familiar a partir do menos favorecidos. Revista Eclesiástica Brasileira - REB, Petrópolis, p. 771 - 790.

388   O imperativo ético da misericórdia

67. MOSER, A. Éras tu, Senhor? Convergência - Revista Mensal da Conferência dos Religiosos do Brasil: CBR, Rio de Janeiro, p. 170 - 175.

68. MOSER, A. Transmissão da vida: polêmicas e desafios éticos. Temas de bioética, cadernos do IFAN, p. 07 - 25.

69. MOSER, A. A Encíclica "Evangelium Vitae". Revista Eclesiástica Brasileira - REB, Petrópolis, p. 275 - 292.

70. MOSER, A. La rappresentazione di Dio nell'etica della liberazione. Concilium, p. 81 - 91.

71. MOSER, A. La rappresentazione di Dio nell'etica della liberazione II. Concilium, p. 255 - 265.

72. MOSER, A. Voorsdelling die de bevrijbingsethie heeft van god. Concilium, p. 53 - 60.

73. MOSER, A. The representation of God in the Ethic of Liberation. Concilium.

74. MOSER, A. AIDS: A vitória do amor. Revista Eclesiástica Brasileira - REB, Petrópolis, p. 728.

Artigos publicados no blog: http://www.antoniomoser.com

1. Frei Moser ao final do Sínodo: "Esta deve ser a Igreja da inclusão e não da exclusão"

2. Algumas raízes da corrupção

3. Entre a derrubada das cercas e a releitura de uma doutrina

4. Planejamento Familiar: Do ruído estrondoso a um silêncio perturbador

5. Família ou famílias: Mais interrogações do que respostas

6. O que esperar de uma Copa Mundial de futebol?

7. A teologia em ritmo do Papa Francisco

8. Transmissão da vida em laboratório e manipulação genética

9. Desconstrução da sociedade ou valores emergentes?

Frei Antônio Moser: eterna gratidão 389

10. O corpo e sexualidade: Do biológico ao virtual

11. O gigante adormecido ou monstro de muitas faces?

12. Privacidade: condição indispensável para a construção de uma nova humanidade

13. Dois sorrisos e uma mesma mensagem

14. A verdade nos libertará esta é a hora da verdade

15. Ecologia Humana e cuidado com o meio ambiente: Sinônimos?

16. Como se reconstrói uma igreja

17. Dois Papas: Dois gestos proféticos conjugados de um único rosto da Igreja

18. Quem comanda as ações criminosas no Brasil?

19. Por que o Papa parece estar tirando os animais e o encanto do presépio?

20. A "Classe C" no caminho do paraíso?

21. Planejamento familiar: Do ruído estrondoso ao silêncio sepulcral

22. Transmissão da vida em laboratório e manipulação genética

23. Mensalão: Um escândalo benéfico

24. Quando tem início a responsabilidade legal das crianças e adolescentes?

25. Igreja Católica: O que os números não revelam

26. Viajando com olhos bem abertos pela Europa em crise

27. Rio+20: Entre as teorias e as práticas

28. Onde fica o Haiti? Não será aqui?

29. O custo da vaidade

30. O que há em comum entre a "Partícula de Deus" e a estrela de Belém?

31. A Rocinha é nossa?!

32. É possível vencer a corrupção? Como?

390   O imperativo ético da misericórdia

33. Ser humano: Do biônico ao reconstituído

34. Amy: Mais uma flor que murchou prematuramente

35. A tragédia de Realengo: Um monstro ou expressão de monstruosidades cotidianas?

36. Terremoto no Japão: mensagens das vítimas e de Deus

37. Aborto e saúde pública

38. Eleições presidenciais 2010: pontos para reflexão.

39. Ficha suja ou ficha limpa?

40. Avanços na Biogenética: Cientistas avançam e Deus recua?

41. PEDOFILIA: "Vós desonrastes a Igreja"

42. E o Papa chorou!!!

43. Sim, ele vive! E nós viveremos... para sempre.

44. Páscoa: feriadão ou grande semana?

45. Terapia gênica: começa a brilhar a luz do bom senso

46. O envelhecimento da população brasileira e seus desafios

47. Oração: Terapia ou ilusão?

48. Células Tronco: Entre a ilusão e a realidade

49. Clonagem Humana: o porquê das restrições

50. Crianças e adolescentes: observações pedagógicas a propósito de um decreto

51. Deixemos nossas crianças crescerem e dormirem em paz

52. Igreja: Desafios inusitados

53. Movidos pelo espírito, jovens testemunham sua fé

54. Nós só adoramos a Deus... não os Santos

55. Anísio Teixeira: Educador do Brasil

56. Os discípulos de Menguele e os discípulos de Mendel

57. Para além dos genes a metáfora do Livro da Vida

58. Políticos: eles estão chegando

59. Qual é seu animal preferido?

60. Reflexões sobre o caso Isabella

Frei Antônio Moser: eterna gratidão

61. Será você, e não Deus, quem sai de cena
62. Ética planetária e educação
63. Lições de sexualidade em casa
64. Ética, valores e educação
65. Como explicar a existência de tantos santos e santas "populares"?
66. Código da Vinci velhos truques em nova roupagem

Teses sobre os escritos de Antônio Moser:

VOLANI, STEFANO – Antonio Moser nel contesto della teologia brasiliana recente. Tesi di Licenza. Pontifícia Universidade Lateranense, Accademia Alfonsiana, Roma, 2004.

CEREIJO, J.L. La moral fundamental en los escritos de Antônio Moser. Tesina de Licenciatura. Pontifícia Universidade Lateranense, Accademia Alfonsiana, Roma, 1993.

NICODEM, E.G. A ética da libertação na teologia moral de Antônio Moser. Tesina de Licenciatura. Pontifícia Universidade Lateranense, Academia Alfonsiana, Roma, 1991.